本书为
浙江省第一批省级课程思政示范基层教学组织
"宁波大学创新创业类课程群教学团队"
建设成果之一

宁波大学
创新创业类课程

优秀课程思政教学设计与微课作品选编

史宏协　朱一鸿◎主　编

徐　进　胡良根◎副主编

ZHEJIANG UNIVERSITY PRESS

浙江大学出版社

·杭州·

图书在版编目（CIP）数据

宁波大学创新创业类课程：优秀课程思政教学设计
与微课作品选编 / 史宏协，朱一鸿主编.—杭州：浙江
大学出版社，2023.7
ISBN 978-7-308-24022-2

Ⅰ．①宁… Ⅱ．①史… ②朱… Ⅲ．①地方高校
－创业－教育研究－宁波 Ⅳ．①G647.38

中国国家版本馆CIP数据核字(2023)第127469号

宁波大学创新创业类课程：优秀课程思政教学设计与微课作品选编

史宏协　朱一鸿　主编

策划编辑	吴伟伟
责任编辑	丁沛岚
责任校对	陈　翩
封面设计	雷建军
出版发行	浙江大学出版社
	（杭州市天目山路148号　　邮政编码　310007）
	（网址：http://www.zjupress.com）
排　版	杭州林智广告有限公司
印　刷	广东虎彩云印刷有限公司绍兴分公司
开　本	710mm×1000mm　1/16
印　张	19.5
字　数	345千
版 印 次	2023年7月第1版　2023年7月第1次印刷
书　号	ISBN 978-7-308-24022-2
定　价	78.00元

前　言

习近平总书记在 2016 年全国高校思想政治工作会议上强调："高校思想政治工作关系高校培养什么样的人、如何培养人以及为谁培养人这个根本问题。要坚持把立德树人作为中心环节，把思想政治工作贯穿教育教学全过程，实现全程育人、全方位育人，努力开创我国高等教育事业发展新局面。"①

课程建设是人才培养的"主阵地"，课堂教学是思想政治工作的"主渠道"。课程思政作为全员全程全方位育人大格局的核心载体，旨在将专业教育与思政引育有机融合，如盐溶水，无痕中生成溶液；亦如春风化雨，润物细无声，让学生在专业学习的同时，实现价值塑造和精神成人。

宁波大学大力推进创新创业特色教育与立德树人根本任务深度融合，被列为国家大学生自主创业教导模式创新实验区、国家大学生创新创业训练计划项目单位、全国首批深化创新创业教育改革示范高校、全国高校实践育人创新创业基地、全国创新创业典型经验高校、全国就业工作典型 50 强高校、浙江省普通高校示范性创业学院、浙江省大众创业万众创新示范基地。

宁波大学创新创业类课程群教学团队是一支以商学院

① 《习近平：把思想政治工作贯穿教育教学全过程》，中国共产党新闻网，2016年12月8日，http://jhsjk.people.cn/article/28935836。

专业教师为主体，汇聚校内优秀师资力量组建而成的优秀教学团队，教学团队全体教师认真学习贯彻习近平总书记重要讲话精神，牢记总书记关于"守好一段渠、种好责任田，使各类课程与思想政治理论课同向同行，形成协同效应"①的课程思政总体要求，依托宁波大学"双创"教育特色，充分挖掘各门课程蕴含的思政元素，倾心谋划、精心设计、用心育人，已有10余门课程获评省级一流课程和课程思政示范课程，开展了一系列教学研究与教学改革探索，取得了一批教学成果。2021年7月，教学团队入选浙江省第一批省级课程思政示范基层教学组织立项建设项目。

本书由宁波大学创新创业类课程群教学团队的近70位教师共同参与设计编写，涵盖国际经济与贸易、金融学、经济学、工商管理、会计学、信息管理与信息系统等多个专业的48门核心课程。根据习近平总书记"要运用新媒体新技术使工作活起来，推动思想政治工作传统优势同信息技术高度融合，增强时代感和吸引力"②的课程思政工作要求，教学团队将每个精选教学案例录制为微课视频，形成148个课程思政微课作品。

本书的编写得到了宁波大学各部门、各学院相关领导和老师的大力支持，在此表示衷心感谢！由于编写时间仓促，编者水平有限，书中难免有所疏漏，欢迎各位专家、同仁批评指正。

编　者

2022年4月于宁波大学

---

① 《习近平：把思想政治工作贯穿教育教学全过程》，中国共产党新闻网，2016年12月8日，http://jhsjk.people.cn/article/28935836。

② 《习近平：把思想政治工作贯穿教育教学全过程》，中国共产党新闻网，2016年12月8日，http://jhsjk.people.cn/article/28935836。

目　录

经 济 类
ECONOMICS

管 理 类

ADMINISTRATION

经济类

课程思政教学
设计书
《资本论》选读

课程基本情况

- 课程名称：《资本论》选读
- 学分/学时：2学分/34学时
- 适用专业：经济学
- 课程类别：☑核心课程　□非核心课程

课程简介

　　"《资本论》选读"是经济学专业必修的基础理论课，作为经济学专业教育平台必修课程，为各类经济学科提供理论指导，它所阐述的基本原理及分析方法，对各经济学科都具有十分重要的理论与实践意义。通过该课程的教学，使学生对马克思主义经济学的基本理论和方法有一个系统全面的理解；认真分析马克思主义经济学的理论前提，并针对当前经济发展的现实，更好地掌握马克思主义经济学的有关理论。

▶ 切入课程思政的课程知识点（不少于3个知识点）

（1）社会发展的规律。

（2）规律的本质和来源。

（3）劳动价值论的内涵及其拓展。

（4）劳动生产率和商品价值量的关系。

▶ 课程目标

◎ 思政目标（重点描述）

（1）通过课程教学，使学生深入学习马克思主义政治经济学理论知识，认识经济发展的规律。

（2）通过课程教学，使学生提高思想觉悟，学会运用马克思主义的立场、观点、方法来分析和研究问题。

◎ 知识目标

（1）通过课程教学，使学生了解《资本论》的写作背景、理论框架、主要原理和分析方法。

（2）通过课程教学，使学生掌握马克思主义政治经济学原理中国化的历程，理解马克思主义政治经济学原理在中国经济建设进程中的作用。

◎ 能力目标

（1）通过课程教学，使学生理解马克思主义政治经济学基本经济理论、基本经济知识和主要经济规律，具备运用马克思主义政治经济学理论分析我国社会问题的能力。

（2）通过课程教学，使学生能够将马克思主义经济学理论与习近平新时代中国特色社会主义思想相结合，分析我国改革开放以来社会主义初级阶段的丰富实践。

◎ 素质目标

（1）通过课程教学，提高学生对中国特色社会主义发展道路和中国特色社会主义理论体系的认识。

（2）通过课程教学，使学生具备良好的经济学修养、职业素养和社会责任感。

（3）通过课程教学，使学生具备在工作、学习等方面的专业素养和家国情怀。

▶ 知识点与育人元素结合的教学设计案例

教学设计案例一（对应的微课视频名称：关于社会发展的规律）

◎ **知识点**

关于社会发展的规律。

◎ **思政元素融入**

在讲解《资本论》序言中马克思提到的"经济的连动法则"

关于社会发展
的规律

时，要强调人类行为规律的客观性，通过介绍亚当·斯密关注人类行为的案例，增强学生对经验科学的兴趣，激发学生对知识和规律进行不断探索的热情。

◎ **思政教学目标**

通过阐述人类行为和社会规律的客观性，引发学生对社会现象的关注与思考，坚定学生开展科学研究的勇气和信心，培育学生追根究底、不断探索的治学态度和研究精神。

◎ **教学设计**

1. 案例导入

通过讲解《资本论》前言、历史五阶段论的形成过程，介绍马克思对五个历史阶段论的态度，总结社会现象背后的规律，揭露近代社会和经济的连动法则。

2. 知识点与思政元素融合

从《资本论》序言中，我们可以看到马克思主张西欧社会发展是存在规律的，但将这种规律上升到人类社会的普遍规律却是列宁、斯大林等的观点。实际上，在马克思关于社会形态演变的理论中，并没有抽象出一种普遍的生产规律，马克思也反对这种脱离个体的一般性规律。社会的规律可能存在争议，但是社会现象背后肯定是有规律的。对社会现象背后规律的捕捉和提炼，需要我们静下心来，仔细观察，认真思考，大胆假设，小心求证。规律就在我们身边，谁能抓住它，谁就能驾驭自己的生活和事业。

教学设计案例二（对应的微课视频名称：劳动的内涵及其拓展）

◎ **知识点**

劳动价值论的内涵及其拓展。

劳动的内涵及
其拓展

◎ **思政元素融入**

在拓展劳动内涵的基础上，通过展示新冠疫情防控期间武汉志愿者的行动，强调服务劳动在价值创造方面的重要作用，从而鼓励学生打破对传统劳动和职业的偏见，积极投身各类工作岗位，向全世界诠释中国青年的责任与担当。

◎ **思政教学目标**

通过展示新冠疫情防控期间志愿者的无私行动，帮助学生拓展对劳动内涵的认识，树立热爱公益、助人为乐的精神，展示当代青年的责任与担当，树立正确的人生观和价值观。

◎ **教学设计**

1. 案例导入

通过比较全国、浙江省、宁波市一、二、三产业的结构，指出人力资源的重要性，结合《资本论》，深入讲解劳动价值论的内容以及劳动内涵的拓展。

2. 知识点与思政元素融合

马克思关于"只有产业工人的活劳动才能创造新价值"的观点有其历史的背景。随着时代的发展，活劳动的内涵不断拓展，不仅产业工人的劳动创造价值，科技劳动、管理劳动、服务劳动等同样创造价值。从新冠疫情防控期间武汉 2 万志愿者的感人事迹中，我们认识到劳动内容的丰富性和志愿服务劳动的重要性。希望通过教学，能够引导学生热心公益、奉献爱心、服务社会、帮助他人，向全世界诠释中国青年的责任与担当。

教学设计案例三（对应的微课视频名称：劳动生产力和商品价值——量的关系）

◎ **知识点**

劳动生产率和商品价值量的关系。

劳动生产力和商
品价值——量的
关系

◎ **思政元素融入**

在讲解影响劳动生产率的因素时，强调科技是第一生产力，

引入中国神舟十二号载人飞船返回舱成功着陆的案例，说明科学技术的重要性，鼓励学生多了解国家大事，关注社会动态。

◎ **思政教学目标**

激发学生对学习科技知识的热情，引导他们坚定理想信念，在科学研究中严谨求真、燃烧自我和无私奉献，同时增强学生的民族自豪感，厚植爱国主义情怀。

◎ **教学设计**

1. 案例导入

通过引入神舟十二号载人飞船返回舱成功着陆的案例，讲述科学技术、自主知识产权的重要性，结合《资本论》中关于商品价值量、个别劳动时间、社会必要劳动时间中的知识，分析现代社会中影响劳动生产率的主要因素。

2. 知识点与思政元素融合

中国载人航天事业的一次次跨越，一代代中国航天人不忘初心、牢记使命、开拓创新、飞天逐梦，他们向前走的每一步，都承载着国家和人民的厚重期望；他们的每一点进步，也代表着人类向太空不断探索的勇敢与执着，这些都将为人类和平利用太空贡献中国智慧和力量。通过教学，让学生了解我国载人航天的发展历程和中华民族的千年飞天梦想，树立为中华民族伟大复兴做贡献的理想信念。

3. 教学总结

商品的价值是由劳动创造的，价值量的多少由社会必要劳动时间来测度。单位商品的价值量与社会必要的劳动时间成正比，与劳动生产率成反比。影响劳动生产率的因素有很多，其中科学技术是第一生产力。从神舟十二号载人飞船返回舱成功着陆的案例中，我们不仅看到中国科研人员严谨求真的研究精神和燃烧自我、无私奉献的淡泊精神，也体会到身为中华民族一分子的自豪感。

特色、创新及育人成效

◎ **特色、创新**

（1）经典理论与中国实践相结合。结合中国改革开放的实践，对《资本论》原著中的经典句子进行了解读，展现了经典理论的时代生命力。

（2）课堂思辨式讨论。结合中国改革开放以来的伟大实践，提出思辨主题，分组讨论总结。

（3）启发式课堂教学。包括启发式提问、引导提问、知识难点与观点解析。

（4）辩论。围绕经济社会发展问题，设置3～5个辩论主题，深化学生对《资本论》相关知识点的理解。

◎ **育人成效**

（1）通过对《资本论》经典段落、语句、观点的解释，使学生更好地理解马克思主义政治经济学的基本经济理论、基本经济知识和主要经济规律，了解马克思主义政治经济学在经济学中的地位和在世界经济发展史中的重要作用。通过理论与实践的结合，使学生及时了解学科在国内外的发展趋势，增强对马克思主义的认同。

（2）依托《资本论》的理论逻辑，结合思政育人模式，采用案例式、启发式、互动式、思政元素全程融入的多元混合教学模式，以学生为中心，以成果为导向教学育人。注重理论与实际结合，将知识要点与价值内涵融合，提高学生认识问题、分析问题和解决问题的能力。

（3）在解释《资本论》的经典理论、段落、句子的基础上，将学科研究前沿的新观点、新思维与新方法引入教学，引导学生从不同角度进行思考，提高学生的经济伦理水平、思想道德素养、科学思维认知和实践应用能力，促使学生深刻理解和把握马克思主义政治经济学的强大解释力，把握大国崛起的逻辑，增强学生的"四个自信"，树立正确的世界观、人生观、价值观，引导学生成为有担当的新时代社会主义接班人。

课程思政教学

设计书

当代中国经济

▶ 课程基本情况

- 课程名称：当代中国经济
- 学分/学时：2学分/34学时
- 适用专业：经济学
- 课程类别：☑核心课程 □非核心课程

▶ 课程简介

"当代中国经济"是以介绍中国经济为主的经济学专业主干课程。课程涉及改革开放前的中国经济、经济体制改革、经济增长模式、经济速度与效率、供给侧结构性改革、新常态下的机遇与挑战等方面，涵盖土地制度、国有企业、政府作用、金融制度、人口就业与分配制度、区域经济、城镇化与社会保障、经济发展道路等内容。通过本课程的学习，学生可以更好地了解中国的经济发展历程、中国经济体制改革遇到的问题和经验教训，把握经济的运行原理和运行规律，深刻认识中国经济改革、发展和演变的内在逻辑和趋势，具备理解当代中国经济现状和发展方向的能力，具备在新常态下的经济体制改革的大背景下，思考现实问题、探讨解决思路，对未来中国经济发展做出合理判断的能力。

切入课程思政的课程知识点（不少于3个知识点）

（1）当代中国经济的增长速度：以世界GDP动态增长为对标，了解中国GDP的增速，深刻理解其背后的增长逻辑，增强道路自信。

（2）当代中国经济模式解析：了解中国模式的由来及其实质，把握其形成的制度机理，增强中国特色经济发展模式的自信，提高对中国经济学话语体系的掌握。

（3）中国土地制度变革：了解土地制度跟经济发展的关系，掌握中国土地制度演变逻辑，理解中国独特的土地制度对中国经济增长的作用。

（4）人口制度与人口增长：了解新中国成立以来中国人口政策的调整规律及其现实背景，掌握人口政策调整对人口和经济发展的影响，把握人口政策对经济的影响。

课程目标

◎ 思政目标（重点描述）

引导学生全面了解当代中国经济的高速增长，增强中国经济可持续发展的信心。引导学生正确理解改革开放对中国经济增长的影响，了解政府在中国经济发展中不可或缺的作用，把握中国模式的特质和贡献，引导学生全面理解中国独特的土地制度与人口政策对中国经济可持续发展所起的作用，增强制度自信、发展自信。

◎ 知识目标

引导学生掌握关于当代中国经济发展历程、现状与趋势方面的系统知识，掌握中国经济体制改革的基础、挑战及成效方面的知识体系。

◎ 能力目标

帮助学生运用科学的经济理论和经济方法分析中国现实经济问题，提高分析和解决经济问题的能力，提高综合素质。

◎**素质目标**

帮助学生综合运用当代中国经济发展的系统知识，立足全球视角，传播中国经济话语体系，为中国融入经济全球化、在国际竞争中趋利避害提供指导。

▶ **知识点与育人元素结合的教学设计案例**

教学设计案例一（对应的微课视频名称：中国经济增速说明了什么？）

◎ **课程知识点**

（1）世界各国 GDP 动态增长图。

（2）中国 GDP 增长速度与成效。

（3）GDP 高速增长引发的思考。

中国经济增速
说明了什么？

◎ **思政元素融入**

通过世界各国 GDP 动态增长图介绍世界各国在历史长河中的经济增速，让学生掌握中国经济增长的事实及特征，引导学生思考 GDP 高速增长背后的制度因素和其他动力来源。经济增长要素离不开制度的变革和科学政策的实施，坚定对社会主义发展观的科学认识。

◎ **思政教学目标**

通过对世界各国 GDP 动态增长图的学习，使学生理解中国经济发展的速度与效率之间的平衡关系，理解坚持中国特色社会主义道路自信的依据，以及面对积弊和变局不断"自新"的挑战。

◎ **教学设计**

1. **案例导入**

第一，让学生观看世界各国 GDP 动态增长图，初步了解世界经济发展规律，明确中国经济发展过程中的曲折和成就，深刻把握其背后的动力。

第二，通过动态图以及截面的断点，帮助学生把握中国经济发展的阶段性特征与历史方位，了解中国是如何从世界第一强国日渐衰弱，成为被西方列强瓜分、掠夺的半殖民地半封建国家，又是怎么在中国共产党的领导下，经历从站起来到富起来再到强起来的转变，实现中国经济从自主到起飞再到赶超的提升。

第三，引导学生思考：中国经济目前水平和目标水平之间有何关系？中国经济长期增长目标和增长路径如何设定？中国的经济体制、发展模式的哪些经验应当坚持？哪些方面需要变革？中国经济增速与社会发展效率之间如何实现平衡？

2. 提炼思政元素

结合世界各国 GDP 动态增长图展开分析，引发学生思考并讨论以下内容：

第一，中国目前的经济水平如何？在纵向和横向的比较中处于什么位置？

第二，中国在经济发展上取得了哪些成就？为什么能取得这样的成就？换言之，我们以前做对了什么？

第三，中国经济现有的主要问题是什么？内部情况和外部环境变化对中国经济有何影响？对此，我们需要做什么？

让学生对上述的观点进行讨论与研判。

3. 知识点与思政元素融合

通过分析和引申，让学生明白为什么中国会是过去 40 多年里世界上经济发展最快的国家。对于这一问题，有很多流行的解释，包括基数低、改革开放、人口红利、出口拉动、制度优势、后发优势等。这些解释都很流行，但是否能揭示深层次的原因还有待考究。

4. 教学总结

通过对世界各国 GDP 动态增长图的分析，让学生明白中国的制度优势是促进经济 40 多年一直高速增长的不竭动力，形成制度自信。同时，引导学生深入理解进入新时代以后经济增速的调整，即从对 GDP 增速和经济总量的追求到对经济发展包容性和可持续性的追求，以及对人民的幸福感和生活质量的强调，从落后时的紧迫感到比肩后的从容不迫。我们既需要对从"最穷的穷国之一"发展成为"最富的穷国之一"有清醒认识，更需要对上升到一个新阶段之后处于调整时期的中国经济充满信心。

教学设计案例二（对应的微课视频名称：中国模式解析）

◎ **课程知识点**

（1）当代中国经济模式之争。

（2）中国模式的内涵与实质。

（3）中国模式与中国特色社会主义道路。

中国模式解析

◎ **思政元素融入**

通过"U-2L 型"坐标系对中国模式进行推演和分析,引导学生思考中国模式的内涵和实质以及中国模式对当代中国经济的影响。

◎ **思政教学目标**

通过"U-2L 型"坐标系解析,让学生理解世界经济发展道路有很多种模式,而且不存在适合所有国家的真理模式。中国模式与世界其他国家的发展模式不一样,不能僵化地照搬他们的市场经济模式。正确认识中国的特殊国情和特殊发展阶段,以及崛起时期与在位大国的摩擦和利益争夺,对中国模式形成正确认识,坚信中国发展之路。

◎ **教学设计**

1. 案例导入

第一,讲述中国模式与世界其他模式的内涵,进行梳理与评析。

第二,运用"U-2L 型"坐标系分别对"苏联模式""美国模式""中国模式""×国模式"进行深度解析、揭示和诠释,探讨:一国发展模式是如何形成的?是否只能有一种?发达国家的模式是否适用于所有国家?中国是否可以走出自己的发展之路?让学生对上述观点进行讨论与研判。

第三,提出"中国模式能带领中国走出一条独特的发展之路"的论题,供学生评判其正确性。

2. 提炼思政元素

结合"U-2L 型"坐标系分析,引发学生思考并讨论以下内容:

第一,"中国奇迹"和"中国问题"一起构成了围绕中国模式展开热烈讨论的现实动因。中国在取得巨大成就的同时,也存在着一系列深层次的矛盾和需要攻克的难题。

第二,改革开放所开辟的富有中国特色的现代化道路和形成的基本经验是中国模式获得肯定性意义的理论前提。

第三,"走什么道路"始终是一个伴随中国改革开放的争论性话题,"中国向何处去"的问题是中国模式的焦点问题。

3. 知识点与思政元素融合

通过分析和引申,让学生在认知中国模式实质内涵的同时,了解中国共产党领导的中国特色的发展之路是具有民族自信和深厚根基的,也是厚植于中华民族五千多年发展历史长河的。

4. 教学总结

通过"U-2L 型"坐标系分析，让学生明白坚持中国共产党领导的中国发展模式是中国经济能保持快速持续增长的源泉和不竭动力，培养学生运用马克思主义辩证唯物观正确认知世界客观发展规律的能力，形成热爱中国的信念、独立思考的能力和正确的价值观。

第一，当前中国经济追求高质量发展。而这正体现了马克思主义要求主动改造世界、缩短历史发展进程的精神。

第二，中国共产党领导的中国能在短时间内聚集庞大的经济、社会资源，可以"集中力量办大事"，因此特别擅长建设大型、超大型项目。

第三，积极利用市场经济手段，使其在中国共产党领导下充分发挥对实现现代化的重要促进作用。

教学设计案例三（对应的微课视频名称：中国土地制度）

◎ **知识点**

（1）中国土地制度的变革。

（2）中国土地制度的独特性。

（3）独特的土地制度对中国经济发展的影响。

中国土地制度

◎ **思政元素融入**

中国的土地模式是有别于世界大多数国家的，这种模式由政府主导，在政府和市场之间形成良性互动和协调发展。可以说，正是这种独特的土地模式创造了中国的经济奇迹。至少我们可以这么认为，独特的土地模式是改革开放之后中国经济飞速发展的发动机。

◎ **思政教学目标**

通过讲述建党以来的土地制度改革，让学生理解土地制度一系列改革背后的实质是原有农地转为集体制度的改革，这一制度的改革在经济高速增长、经济转型、城乡融合、城乡要素流动、城乡协同发展、城市质量提升、乡村振兴、实现共同富裕等方面起着根本性的推动作用。

◎ **教学设计**

1. 案例导入

第一，讲述中国共产党领导下的土地制度变迁历史，并进行梳理与评析。

第二，中国共产党领导下的土地政策，从苏区的"耕地农有"到抗战时的"减租减息"；从土改时期的"耕者有其田"到社会主义改造后的"农民集体所有"；从改革开放的"家庭联产承包责任制"到中国特色社会主义新时代的"三权分置"改革，在不断调整中探索出了一条具有中国特色的土地革命和改革之路。让学生对上述观点进行讨论。

第三，中国共产党成立以来，不断调整完善土地政策，走出了一条具有中国特色的土地革命和改革的成功之路。让学生阐述自己的感悟。

2. 提炼思政元素

结合土地政策的改革和调整，让学生思考并讨论以下内容：

第一，中国共产党领导下的土地制度改革与以往的土地变革有何不同？

第二，独特的土地制度是否造就了中国40多年的经济奇迹？

第三，一系列土地制度改革背后的实质是什么？

第四，这一系列土地制度改革在中国经济转型、城乡融合过程中起到了什么作用？

3. 知识点与思政元素融合

通过分析和引申，让学生认识中国土地制度的变革及其背后的逻辑事实，了解从中国共产党百年历史来看，土地政策不论是在革命时期、建设时期还是在改革开放时期，都发挥了极其重要的作用，借此强调中国共产党领导的独特的土地制度是有益于广大民众的，是社会最大公约数的求解。

4. 教学总结

"绿水青山就是金山银山"，我们要像保护大熊猫那样保护耕地，要像对待生命那样对待环境。我们都应该深刻认识到土地是具有重要生态功能的资源要素，是保障粮食安全和生态安全的根基，国家提出必须严格划定、永久保护基本农田，以保障国家能源资源和生态环境安全，这是具有时代意义和功在千秋的长远战略。国家鼓励单位和个人盘活存量建设用地资源为未来的发展留出余地，以国土空间协调、绿色和可持续开发为目标，对土地开发强度设置限度，避免过度开发利用透支资源环境承载能力，采取引领、激励和倒逼措施，提高土地利用效率，实现土地资源永续利用的意义所在。对此，引导学生树立节约用地、保护耕地的意识。

▶ 特色、创新及育人成效

◎ 特色、创新

（1）启发式课堂教学。包括启发式提问、引导提问、知识难点与观点解析。

（2）课堂思辨式讨论。结合 PPT 课件展现各类资讯案例与观点解析，提出思辨主题，分组讨论总结。

（3）现实案例与理论线索相结合。依据主题，立足现实案例分析，串讲理论知识，启发学生思考。

◎ 育人成效

依托当代中国经济发展成就的逻辑主线，结合思政育人模式，采用案例式、启发式、互动式、思政元素全程融入的多元混合教学模式，以学生为中心，以成果为导向教学育人。注重理论与实践结合，将知识要点与价值内涵融合，提高学生认识问题、分析问题和解决问题的能力，培养学生做人、做事的责任担当和使命感。通过思政教学，加深了学生对当代中国经济成就的认识，提高了学生对国家的自豪感及自信心；培养了学生的家国情怀，扩展了学生认识问题的视野，加固了学生正确的价值观；将思政教育贯穿在课程教学全过程中，持续培育学生良好的品德与专业素养；多媒体课件适时更新，持续补充新形势、新观点、新材料，丰富充实教学内容；采用推荐教材、自学材料、财经新闻、经济前沿成果等不同类型的资料，多维验证式交叉学习，相互借鉴，鼓励学生多质疑多思考；根据学生特点，通过角色代入，采用春风化雨、潜移默化、水滴石穿的方式，引导学生深度体验；将当代中国经济课程专业知识与理论前沿的新观点、新思维与新方法不断引入课堂，引导学生从不同角度进行思考，提高学生的经济理论水平、思想道德素养、科学思维认知和实践能力，促使学生深刻理解和把握中国经济高速增长背后的大国崛起逻辑，树立正确的世界观、人生观、价值观，增强对中国模式、中国经济以及中国特色社会主义的自信心，引导学生成为有担当、有责任的新时代中国特色社会主义接班人。

课程思政教学

设计书

公司金融

▶ 课程基本情况

- **课程名称**：公司金融
- **学分/学时**：3学分/51学时
- **适用专业**：金融学
- **课程类别**：☑核心课程 □非核心课程

▶ 课程简介

公司金融是微观金融理论的一个分支，旨在研究公司筹资决策、投资决策、股利政策、兼并收购等方面的基本原理和方法。

通过本课程的学习，使学生系统掌握公司金融理论框架、公司筹资原理、资本结构特征、股利分配方案、资本运作等方面的理论和方法。

切入课程思政的课程知识点（不少于3个知识点）

（1）公司金融的目标和管理职能，公司金融目标的认知演进。

（2）委托—代理问题与公司治理机制。

（3）中西方公司治理实践比较。

课程目标

◎ **思政目标（重点描述）**

（1）认真学习马克思主义和中国特色社会主义理论体系。

（2）遵守宪法、法律和法规，倡导社会主义核心价值观，树立诚信意识，履约践诺，知行合一。

（3）培养良好的职业操守和职业道德，具备社会责任感和人文关怀意识。

◎ **知识目标**

（1）了解公司金融的目标和管理职能，了解公司金融环境、金融机构以及公司治理等概念。

（2）理解和掌握货币时间价值，了解资本预算决策分析方法及运用。

（3）理解和掌握资本成本与资本结构理论与应用，包括上市融资、信息披露等。

（4）掌握公司股利政策类型、决策理论与实践。

◎ **能力目标**

（1）能分析货币的实践价值，理解并掌握资本预算决策分析方法及运用。

（2）能对资本结构进行分析和决策。

（3）掌握公司股利分配的流程和决策。

（4）能合理分析公司并购的金融管理。

◎ **素质目标**

（1）具有较强的自主学习能力和团队合作能力。

（2）具备收集、分析、处理公司资本结构、融资预算和股利分配的应用能力。

（3）爱岗敬业，勤劳肯干，遵守金融行业从业人员职业道德。

▶ **知识点与育人元素结合的教学设计案例**

教学设计案例一（对应的微课视频名称：公司金融的目标）

◎ **课程知识点**

公司金融的整体目标，包括利润最大化、每股盈余最大化、股东财富最大化、公司价值最大化、利益相关者价值最大化等。

公司金融的目标

◎ **思政教学目标**

以教材中巴林银行的倒闭为案例，从社会经济发展、和谐社会构建的角度，分析公司金融目标不断演进的过程，分析其倒闭原因，引导学生深刻理解企业的社会责任。

◎ **教学设计**

1. 案例导入

以教材中巴林银行的倒闭为例进行案例分析。从社会经济发展、和谐社会构建的角度，分析公司金融目标的不断演进的过程。

2. 知识点与思政元素融合

（1）利润最大化、企业价值最大化以及利益相关者价值最大化等各种公司金融目标，都以股东财富最大化为基础。

（2）以股东财富最大化为核心和基础，还应该考虑利益相关者的利益，特别是考虑企业员工、政府、社区、客户、供应商的利益，这体现了公司金融目标中的社会责任，也符合我们社会主义国家追求和谐社会、共同富裕的价值理念。

教学设计案例二（对应的微课视频名称：公司融资中的诚信与法律）

◎ **课程知识点**

上市公司信息披露的真实性原则、上市公司法律监管。

◎ **思政教学目标**

以瑞幸咖啡财务数据造假事件为例，强调信息披露中真实性原则的重要性，引导学生加强法治观念，树立社会主义核心价值观。

公司融资中的
诚信与法律

◎ **教学设计**

1. 案例导入

以瑞幸咖啡财务数据造假事件为例，将上市公司信息披露的真实性原则、上市公司法律监管作为知识点和思政教育点，对学生进行符合社会主义核心价值观的诚信教育和法制教育。

2. 知识点与思政元素融合

（1）信息披露的真实性原则。真实性原则，一方面是资本市场信息披露的要求，也是社会主义法制在资本市场中规范运行的体现；另一方面是社会主义诚信社会的要求，体现了社会主义核心价值观。

（2）加强法律监督。社会主义市场经济是一种法治经济，公司金融中融资、治理等行为，是在相应的法律制度基础上运行的，进一步完善、加强法律监督是在资本市场中落实社会主义法律的基本要求。

（3）跨国上市要加强合作监管。当公司进行跨国融资、投资等金融行为时，需要与相关国家加强在保护投资者利益方面的合作，这体现了在全球化背景下各国之间相互合作、多方共赢的命运共同体思想。

教学设计案例三（对应的微课视频名称：西方国家的公司治理与中国国企治理）

◎ 课程知识点

（1）股东至上理论的内涵及特点。
（2）利益相关者理论的内涵及特点。

西方国家的公司治理与中国国企治理

◎ 思政教学目标

通过对两大主流公司治理理念的介绍、分析和对比，结合我国社会经济实情，引导学生思考什么样的公司治理理念和公司治理制度更适合我国国情。

◎ 教学设计

1. 案例导入

通过引入以英、美为代表的股东至上模式和以德、日为代表的利益相关者模式，介绍和比较两者的特色和区别，剖析其本质，结合我国实践讨论各自的优缺点和适合性。

2. 知识点与思政元素融合

世界上不存在唯一最佳的公司治理结构模式，基于经济、社会和文化等方面的差异以及历史传统和发展水平的不同，这些基本共识在各个国家、各种文化环境中贯彻时会有不同的表现。在对比和评述股东至上主义的公司治理的基础上，结合中国实践，引导学生思考什么才是最适合中国国情的公司治理制度。

▶ 特色、创新及育人成效

依托课程思政育人的原则和要求，通过案例教学、思维导学、学生悟学、师生互动、生生互动，实现课堂有触动、课后有延展，帮助学生树立诚信的社会主义核心价值观，勇于承担践行社会主义核心价值观的社会责任。

课程思政教学设计书

国际金融

课程基本情况

- **课程名称**：国际金融
- **学分/学时**：3学分/51学时
- **适用专业**：金融学，国际贸易，工商管理
- **课程类别**：☑核心课程　□非核心课程

课程简介

"国际金融"是教育部高等学校经济学学科教育指导委员会指定的经济学（含金融学）专业本科生核心课程之一，在经济管理类专业教学中具有基础性、理论性和指导性地位。

本课程以国际金融微观行为和宏观协调为主线，围绕三个教学任务展开：第一，掌握国际收支、外汇管理、国际金融市场、国际金融协调的基本概念和基本原理；第二，掌握外汇交易业务、国际金融风险管理业务的知识和技能；第三，系统准确地理解国际收支平衡理论、汇率决定理论、国际资本流动、国际金融危机、国际货币体系改革等现代国际金融理论的最新进展。

▶ 切入课程思政的课程知识点（不少于3个知识点）

（1）走向世界的人民币。人民币是由红色货币演变而来的，如今已成为仅次于美元和欧元的世界第三大货币。当前，人民币国际化已经开启，这既体现出我国的经济发展实力，也彰显出我国人民币币制改革不断进取的创新精神。

（2）中国的国际储备管理。改革开放以来，随着对外经济交往步伐的加快，我国外汇储备迅速增长，已经成为全球第一大外汇持有国。如何加强和完善国际储备管理，是我国宏观经济管理以及对外金融体制改革的重要课题。

（3）中国的反洗钱监管。洗钱犯罪是世界公害，我国政府旗帜鲜明，坚决反对。2006 年 10 月 31 日，《中华人民共和国反洗钱法》通过，于 2007 年 1 月 1 日开始施行。反洗钱法的颁布，表明我国正式建立了预防、监控洗钱活动的基本法律制度。

▶ 课程目标

◎ 思政目标（重点描述）

（1）了解人民币的历史和发展趋势，树立正确的历史观，增强道路自信、制度自信。

（2）了解我国国际储备管理概况，掌握当前我国国际储备管理需求，树立强烈的爱国主义使命感与责任心。

（3）了解我国预防、监控洗钱活动的基本法律制度，形成经世济民、诚信服务、德法兼修的职业素养。

◎ 知识目标

（1）掌握人民币国际化、国际储备管理和反洗钱监管的基础知识、基本理论、基本分析方法和基本应用技能。

（2）了解人民币国际化、国际储备管理和反洗钱监管的最新进展。

◎ 能力目标

（1）具备收集和处理人民币国际化、国际储备管理和反洗钱监管等金融信息的能力。

（2）能够胜任银行、证券、保险等金融机构及政府部门和企事业单位的投融资工作。

◎ **素质目标**

（1）树立正确的世界观、人生观、价值观和世界观．

（2）能够遵守金融行业从业人员职业道德，具备健全的人格和良好的职业素养。

▶ 知识点与育人元素结合的教学设计案例

教学设计案例一（对应的微课视频名称：走向世界的人民币）

◎ **课程知识点**

本课程第三章是"外汇管理与汇率制度"，在教学过程中，重点讲述正在走向世界的人民币。

走向世界的
人民币

◎ **教学设计**

1. 案例导入

人民币是由红色货币演变而来的。红色货币的发行使用，虽然只有短短的20余年，但它诞生于硝烟弥漫的战争年代，见证了中国共产党建立红色金融体系的不断努力和探索，为缔造中华人民共和国打下了坚实的经济根基。

伴随着中华人民共和国的不断强大，历经几代人的努力，人民币不但在国内广受欢迎，而且已成为仅次于美元和欧元的第三大权重货币。

当前，人民币国际化已经开启，这既体现出我国的经济发展实力，也彰显出我国人民币币制改革不断进取的创新精神。

2. 知识点与思政元素融合

（1）引导学生讨论人民币和中国革命的关系，让学生知晓汇率制度的复杂性。

（2）畅想人民币的灿烂未来，增强学生的道路自信、制度自信。

3. 教学总结

"欲知未来，问道过去。"了解人民币的历史和发展趋势，有助于学生树立正确的历史观，增强道路自信、制度自信。人民币是由红色货币演变而来的，红色是人民币的底色。

教学设计案例二（对应的微课视频名称：中国的国际储备管理）

◎ **课程知识点**

本课程第四章是"国际储备"，在教学过程中，重点讲述我国国际储备管理的相关情况。

中国的国际
储备管理

◎ **教学设计**

1. 案例导入

改革开放以来，随着对外经济交往步伐的加快，我国外汇储备迅速增长，已经成为全球第一大外汇持有国。如何加强和完善国际储备管理，是我国宏观经济管理以及对外金融体制改革的重要课题。

（1）我国国际储备的构成和特点。

我国的国际储备由黄金储备、外汇储备、在国际货币基金组织的储备头寸及特别提款权四部分组成。其中，在国际货币基金组织的储备头寸及特别提款权的数值合计约为 200 亿美元，不到我国国际储备总量的 1%，占比极小。因此，对于国际货币基金组织的储备头寸及特别提款权的数值管理不做深入探讨，重点关注黄金储备管理和外汇储备管理。

（2）我国外汇储备管理的实践。

伴随着我国外汇储备的高速增长，我国在外汇储备管理上进行了艰难的探索，并取得了巨大的成就。在外汇储备总量管理上，给外汇储备做"减法"，从外汇储备中拿出 2000 亿美元由财政部注资给中国投资有限公司；在外汇储备结构管理上，通过中央汇金公司注资国有金融机构，实现外汇储备的多元化。

（3）我国外汇储备的总量管理。

当前我国外汇储备规模管理的思路是：以外汇储备存量管理和增量管理及其关系协调为主线，以外汇储备的结构管理为补充，使外汇储备管理由供给导向向需求导向调整，实现我国外汇储备的规模适度。

（4）我国外汇储备的结构管理。

我国目前执行的结汇制度是结售汇制，在这种结汇制度下，我国外汇储备数量的增减直接体现了我国的国际收支状况。

2. 知识点与思政元素融合

（1）讲述我国国际储备的发展过程，增强学生的道路自信、制度自信。

（2）讲述我国国际储备管理的特点，帮助学生树立具体问题具体分析的实事求是精神。

3.教学总结

客观理性地认识我国国际储备的发展历史，了解我国当前国际储备管理现状，有助于学生及时掌握当前我国国际储备管理的需求，树立强烈的爱国主义使命感与责任心。

教学设计案例三（对应的微课视频名称：中国的反洗钱监管）

◎ 课程知识点

本课程第六章是"国际金融风险"，在教学过程中，重点讲解我国的反洗钱监管知识。

中国的反洗钱
监管

◎ 教学设计

1.案例导入

随着科技金融的高速发展，新的金融业态如雨后春笋般成长起来，国际洗钱手法不断升级翻新，清洗资金的来源愈加隐蔽多样，清洗通道也愈加复杂多变，我国金融体系中的洗钱风险持续存在，反洗钱工作面临严峻挑战。

（1）洗钱呈现跨国性趋势。

在封闭经济条件下，即使一国存在洗钱犯罪，也多为分散的个人行为。在开放经济条件下，洗钱成为跨国行为，洗钱者往往将资金在国家之间流转，利用各国的金融工具和监管漏洞，使洗钱成为一种集团性的犯罪活动，有些甚至成为国家性活动。洗钱逐渐聚合成为一个行业，许多具有专门知识和技能的人员参与其中，如律师、会计师、金融顾问等，这使得犯罪行为更为隐蔽，也更具技术性。

（2）洗钱活动逐步呈现大宗化趋势。

国际洗钱犯罪的目标越来越大，涉及的人员、组织机构越来越多。1998年，美国政府破获了美国历史上最大的一起毒品洗钱案，逮捕涉案人员100多人，其中包括墨西哥人和哥伦比亚人，涉及12家墨西哥银行。

（3）洗钱手段多样化。

洗钱者利用多种手段进行洗钱，包括现金走私、将现金变成可流通证券、建立并使用前台公司或者空壳公司、利用税收和"保密天堂"的通道、伪造虚假发票、利用娱乐场所或赌博场所、利用地下钱庄系统、利用国外投资名义等。

2.知识点与思政元素融合

（1）讲述洗钱活动对国家金融安全的危害以及我国因此可能面临的巨大金

融风险，激发学生强烈的爱国主义使命感与责任心。

（2）讲述我国反洗钱的法律框架，培养学生诚信服务、德法兼修的职业素养。

3. 教学总结

洗钱是世界公害，既腐蚀和破坏国家金融系统的正常运行，也扭曲了价格信号，导致资源配置低效，影响国家经济内外均衡的实现。通过教学，使学生熟悉和了解我国预防、监控洗钱活动的基本法律制度，形成经世济民、诚信服务、德法兼修的职业素养。

特色、创新及育人成效

本课程是经济管理类专业的核心必修课程，课堂教学中应注重结合国家建设和民族复兴的新时代背景，通过思政引领在潜移默化中增强学生的制度自信、道路自信、文化自信，激发学生的使命感和责任心，形成正确的世界观、人生观、价值观。本课程的设计创新点有二：

第一，润物无声。"走向世界的人民币"对接"外汇管理与汇率制度"教学内容，"中国的国际储备管理"对接"国际储备"教学内容，"中国的反洗钱监管"对接"国际金融风险"教学内容。适时将最新资料引入课堂，增强学生的学习兴趣，衔接巧妙，切入自然，润物无声。

第二，契合现实。介绍人民币的历史和发展趋势，有助于学生树立正确的历史观，增强道路自信、制度自信；讲述当前我国国际储备管理的特点，能帮助学生树立具体问题具体分析的实事求是精神；熟悉了解我国预防、监控洗钱活动的基本法律制度，能培养学生经世济民、诚信服务、德法兼修的职业素养。

课程思政教学
设计书

国际经济学

● 课程基本情况

- **课程名称**：国际经济学
- **学分/学时**：3学分/51学时
- **适用专业**：经济学
- **课程类别**：☑核心课程　□非核心课程

● 课程简介

国际经济学是现代经济学的基础学科，是通过国际经济理论和政策研究，分析稀缺经济资源在全球范围内的有效分配，以及在此过程中发生的经济学活动和经济关系的学科。本课程面向学生主要介绍以下内容：古典贸易理论、新古典贸易理论、现代国际贸易理论、生产要素国际移动理论、汇率决定理论、国际收支调节理论等基本理论；对外贸易政策及其福利效应和开放经济条件下的内外平衡政策；国际经济学的理论发展与实践。

▶ 切入课程思政的课程知识点（不少于3个知识点）

（1）中国在全球化体系中的比较优势和竞争优势。

（2）面对美国发起的贸易战，中国的应对之策。

（3）在区域贸易协定中，中国如何最大限度地维护自身利益？

▶ 课程目标

◎ **思政目标（重点描述）**

（1）具备基本的科学素养，及时了解国际经济发展趋势，及时掌握国家相关方面的战略需求，树立强烈的爱国主义使命感与责任心。

（2）能够结合全球价值链分工体系，分析中国如何发挥自身的核心竞争力。

（3）能够针对美国对中国悍然发起的贸易战，深入分析美国发起贸易战的原因、做法及中国的应对措施。

（4）能够结合当今全球化的大趋势，分析中国如何在不同区域贸易协定中趋利避害。

◎ **知识目标**

（1）系统掌握国际经济学相关理论及模型。

（2）能够分析国际经济关系的实质。

（3）能够分析国际经济运行的机制和激励。

（4）能够论述国民经济参与国际经济关系的均衡过程。

◎ **能力目标**

（1）形成理论与实践相结合的能力。

（2）具备吸收、探索开放经济运行一般理论和政策的能力。

（3）掌握分析、评估国外企业和国家的经营战略与对外政策的能力。

◎ **素质目标**

（1）具备主动探索和独立思考的能力、批判性思维能力和持续的创新精神。

（2）具备敏锐洞察社会经济与国际关系间相互影响力的能力。

（3）形成国内外经济效益协调统一的发展观和世界观。

▶ 知识点与育人元素结合的教学设计案例

教学设计案例一（对应的微课视频名称：绝对优势、比较优势与竞争优势）

◎ 课程知识点

（1）绝对优势理论、比较优势理论和竞争优势理论。

（2）当前全球价值链分工体系下，中国所具有的核心竞争力。

绝对优势、比
较优势与竞争
优势

◎ 教学设计

1. 案例导入

（1）论述绝对优势理论和劳动分工学说。

（2）论述比较优势贸易理论。

（3）论述赫克歇尔—俄林贸易模型（H-O 模型）。

（4）论述国家竞争优势理论。

2. 教学方法

（1）对比分析法。为了让学生更好地理解，对比了绝对优势理论与相对优势理论、李嘉图模型与 H-O 模型、比较优势理论与竞争优势理论三组重要理论模型。

（2）经典文献分析法。分析诺贝尔经济学奖得主克鲁格曼只强调贸易自由，不强调提高国际竞争力的理由。

（3）案例研究法。分析在当前全球价值链分工体系下，中国如何发挥自身的比较优势与竞争优势。

教学设计案例二（对应的微课视频名称：美国贸易保护政策的分析）

◎ 课程知识点

美国发起贸易战的原因、做法及中国的应对措施。

美国贸易保护
政策的分析

◎ 教学设计

1. 案例导入

（1）分析美国发起贸易战的原因：冷战结束使得美国为保持紧密的地缘政治联盟而牺牲贸易利益的意愿下降、亚洲等地区新兴经济体崛起带来的挑战对美国国内诸多产业造成巨大的压力、美国制造业岗位的大幅度减少使竞争恐惧

心理在美国蔓延等等。

（2）介绍分析四种美国经常采用的贸易保护手段：反倾销税、反补贴税、免责条款救济、301 条款（包括特别 301 条款）。

（3）分析经济制裁的不同形式：进口和出口禁令、金融流动禁令、旅行和合同禁令等。经济制裁目的是使一国或一个地区被孤立，强迫其改变政策或行为。制裁目标越是难以达到，就越有可能需要军事力量的支持。

（4）分析什么情况下国际制裁会有效。

2. 教学方法

（1）多学科交叉融合法。结合经济学与政治学理论，分析美国对中国悍然发起贸易战的深层原因。

（2）案例研究法。重点分析应用最普遍的反倾销税，以及美国独有的贸易保护手段（301 条款和特别 301 条款）。

（3）换位思考法。分析企业以非常低的价格销售一些商品有时是正常的商业行为。从六个方面分析国际制裁的方式。

教学设计案例三（对应的微课视频名称：区域贸易协定及其利弊）

◎ **课程知识点**

在当今全球化大趋势下，中国顺应区域贸易合作的新趋势，在不同的区域贸易协定中趋利避害的具体策略。

区域贸易协定
及其利弊

◎ **教学设计**

1. 案例导入

（1）指出区域贸易协定可以是双边的（两个国家）、复边的（几个国家）、多边的（很多国家）。

（2）提出判定国际经济一体化程度的四个标准：贸易往来、资本流动、人口流动、不同市场中价格的相似度。

（3）分析五个层次的区域贸易协定，由低到高分别是部分贸易协定（两个或多个国家选择一个或几个行业产品开展自由贸易）、自由贸易区（产品和服务在两个或多个国家之间自由贸易）、关税同盟（自由贸易区加上对非成员的统一外部关税）、共同市场（关税同盟加上资本和劳动力的自由流动）、经济同盟（共同市场加上宏观经济政策的协调，可能包括共同货币以及标准和规则的统一）。

（4）在20世纪90年代以来区域贸易协定（RTA）增长迅速的背景下，论证区域贸易协定中趋利避害的原则，只要贸易创造（协议创造的新贸易）大于贸易转移（贸易从RTA非成员方转到成员方），就应该允许区域贸易协定的存在。

2.教学方法

（1）案例分析法。分别以20世纪70年代、80年代、90年代初欧洲经济共同体及之后的欧盟为例，分析不同层次区域贸易协定的特点。

（2）对比分析法。通过5×5表格的形式，从成员之间的部分贸易协定、自由贸易、共同对外关税、生产要素的自由流动、各种经济政策的协调，分析不同区域贸易协定在这五个层次上的特点。

（3）归纳法。概括区域贸易协定是促进世界贸易长期渐进式增长（垫脚石）的主要理由，以及区域贸易协定成为进一步减少贸易壁垒（绊脚石）的主要理由。

特色、创新及育人成效

（1）结合最新案例进行生动论述，让学生能更深刻地理解中美贸易战的实质与特点。

（2）创新授课内容。本课程不仅讲述国际经济学经典教材的内容，还融入了任课教师自身的一些研究成果，便于学生更好地理解本课程的重要理论和模型，掌握一定的理论应用能力。

（3）增强学生对中国在21世纪能更好地参与国际竞争的信心，并在全球价值链中准确找到自身定位。

（4）通过课程讲授，让学生更好地理解当今国际经济大格局及发展趋势，以及商品的全球化、资本的全球化、人的全球化，积攒重要的国际经济知识储备，进一步增强学生的道路自信、理论自信、制度自信、文化自信。

课程思政教学

设计书

国际贸易实务

▶ 课程基本情况

- **课程名称：** 国际贸易实务
- **学分/学时：** 4学分/68学时
- **适用专业：** 国际经济与贸易
- **课程类别：** ☑核心课程　□非核心课程

▶ 课程简介

　　"国际贸易实务"是一门专门研究国际货物买卖有关理论和实际业务的课程，也是国际经济与贸易专业学生必修的核心课程，其内容主要包括：进出口贸易的一般程序、国际商务谈判、国际贸易合同的订立和履行、国际货物买卖合同的条款以及有关的国际贸易惯例与法律规则。通过本课程的教学，使学生了解进出口业务的整个流程，掌握国际货物买卖合同的各项条款，熟悉相关的国际惯例和法律规则，全面理解国际贸易合同的磋商、签订和履行程序。课程通过理论联系实际的方法，提高学生分析问题和解决问题的能力，为从事国际贸易工作打好专业基础。

切入课程思政的课程知识点（不少于3个知识点）

（1）国际贸易实务课程导论。

（2）国际贸易实务基本概念与法律规范。

（3）国际贸易实务进出口业务流程。

课程目标

◎ 思政目标（重点描述）

课程结合国家建设和民族复兴的新时代背景，增强学生家国情怀与文化自信，激发学生的使命感和责任心。

◎ 知识目标

课程结合国际贸易惯例和外贸业务对单据的要求进行教学，帮助学生掌握国际贸易实务的专业知识，掌握有关国际贸易术语和国际惯例、国际货物买卖合同的基本条款内容、国际货物买卖合同商订与履行程序及违约的各种补救方法，熟悉国际贸易的各种方式。

◎ 能力目标

（1）掌握进出口贸易的一般程序和有关国际贸易的国际惯例与法律规则，深刻理解国际货物买卖合同的条款，掌握合同订立和履行的基本环节。

（2）具备面向国际国内市场进行有效的市场调研和分析的能力。

（3）具备按照我国法律法规、国际条约和国际惯例进行贸易磋商、合同签订及全面履行的能力。

◎ 素质目标

通过国际贸易货物条件、价格条件、商品检验、运输保险、国际货物支付等内容的学习，具备对外贸易的基本素质，提高基本业务技能，能够独立处理国际贸易交易过程中的各种问题，达到学以致用的目的，为成为实用型国际贸易人才打好基础。

▶ **知识点与育人元素结合的教学设计案例**

教学设计案例一（对应的微课视频名称：课程介绍）

◎ **教学设计思路**

国际贸易发展现状→学习本课程的重要性和必要性→如何学好本课程→学习国际贸易实务的重要性。

课程介绍

◎ **课堂知识点**

（1）在课程性质的介绍中，以国际贸易的发展趋势和特点为切入点，让学生进一步认识中国已成为国际贸易增长的新生力量。在中国加入 WTO 后，随着中国外贸经营权的进一步开放，中国对外贸人才的需求量不断增长，这说明了学好国际贸易理论和实务课程的重要性和必要性。

（2）在课程研究对象的介绍中，让学生明确国际贸易以"诚实守信"为基本准则，以国际货物买卖合同为基本框架，研究国际货物买卖的基础知识以及防范和解决国际货物买卖争议的技术性问题。

（3）在课程学习方法的介绍中，让学生清楚该如何学好本课程。从理论到实践，注重学以致用，将理论与实践、政策与业务有效地结合起来，不断提高学生分析与解决实际问题的能力。

教学设计案例二（对应的微课视频名称：国际贸易的基本概念和国际贸易法律规范）

◎ **教学设计思路**

课堂知识点讲解（比较分析、让数据说话）→课后任务（课后思考与知识点拓展）。

国际贸易的基本概念和国际贸易法律规范

◎ **课堂知识点**

1. 比较分析

国际贸易具有线长、面广、环节多、难度大、变化快的特点。因此，凡从事国际贸易的人员，不仅必须掌握国际贸易的基本原理、知识、技能、方法，而且应具备分析和处理实际业务问题的能力，以确保社会经济效益的顺利实现。

2. 数据分析

通过具体而客观的统计数据来阐述国际贸易实务的相关概念，让学生明晰中国对全球贸易的贡献，特别是新冠疫情较为严重的 2020—2022 年，中国经济的强大韧性使中国商品的贸易竞争力得到进一步提升。

◎ **课后思考与知识点拓展**

1. 课后思考

（1）长期顺差不一定是好事，暂时逆差也非绝对的坏事？

（2）如何看待中美贸易战？

2. 知识点拓展学习

《中华人民共和国合同法》采用的国际通用准则："当事人意思自治原则"和"最密切联系原则"。

教学设计案例三（对应的微课视频名称：外贸流程）

外贸流程

◎ **教学设计思路**

课堂知识点讲解→课后思考问题。

◎ **课堂知识点**

（1）通过对进出口业务流程的讲解，使学生明白外贸业务员的素质要求及所应具备的吃苦耐劳精神。

（2）进出口的善后处理环节要有始有终，善于总结。

◎ **课后思考**

（1）外贸业务比较烦琐，要考虑很多问题，但并不难。

（2）今后的新发展格局是以国内大循环为主体，国内国际双循环相互促进。出口在短期内还是大头，但会逐渐增加进口（主要包括消费品进口、国内价值链体系的中间产品进口、外包产品进口）。对此，外贸行业需要主动求变，"内外兼修"。

（3）除广泛的专业知识（商务知识、产品工艺知识）外，外贸从业人员还需要具备什么素质？

课程思政教学

设计书

国际贸易学

课程基本情况

- **课程名称**：国际贸易学
- **学分/学时**：3学分/51学时
- **适用专业**：国际经济与贸易，金融学，工商管理，信息管理与信息系统
- **课程类别**：☑核心课程 □非核心课程

课程简介

　　本课程是面向经济类、管理类本科学生开设的一门涉外经贸课程。本课程教学旨在使学生在学习完微观经济学、宏观经济学的基础上深化对国际经贸问题的分析和解释，加深对比较优势贸易理论、要素禀赋理论、规模经济贸易理论以及国际贸易政策、关税和非关税壁垒措施、鼓励出口和出口管制措施、区域经济一体化、世界贸易组织、国际贸易发展战略等基本内容的理解，熟悉宏观经济、政治制度综合作用所形成的国际竞争环境，学会如何在国际贸易领域把握商机。在学习理论知识的同时，结合国家建设和民族复兴的新时代背景，

增强学生家国情怀与文化自信，激发学生参与国家经济建设的责任感和使命感。

▶ 切入课程思政的课程知识点（不少于3个知识点）

（1）国际贸易的产生与发展：中国融入世界市场，获取规模经济收益。

（2）新古典贸易理论：中国要提升要素质量，实现高水平对外开放。

（3）国际贸易政策概述：辩证看待各国的对外开放与贸易保护政策。

▶ 课程目标

◎ **思政目标（重点描述）**

（1）掌握国际贸易发展基本规律及中国在世界经济发展中的地位，树立正确的世界观和价值观。

（2）掌握中国进出口贸易快速发展的要素禀赋基础及要素发展，讲好中国故事，传播中国经验。

（3）掌握各种类型国家制定对外贸易政策的依据，辩证看待各国在对外开放与贸易保护之间的博弈，树立正确的全球发展观。

◎ **知识目标**

（1）了解国际贸易发展的历程和中国在世界贸易格局中的地位。

（2）掌握国际贸易主流理论和学术前沿动态，熟悉国家相关对外贸易政策。

◎ **能力目标**

（1）具备洞察问题、提炼问题、综合运用国际贸易理论与政策相关知识研究和解决国际经贸问题的能力。

（2）养成独立思考、创新思维的习惯，具备进取意识和探索精神，能对国际经贸形势做出前瞻性思考。

◎ **素质目标**

（1）掌握经济学、国际经济学等学科的基本理论、分析方法和发展动态。

（2）了解主要国家和地区的经济发展状况、经贸政策法规和世界贸易组织相关知识，形成具有开放视野的专业素质。

▶ **知识点与育人元素结合的教学设计案例**

教学设计案例一（对应的微课视频名称：规模经济与国际贸易）

◎ **课程知识点**

国际贸易的产生与发展。

◎ **思政元素融入**

中国要积极对外开放，利用国际市场资源推动国内产业形成规模经济。

规模经济与
国际贸易

◎ **思政教学目标**

通过讲解国际贸易的产生与发展，嵌入规模经济的内核，使学生掌握国际贸易发展基本规律及中国在世界经济发展中的地位，明确对外开放对中国经济发展的重要性，树立正确的世界观和价值观。

◎ **教学设计**

1. 案例导入

（1）依托微观经济学知识基础，导入规模经济的概念和类型。

（2）结合国际贸易理论，依次从古典贸易理论、新古典贸易理论以及新贸易理论切入，分析主流国际贸易理论中的规模经济内核。

（3）结合全球经济发展趋势，将技术创新与规模经济两个点放在全球经济体系这一整体环境，结合全球经济发展阶段阐述规模经济的作用。

（4）结合中国经济发展实情，讲述改革开放以来中国在参与国际分工后的规模经济效应，指出新时期中国要素禀赋优势发生了转变，未来要发挥新的战略资源的优势，形成国内价值链，推动内循环发展。同时，还要依托国际要素资源，实现内外循环相互促进。

2. 提炼思政元素

国际贸易与规模经济是相依相存的，对外开放使中国企业融入国际市场，有利于形成规模经济。新时期，中国要素禀赋优势发生了转变，传统的劳动力低成本优势在逐渐消失，国内市场这一重要资源的作用日益突出，应推动国内市场建设，构建国内价值链，促进我国产业结构升级。同时，积极引入国际优质要素，实现内外循环相互促进，继续发挥国际贸易的规模经济效应。

3. 教学总结

挖掘中国参与国际贸易的内核动力机制，使学生对国际贸易活动有更深刻的认识。同时，要考虑时代发展，了解国际市场和中国经济发展形势，增强学生对中国新时期对外开放政策的认同。

教学设计案例二（对应的微课视频名称：增加值贸易——看世界的新视角）

增加值贸易——
看世界的新视角

◎ **课程知识点**

新古典国际贸易理论（要素禀赋理论）。

◎ **思政元素融入**

只有高质量的要素和以高质量要素为主导的要素结构，才能构建形成本国主导的全球价值链，才能获得较高的国际分工收益。

◎ **思政教学目标**

当今时代强调的不再是完整产品分工和贸易相联系的世界经济，而是贸易投资融合下的世界经济。增加值贸易相关知识的嵌入，可以使学生更客观地认识一国通过国际贸易获得的收益，更清醒地认识一国在价值链分工中的地位。只有深入了解一国各行业在全球价值链分工中的地位，才能更好地形成合理的贸易发展战略。未来中国需要促进要素双向流动，在本国要素质量提升的基础上积极加强对外投资能力建设。

◎ **教学设计**

1 案例导入

（1）结合贸易数据和跨国公司收益数据，指出传统贸易收益度量思路与现实发展已经脱节。

（2）从产品、产业的视角切入，指出当前国际分工是要素分工而不是简单的劳动分工。在这一背景下，增加值贸易统计能更好地测度和反映全球贸易的新特征，是衡量世界贸易运行的一种更好方法。

（3）阐述引入增加值贸易的意义。只有增加值贸易才能反映一国在国际贸易中获得的收益。通过国际投入产出表进行增加值贸易的核算和分解，能进一步深入进行细分行业的全球价值链地位、参与度等指数的分析，从而更好地把握一国各行业在全球价值链分工中的地位。只有理解增加值贸易与全球价值链的关系，了解增加值贸易与总值贸易的背离情况，清楚一国各行业在全球价值链分工中的地位，才能更好地形成科学的贸易发展战略。

（4）结合中国经济发展实情，对增加值贸易进行深入探讨，说明要素升级和对外投资是中国发展战略升级的两大主题。因此，要着力提升要素质量和要素结构，促进内外双向要素流动，推动本土跨国公司的发展。

2.提炼思政元素

传统的要素禀赋理论运用的是静态分析方法，对发展中国家来说，简单地依托要素禀赋可能会陷入低端锁定。只有高质量的要素和以高质量要素为主导的要素结构，才能构建形成本国主导的全球价值链，才能获得较高的国际分工收益。中国改革开放前 30 年的经济发展主要以吸引外资为主，但未来经济发展需要促进要素双向流动，尤其是要在本国要素质量提升的基础上加强对外投资能力建设，这也是提升增加值贸易收益的关键之一。

3.教学总结

传统贸易理论都依赖的一个重要假定是要素不能跨国流动，而现实世界的贸易存在大量以跨国投资为载体的要素流动，并且跨国直接投资日益主导世界贸易。要素禀赋理论仍然能够成立，但在考察一国要素禀赋时应该考虑通过跨国投资流入的高级要素。要素国际流动下的国际贸易和国际投资共同构成国际分工的对立面，甚至三者形成了三角关系。学生应该对国际贸易、国际分工和本国经济发展形成立体的认识，要与时俱进，主动学习国家在对外开放上的最新政策。

教学设计案例三（对应的微课视频名称：国际贸易争端——二流大国陷阱）

◎ **课程知识点**

国际贸易政策概述。

国际贸易争端——二流大国陷阱

◎ **思政元素融入**

积极促进技术创新，推动产业结构升级，支持企业提升国际竞争能力，提高中国在国际分工中的地位。

◎ **思政教学目标**

创新能力是当今世界的核心竞争力。当前的国际分工格局是，领先大国负责研发，追赶大国只负责制造，长此以往追赶大国始终没有机会翻身。从"如

何摆脱二流大国陷阱"这一问题切入，可以使学生明确为什么中国不能被动接受国际分工格局，需要国家保持对高科技行业的产业政策支持，更重要的是要在高科技行业内部形成良性生态。

◎ **教学设计**

1.案例导入

（1）导入美苏竞争、美日竞争的国际案例。只要领先国家能够保持创新——规模经济的循环，同时又让追赶国家创新——规模经济的循环得不到实现，那么领先国家就能稳赢，实现所谓的不战而屈人之兵，而追赶国家轻则输了战场，重则经济发展停滞，陷入恶性循环。所以"二流大国陷阱"很可怕，苏联和日本就是前车之鉴。

（2）剖析大国之间在高科技产业政策领域的博弈。引入美日半导体行业博弈案例和美国打击中国高科技产业政策案例，分析美国为何要打击追赶国的高科技产业。

（3）思考面对"二流大国陷阱"，中国该如何应对：第一，中国需要保持甚至加大对高科技产业的产业政策支持力度；第二，企业在技术竞争上面要有智慧；第三，要在高科技产业内部形成良性生态。

2.提炼思政元素

国际竞争的关键是技术竞争。长期以来，发达国家一直对中国高科技产业发展实施限制战略。中国应充分利用自身产业门类齐全的优势，积极推动本国高科技产业规模化发展，形成创新——规模经济的循环，支持创新发展。

3.教学总结

他山之石，可以攻玉。苏联、日本的失败经历值得我们警惕。在国家实力不断提升的情况下，中国面临的国际阻力将越来越大。在不完全竞争市场条件下，政府应适当扶持本国战略性产业发展，以形成国际竞争力。当前，高科技产业的竞争是重中之重，应尽力在高科技产业内部形成良性生态。

▶ 特色、创新及育人成效

（1）对接国家最新发展战略。2020年7月30日，中共中央政治局会议提出"加快形成以国内大循环为主体、国内国际双循环相互促进的新发展格局"。本课程从规模经济的角度梳理了中国对外开放取得的成就，指出新时期要利用国内市场这一战略资源，推动国内大循环的形成；同时要积极引入国际生产要素，助推国内价值链发展，还要积极对外投资，提升中国企业增加值贸易，实现国内国际双循环相互促进。

（2）对接本学科学术研究前沿。全球化经济时代的基本特征是生产要素国际流动。国际直接投资不仅改变了生产的国家性质，而且改变了国际贸易的流量和流向，形成了片段化生产和价值链分工，产业内贸易、产品内贸易、公司内贸易成为国际贸易新的内容。贸易利益的分配机制、贸易政策的制定方向都呈现出新的特征，在讲授相关知识点时必须考虑这些变化。

课程思政教学

设计书

国际商务谈判

▶ **课程基本情况**

- **课程名称：** 国际商务谈判
- **学分/学时：** 2.5学分/42.5学时
- **适用专业：** 国际经济与贸易
- **课程类别：** ☑核心课程　□非核心课程

▶ **课程简介**

　　国际商务谈判是一门交叉学科，以经济学、心理学、博弈论、国际商务为背景，具体包含国际商务谈判介绍、国际商务谈判入门、谈判形式诊断、谈判战略分析、谈判过程管理、谈判结果分析、谈判危机管理、谈判工具应用等。本课程是一门理论与实践相结合的课程，目的是培养学生运用理论分析和解决问题的能力。通过讲授、讨论与实践，使学生掌握国际商务谈判的基本方法和具体应用，加深对贸易和商务体系的认识，同时了解国内外最新的经典案例、经典理论和具体应用的经典文献。通过本课程学习，使学生在具备国际商务谈判分析、运行、战略设计等能力同时通过贯穿教学环节始终的全过程育人、专业课中的立德树人，引领学生形成正确的价值观。

▶ 切入课程思政的课程知识点（不少于3个知识点）

（1）谈判团队的建设——课程思政育人元素"团结协作和挫折中不断奋起、永不气馁的精神"。

（2）双赢谈判的本质——课程思政育人元素"树立以人为本"意识与"培养共情意识"。

（3）谈判的危机处理——课程思政育人元素"心理健康与共情意识"。

▶ 课程目标

◎ 思政目标（重点描述）

（1）将最新前沿理论与本土现实问题相结合，讲好中国故事，传播中国经验，加强学生的民族自豪感。

（2）实现交叉学科知识融合，将思维力与行动力评价相结合，促进学生开拓视野，掌握不同的分析方法和工具，具备辩证分析不同谈判思维的能力，树立正确的世界观和价值观。

（3）贯穿教学环节始终全过程育人，实现专业知识与立德树人培养相融合，促进学生品德、品格、品性的全方位培养。

◎ 知识目标

（1）掌握国际商务谈判的概念、影响商务谈判的基本因素和基本模式、商务谈判的原则。

（2）掌握商务谈判中各项准备工作的原则、范围和方法。

（3）掌握价格谈判中的基本策略和基本技巧。

（4）根据对谈判具体情况的分析，能比较准确地选择和运用相应的谈判策略。

（5）了解国际商务谈判的基本特征和要求．

（6）了解和熟悉主要国家商人从事商务谈判的基本风格。

◎ **能力目标**

（1）在掌握原则和策略的基础上具备较强的分析能力及灵活应变能力。

（2）掌握谈判艺术并有一定的文字沟通和处理能力。

（3）掌握不同文化的分析方法和工具，具备辩证分析不同文化下的谈判思维的能力。

◎ **素质目标**

（1）培养团队协作精神和挫折中不断奋起、永不气馁的精神。

（2）形成细致、耐心、务实的作风和独立思考问题的能力．

（3）加强创新意识。

（4）具备学习交叉学科的主动性、勤奋工作的责任感。

▶ 知识点与育人元素相结合的教学设计案例

教学设计案例一（对应的微课视频名称：谈判团队建设）

◎ **课程知识点**

建设高效团队的要点。

◎ **思政元素融入**

谈判团队建设

通过引导学生思考高效团队的本质和运作过程，让学生明白勇于奉献、挫折中不断奋起和永不气馁的精神是谈判团队成功的前提。在专业课学习中使学生形成团队意识，树立正确的价值观。

◎ **思政教学目标**

通过本土企业案例和名著《西游记》中的经典故事的结合，让学生了解团队的本质和团队成立的过程。通过《西游记》取经团队的引入使学生感知团队的本质、团队沟通协作的重要性和挫折中不断奋起的精神。借用本土企业中团队建设的案例，以第一视角开展讨论，设计合理对策，并从模拟谈判的实践中意识到专业学习和团结协作的作用，强化学生的工作责任心和担当意识。

◎ **教学设计**

1. 案例导入

（1）对谈判团队的必要性进行回顾和梳理。从《西游记》相关图片的展示

开始，引出问题："如何组建一支高效运作的团队？"

（2）从两个问题"如果你要组建一支团队，你会找谁？""如何让有才能的人听你的指挥？"出发，引起学生的思考，得出结论：个体才能和物质吸引是团队形成的两大要素。

（3）根据《西游记》中的故事引出学生的提问："怎么获得个体才能？如何实现物质吸引？"

（4）得出高效运作团队需要具备的条件。

2. 提炼思政元素

（1）将本土企业团队建设中的领导力构建要素与《西游记》取经团队中唐僧取经精神相比较，引入现实中团队领导人的性格特征和团队成员的个人感受，让学生直观感受到团队领导人沟通能力和精神领袖的作用。

（2）将本土企业团队中主要成员间团结协作精神的构建与《西游记》取经团队中成员分工协作的精神相对比，让学生意识到个人成功需要与团队的成功融为一体，帮助学生在无形中形成对团结协作和牺牲奉献的正确认识，形成勇于奉献的价值观。

（3）通过梳理中国传统文化中永不气馁和甘于奉献的价值观形成过程，让学生明白个人与团队的关系，形成在团队中团结协作和挫折中不断奋起的价值取向。

3. 知识点与思政元素融合

通过对具有时代气息的企业案例和中国古典名著的分析和引申，让学生了解高效团队的本质和高效运作的过程，认知团结协作和牺牲奉献是我国优秀的文化传统，增强他们的民族自豪感，将思政教育自然融入现代谈判团队建设的知识点教学中。

4. 教学总结

通过团队形成过程的案例分析，引导学生思考高效团队的本质和运作过程。从团队形成的过程体现个人成功的前提是集体成功，形成团队意识，树立正确的价值观，这契合了专业课中立德树人的思政要求。

教学设计案例二（对应的微课视频名称：双赢谈判战略）

◎　课程知识点

双赢谈判战略。

双赢谈判战略

◎ **思政元素融入**

通过引导学生思考谈判的本质和双赢谈判战略的形成过程，让学生明白"以人为本"和"共情意识"是谈判成功的前提，培养学生在思考经济行为的同时，树立具有共情意识的谈判思维方式和以人为本的谈判战略。

◎ **思政教学目标**

通过结合谈判思维的最新研究发展和生活中的案例，让学生了解双赢谈判的类型和战略思维。通过最新研究发展的引入使学生感知谈判的本质是合作，是利用共情意识体察谈判对手真正需求的过程。谈判中的思维方式是"共情"，战略形成的前提是"以人为本"。借用生活中的案例，以第一视角开展讨论，设计合理对策，并从模拟谈判的实践中意识到"以人为本"和"共情意识"在双赢战略中所起的作用，强化学生双赢战略的思维方式。

◎ **教学设计**

1. 案例导入

（1）对谈判的概念进行回顾和梳理，从生活中的谈判案例开始，引出问题："如何将谈判对手转化为朋友？"

（2）从两个问题"谈判中矛盾的本质是什么？""如何让谈判对手满意并变成朋友？"出发，引导学生思考，形成双赢谈判战略思维。

（3）从现实企业案例出发引出学生的提问："如何才能做到实质性双赢？""什么是策略性双赢？"

（4）得出形成双赢战略思维的重点。

2. 提炼思政元素

结合本土企业的谈判案例展开分析，引发学生思考并讨论。

（1）共情意识的培养。将中国经济发展与国际商务谈判案例相结合，在讲好中国故事的同时，让学生直观感受吃苦耐劳的精神和共情意识的智慧。

（2）以人为本意识的树立。将生活中的谈判案例与本土企业的谈判案例进行对比，体会"原则谈判法"和"内心需求法"在谈判战略形成中的作用。让学生意识到以人为本是获得实质性双赢和策略性双赢的关键，帮助学生在无形中牢固树立以人为本的价值观。

3. 知识点与思政元素融合

通过分析和引申具有时代气息的本土企业案例和现实中的谈判案例，让学生了解实质性双赢和策略性双赢的形成过程，并从思想演化的角度让学生认知以人为本和共情意识是我国优秀的文化传统，增强他们的民族自豪感。

4. 教学总结

讲好中国故事，体会中国传统文化中吃苦耐劳的精神和共情意识的智慧，培养学生树立正确的价值观，这契合了专业课中立德树人的思政要求。

教学设计案例三（对应的微课视频名称：谈判情绪的处理）

◎ **课程知识点**

谈判中情绪的处理。

◎ **思政元素融入**

谈判情绪的处理

通过引导学生思考谈判危机处理的方法，让学生明白正确处理情绪与谈判的关系是谈判成功的关键。通过分析中国本土企业国际商务谈判案例和延伸讲好中国故事，培养学生在思考经济行为的同时，学会利用科学的心理分析方法和共情意识。

◎ **思政教学目标**

通过对心理学科最新研究发展与谈判方法的交叉教学，利用本土企业现实案例让学生了解情绪对谈判的影响和如何处理谈判危机。通过交叉学科的引入使学生感知"心理健康与共情意识"在国际商务谈判中的作用。借用生活中的案例，以第一视角开展讨论，设计合理对策，并从模拟谈判的实践中意识到"心理分析"和"共情意识"在处理谈判危机时的作用。

◎ **教学设计**

1. 案例导入

（1）对谈判矛盾处理方法进行回顾和梳理，从生活中的案例出发，引出问题："除了可以用理性的方法来分析谈判矛盾外，在面对非理性冲突时还可以采取什么方法？"

（2）从两个问题"谈判过程中对方的情绪失控了怎么办？""如何处理谈判中的非理性冲突？"出发，引入心理学的分析方法和共情意识。

（3）从现实企业案例出发，通过课堂辩论，利用"探讨—辩论—发现"的教学模式，为学生主动参与教学过程创造空间，促使学生形成处理谈判危机和推动谈判进程的战略思维。

2. 提炼思政元素

（1）培养共情意识。将本土企业的发展历程和国际商务谈判的过程相比较，在讲好中国故事的同时，让学生直接感受吃苦耐劳的精神和共情意识的智慧。

（2）培养健康心理。将生活中的案例通过"探讨—辩论—发现"的教学模式予以呈现，让学生体会心理分析在谈判战略形成中的作用，意识到"健康心理"和"共情意识"是处理谈判危机的关键，在无形中牢固树立以人为本的价值观。

3. 知识点与思政元素融合

通过分析和引申具有时代气息的企业案例和生活中的案例，让学生了解健康心理和共情意识是处理谈判危机的关键，并从个体视角出发让学生体会生活中健康心理对解决非理性问题的重要性，将思政教育自然融入现代谈判危机处理的知识点中。

4. 教学总结

利用"探讨—辩论—发现"的教学模式，引导学生体会健康心理和共情意识在谈判战略中的作用，以及讲好中国故事，体会共情意识的智慧。培养学生理性分析问题的能力，塑造健康的心理和正确的价值观，这契合了专业课中立德树人的思政要求。

▶ 特色、创新及育人成效

（1）提出"本土案例与学科前沿相结合，促进学生创新能力提升"的新理念，讲好中国故事。该理念基于满足企业需要提高学生创新能力的前提，以不断更新教学内容为重点，既把"国际商务谈判"课程打造成学生了解社会现实的重要载体，又把其作为连接世界前沿理论与本土现实问题的桥梁和纽带，帮助学生掌握契合国际商务谈判需求的中国文化，讲好中国故事，传播中国经验。

（2）贯穿教学环节始终的全过程育人，引领学生形成正确的价值观，实现专业知识传授与立德树人培养相融合。通过理论介绍、案例研讨等多种教学模式，以"提高学生的沟通能力、协作与竞争精神和谈判能力"为目标，根据"知识为本、实践取向、混合学习"的设计理念，围绕"知识、能力、素质"三个方向，帮助学生利用交叉学科掌握不同分析方法和思维方式，具备辩证分析不同文化下的谈判思维的能力，树立正确的世界观和价值观。

（3）构建不同学科背景下学科交叉与一对一互动相结合的新教学模式，促进学生个性化发展。该模式从"以学生为本"的理念视角出发，进行学习模式设计，围绕通识课程学生学科背景差异大、基础知识参差不齐、个性化需求强烈的学情现实，系统构建涵盖全校学科方向的混合学习模式。该模式既要求学生按照交叉学科组成团队进行互动，以满足不同学科复合能力培养的需要，又利用网络一对一互动满足学生个性优势发挥的内在需求。这体现了培养模式共性要求与个性特色的相互统一，不同学科能力需求导向与学生特色培养的有机结合，能激励学生实现个性化发展。

课程思政教学

设计书

国际营销学

课程基本情况

- 课程名称：国际营销学
- 学分/学时：2学分/34学时
- 适用专业：国际经济与贸易，市场营销，工商管理
- 课程类别：☑核心课程　□非核心课程

课程简介

"国际营销学"是国际经济与贸易、市场营销、工商管理及其他管理类专业学生的选修课程。本课程以经济全球化为背景，从国际市场的角度切入，介绍了国际营销学的基本理论，国际市场的营销环境、购买行为、营销管理过程等内容，是理论和实践联系紧密的应用型课程。

▶ **切入课程思政的课程知识点（不少于3个知识点）**

（1）国际营销学的概念、观念演变及其中国的传播。

（2）品牌认知与品牌作用。

（3）品牌管理与品牌重塑。

▶ **课程目标**

◎ **思政目标（重点描述）**

（1）在习近平新时代中国特色社会主义思想的指导下，利用马克思主义政治经济学的思想精髓对西方市场营销学理论进行探索性的重构，加深学生对社会主义核心价值观的认知，使学生在掌握国际营销知识的同时，增强家国情怀，开阔前瞻视野。

（2）充分利用国际营销学课程中的人文精神（企业家精神）、制度文化自信、营销行为道德、社会责任、社会价值观等思政教育元素，有机结合当前的时代背景及我国经济社会的发展现状，有针对性地对学生开展课程思政教育，使学生更为全面地了解中国发展现状、中国对世界的贡献，培养学生用辩证的思维审视不同民族、地域的文化，感知中华优秀传统文化的源远流长和博大精深，增强文化自信和社会责任感，激发学生的爱国情怀与诚信品质。

◎ **知识目标**

（1）夯基础，使学生掌握进入国际市场营销行业和制定国际市场营销组合策略的基本理论和基本方法，了解国际营销学的新发展。

（2）重实践，通过本课程的学习，使学生更好地理解国际营销环境的复杂性，识别市场组合的各个方面，结合中国企业的国际营销实践，了解国际营销策略的实施，能够运用相关理论初步分析国际市场营销活动中的实际问题。

（3）使学生进一步理解现有市场营销理论与中国企业开展国际营销实践的贴合性，提升其创新思维。

◎ **能力目标**

（1）使学生在了解国际市场营销基本理论和中国国情的基础上，灵活综合地将国际营销中的知识理论运用于企业国际营销实务中。

（2）挖掘并拓展立足于中国实践和数字时代的国际营销学的新理论源泉，

提升学生的创新精神和工匠精神。

◎ **素质目标**

（1）丰富和完善国际贸易类课程学习体系，开阔学生的国际视野，增强其综合运用国际营销知识的技能。

（2）促使学生紧跟时代发展步伐，把握国际市场营销发展的新趋势，与时俱进，成为具有国际市场营销操作业务能力的综合性人才。

▶ 知识点与育人元素结合的教学设计案例

教学设计案例一（对应的微课视频名称：国际营销学的概念、观念演变及在中国的传播）

◎ **课程设计思路**

课堂开篇视频引入→课堂知识点讲解→课后思考。

国际营销学的概念、观念演变及在中国的传播

◎ **课堂开篇视频引入**

借助开篇视频《Did You Know？》，让学生感受到随着数字革命的到来（切入我国的网民规模已于 2020 年底达到达 9.89 亿人的事实），以及在大数据的驱动下，营销已全面升级，进一步说明，营销从未如当下生动。

◎ **课堂知识点讲解**

抛出问题：什么是市场营销？现代市场营销的基本逻辑是什么？现代市场营销由哪些核心概念所构建？

◎ **融合思政元素讲解**

（1）以中国民族品牌"凤凰"牌为例，说明从生产观念、产品观念、推销观念，到营销观念，再到社会营销观念的演变。

（2）通过介绍，说明经过 40 多年的风风雨雨，我国的市场营销学已经从单纯的理论学习阶段进入全面创新和拓展阶段。从 2000 年开始，"网络营销""电子商务"在中国得到了蓬勃发展，且正在更深层次上影响着营销实践的方式和方法。

◎ **课后思考**

从最古老的生产观念逐步发展到社会营销观念，营销学观念演变的五个

阶段在现实中该如何识别？（利用线上数字教学平台的资料，结合中国的实际进行分析）

教学设计案例二（对应的微课视频名称：市场营销学的发展）

◎ **课程设计思路**

课堂知识点讲解：抛出问题、回答问题→课后思考。

市场营销学
的发展

◎ **课堂知识点讲解**

（1）先抛出问题：营销进化史是怎样的？下一次营销革命会在哪里诞生？从营销进化史入手，介绍营销 1.0 到营销 4.0 的发展历程，让学生更进一步认识市场营销学这门不断变化发展的学科，从而提出一个问题：下一次营销革命会在哪里诞生？

（2）利用报告，融合思政元素，回答问题。通过利用摩根士丹利在 2021 年 1 月 26 日发布的《消费 2030："服务"至上》，说明中国正在超越美国，成为全球最大的消费国，引出问题的答案：中国的营销正在和中国的市场一起走入无人区。中国的营销，不仅仅是走入无人区，而且还会随着国家影响力的提升，一起走出去，走向世界，下一次营销革命将诞生在中国。

◎ **课后思考**

若中国消费领先于世界，也意味着最大生产国会遭遇最大消费国，这时会发生什么呢？

教学设计案例三（对应的微课视频名称：品牌认知与品牌作用）

◎ **课程设计思路**

课堂知识点讲解→知识点拓展→课后思考。

品牌认知与
品牌作用

◎ **课堂知识点讲解**

（1）在讲解品牌认知时，插入中国古代文献中关于老字号等品牌相关的记载。

（2）在讲解品牌作用时，插入介绍中国的民族品牌。

第二个层面，对客户的作用：第一，品牌可以降低消费者购买时的搜寻成本，以我国民族品牌华为和小米为例；第二，品牌对消费者的第三个作用是通过品牌展示自我，如华为保时捷款手机。

第三个层面，对国家的作用：优秀的品牌有利于满足人们高层次的物质文

化需求，有利于提高国家的经济实力，提升国家形象。如"中国制造"逐步走向"中国质造"。放眼世界，逐渐占据高端商务市场的华为手机，飞遍全球的大疆无人机，科技含量和颜值俱佳的海尔家电，还有联想、小米、OPPO 等等，一批耳熟能详的中国品牌扬名海外。它们不仅在全球消费者的生活和心中占有一席之地，也让"中国制造"摆脱了低端廉价的标签，逐步走向品质可靠的"中国质造"以及饱含智能科技、蕴含智慧的"中国智造"。

◎ **知识拓展**

品牌认知的金字塔模型：从底部到顶部依次为品牌无意识、品牌识别、品牌记忆、品牌龙头。

◎ **课后思考**

（1）这里有几种对品牌的认识，请大家课后思考一下是否正确：品牌就是形象标识和商标；品牌就是产品之外的附加值；品牌是广告和营销创造出来的结果。

（2）进入数字时代，我们如何提升品牌知名度？（用中国的案例来回答）

（3）如何提高品牌忠诚度呢？（结合中国的案例来回答）

（4）中国品牌该如何讲好属于自己的"出海故事"？

教学设计案例四（对应的微课视频名称：品牌管理与品牌重塑发展）

◎ **课程设计思路**

课堂知识点讲解→课后任务：视频观看。

◎ **课堂知识点讲解**

（1）在讲解品牌管理时，插入中国国货彩妆的"出海故事"。通过分析国产彩妆产品在海外受欢迎的原因来说明品牌管理的重要性。

品牌管理与品牌重塑发展

（2）在讲解品牌重塑时，插入我国化妆品品牌"双妹"重塑东方美女国际形象的案例。

◎ **课后任务——视频观看**

课后观看中英双方合作、历时四年制作完成的八集纪录片《品牌的奥秘》。

特色、创新及育人成效

◎ **特色**

（1）在教学方法上，采用线上线下混合式教学方法。

通过多媒体教学、教师讲授、课堂案例讨论、学生课后阅读及平时训练等环节进行混合式教学，各环节紧密配合，符合学生认知规律，并坚持理论知识和实践技能并重的原则。通过线上线下结合，实现课程专业知识点与思政元素的有机融合。

（2）在课程思政融入设计上，采用问题导向下的多式混合方法。

以问题为导向，灵活实施相应的方法，如融入式思政、探究式思政、交叉式思政、案例式思政、协同式思政，不断提高课程思政教学效果。

（3）在实施模式上，基于课程特色和特点，通过后期不断的实践总结，提炼出既体现课程特色和行业特点，又融入了中国特色、符合时代特征的国际营销学专业课程的思政模式。

◎ **创新**

（1）在考核体系上，课程考核环节设计与诚实守信品德培养相融合。

通过构建由过程评价、结果评价和动态评价等组成的多元考评体系，科学、公平地反映和掌握学生的学习情况，从而及时调整课程思政教学的方式方法。

（2）在课程设计上，人才胜任素质模型与营销人才现实需求相匹配。

利用胜任素质模型来分析和确定新时代企业所需国际营销人才的素质特征，为课程思政体系的设计提供理论支持及依据。

（3）在评价制度上，闭环评价反馈制度与课程思政模式探究相结合。针对国际营销学课程思政的实践效果，实施"全过程、全方位、全成员"的闭环式评价反馈制度，从而使客观量化评价和主观效度检验得以有机结合。

◎ **育人成效**

（1）学生反馈佳，教学评价上升。

（2）指导学生参加竞赛，并获得多项国家级、省级奖项。

课程思政教学

国际直接投资与跨国公司

▶ 课程基本情况

- **课程名称**：国际直接投资与跨国公司
- **学分/学时**：3学分/51学时
- **适用专业**：国际贸易
- **课程类别**：☑核心课程　□非核心课程

▶ 课程简介

　　"国际直接投资与跨国公司"是一门理论与应用相结合的课程。课程介绍了国际直接投资的基本概念、动机、理论及其对东道国和母国经济的影响，同时还介绍了跨国公司的基本概念、特征、组织结构及经营战略等。当前，中国对外直接投资已经超过了引进外资，越来越多的中国本土企业成长为全球领先的跨国公司。中国企业"走出去"急需通晓国际投资理论、具备跨国公司管理能力、胜任跨国企业管理的高素质人才，这是开设这门课程的目的所在。

▶ 切入课程思政的课程知识点（不少于3个知识点）

（1）对外直接投资的核心概念。

（2）对外直接投资的影响因素。

（3）跨国公司的技术转让方式。

▶ 课程目标

◎ 思政目标（重点描述）

（1）基于翔实的数据，让学生知晓中国参与国际投资的历程以及相关的政策。紧扣中国改革开放历程，基于中国引进外资和对外直接投资的最新数据，引导学生总结发展趋势和主要特征，通过对政府相关政策的梳理，让学生理解中国改革开放不断向前的背后是国家政策的不断推动与完善。

（2）梳理中国改革开放的发展历程，总结中国利用外资的经验，让学生理解中国成为全球利用外资和对外投资大国的内在原因。

（3）聚焦中国利用外资和对外投资中的核心问题，加深学生对创新驱动发展和高水平对外开放的理解。

（4）通过分析中国由"引资大国"向"走出去"与"引进来"齐头并进转变的内在原因，让学生认识到以高水平开放促进高质量发展的深刻内涵，积极投身于中华民族伟大复兴这一光辉事业。

◎ 知识目标

（1）理解对外直接投资的核心概念。

（2）能够结合现实数据和现有相关学术文献，了解影响企业对外直接投资决策的主要因素，以及学术研究的主流方法和结论。

（3）能够结合中国改革开放过程中遇到的代表性问题，利用理论知识认识和分析现实问题。

◎ 能力目标

（1）具备理论联系实际的能力，能够将对外直接投资理论用来解释全球跨国投资发展的相关现象，理解国际投资发展的规律。

（2）具备数据分析及辩证分析能力，能够知晓如何获取所需数据，进行必要的数据分析，且能够从数据分析结果中提炼观点，进而辩证地分析全球主要国家尤其是中国的跨国投资特色。

◎ **素质目标**

（1）结合高校课程思政的建设目标，树立从事涉外投资与贸易岗位的职业梦想和企业道德。

（2）熟悉从事国际投资与经营跨国公司的道德与责任，维护国家和企业的核心利益。

（3）具备理论联系实际、实事求是的工作作风和科学严谨的工作态度。

知识点与育人元素结合的教学设计案例

教学设计案例一（对应的微课视频名称：对外直接投资概述）

◎ **课程知识点**

对外直接投资的核心概念。

◎ **思政元素融入**

对外直接投资
概述

改革开放以来，我国引进外资和对外直接投资都经历了快速的增长。2014年，对外直接投资首次超过了引进外资，这标志着我国对外开放格局已发生实质性变化，跨入国内国际双循环的高水平对外开放新阶段，这也是推动经济高质量发展的重要引擎。

◎ **思政教学目标**

学习外商直接投资与对外直接投资、东道国与母国、绿地投资与跨国并购等核心概念，用以分析中国的外商直接投资与对外直接投资，掌握数据统计和辩证分析方法，明白我国对外开放格局的变化，进而理解当前国家关于推动国内国际双循环、推进高水平对外开放的发展思路。

◎ **教学设计**

1. 案例导入

（1）让学生搜集中国外商直接投资和对外直接投资的最新数据，并进行简单的统计分析，总结中国双向对外投资的关键变化，让学生掌握搜集、分析及挖掘数据的能力。

（2）揭示中国利用外商直接投资和对外直接投资发生关键性变化的现实意义，最终落脚到中国推进国内国际双循环的新发展格局。

（3）提出"开拓对外开放新格局是实现经济高质量发展的重要抓手"这一命题。

2. 提炼思政元素

结合对中国外商直接投资和对外直接投资相关数据的分析，引导学生思考并讨论以下内容：

（1）深入理解政府政策对跨国投资的决定性作用。

（2）外商直接投资和对外直接投资能推动我国经济快速发展。

3. 知识点与思政元素融合

通过案例的分析及引申，让学生更好地理解国际投资的核心概念，了解中国引进外资和对外投资的历程，认识到当前我国对外开放格局已发生根本性变化，进而更深刻地理解党中央提出的"国内国际双循环的新发展格局"以及"经济高质量发展"目标。

4. 教学总结

该案例的目的是将跨国投资的核心概念运用于现实经济之中，通过对现实数据的分析，让学生直观地理解我国参与跨国投资的基本情况，从而培养学生理论联系实际的能力，尤其是搜集、挖掘、分析数据的能力。更为重要的是，通过对中国引进外资和对外投资具体数据的分析，能够让学生更好地理解什么是"高水平对外开放"、"双循环发展格局"和"经济高质量发展"。

教学设计案例二（对应的微课视频名称：对外直接投资的影响因素）

◎ **课程知识点**

对外直接投资的影响因素。

◎ **思政元素融入**

对外直接投资的影响因素

改革开放以来，中国引进外资和对外直接投资都经历了快速增长，近年来更是双双位居世界前列。原因何在？这一节主要关注中国引进外资的经验，尤其关注在诸多影响跨国投资的因素中政府政策如何发挥作用，进而突出我国外资相关政策的优越性。

◎ **思政教学目标**

通过对改革开放以来中国引进外资主要经验的梳理，让学生理解中国引进外资一直位居全球前列不仅是因为中国拥有丰富的要素禀赋，更为重要的是我国外资相关政策的不断完善。通过学习，让学生理解影响中国引进外资最重要的因素是政府政策，从而让学生明白我国对外开放制度的优越性。

◎ **教学设计**

1. 案例导入

（1）分自然因素、经济因素、法律因素、政治因素和社会文化因素介绍影响东道国投资环境的主要因素。

（2）给出近年来全球引进外资总量的排名情况，探讨导致各个国家和地区利用外资存在差距的主要原因。在此基础上，做出如下判断：一是美国和英国等发达国家依旧是跨国公司投资的热点；二是以中国为代表的发展中经济体在全球利用外资中的地位日益提升；三是依旧有大量的发展中经济体，尤其是不发达经济体难以引起跨国公司的兴趣。引导学生基于现实数据对以上论断进行验证和探讨。

（3）梳理和总结中国引进外资的主要经验，归纳影响一国或地区吸引外资的关键性因素。最终落脚到政府及其相关政策是影响一个国家或地区引进外资数量和质量的决定性因素。

（4）提出一国或地区的政府相关政策影响决定外商直接投资流入的决定性因素这一观点，让学生探讨其正确性。

2. 提炼思政元素

结合全球各国和地区引进外资的排名数据，引发学生思考并讨论以下内容。

（1）将中国与印度、巴西、俄罗斯、墨西哥等发展中经济体相比较，让学生直观地感受全球不同国家和地区利用外资的差距，让学生思考中国为什么能够独树一帜，长期保持对外资的巨大吸引力。

（2）虽然决定东道国投资环境的因素涵盖方方面面，但东道国政府和相关的法律法规才是投资环境的决定因素，其政府政策决定跨国公司的准入门槛高低，而且也会影响其他影响投资环境的因素。

（3）通过梳理改革开放以来中国政府的法律政策，让学生明白中国能够成为引进外资热点的最主要原因是相关政策法规的不断完善。政策法规不能一成不变，而是需要依照现实情况不断调整，通过对这些政策法规的梳理，让学生能够更好地理解政府制定相关政策的背景，以及相关政策法规的制定原则及影响。

3. 知识点与思政元素融合

通过对案例的分析和引申，让学生理解中国在引进外资上位居全球前列并不完全是由于丰富的低价劳动力、巨大的市场规模和优越的资源禀赋，决定因素是改革开放后的一系列法律法规；让学生认识到中国引进外资位居全球前列的最重要原因是政府不断扩大的开放格局，以及不断完善的外资相关政策法规。将思政教育融入基础知识的教学中，让学生认识到我国外资相关政策是不断完善的，增强学生的制度自信，为实现我国经济高质量发展努力奋斗。

4. 教学总结

通过该案例的分析让学生明白东道国政府相关政策法规是影响投资环境的决定因素，增强学生的政策敏感性及制度自信。通过对中国引进外资经验的分析，不仅能让学生更好地理解中国成为外资集聚地的根本原因，认识到政策法规的重要性，还能科学地分析政策的制定背景和作用。

教学设计案例三（对应的微课视频名称：技术转让的方式）

◎ **课程知识点**

跨国公司的技术转让方式。

◎ **思政元素融入**

技术转让的方式

从"引进外资是否能够促进东道国技术创新"开始，引导学生讨论引进外商直接投资是否能够提升东道国的技术水平。结合教师在跨国投资领域的长期研究，通过综述国内外学者对中国引进外资与技术进步关系的研究，介绍学者对"市场换技术"策略的评价及争议。结合对我国技术进步与创新发展历程的梳理，自然引出我国提出创新驱动发展模式以及党的十八大以来关键核心技术自主可控受到高度重视的原因。同时，结合 2019 年美国对我国华为公司等高技术企业的制裁，突出关键核心技术自主可控这一战略的重要意义，进一步坚定道路自信、理论自信和制度自信。

◎ **思政教学目标**

通过对"以市场换技术"策略提出背景及其争议性评价的讨论，引出我国创新驱动发展模式和自主创新发展模式提出的背景，培养学生的辩证分析能力，同时让学生更好地理解中国经济高质量发展道路，增强他们对中国经济发展的道路自信。

◎ **教学设计**

1. 案例导入

以习近平总书记在 2018 年 5 月 28 日在院士大会上关于坚持把科技自立自强作为国家发展的战略支撑，立足新发展阶段、贯彻新发展理念、构建新发展格局、推动高质量发展的重要讲话为导入点，联系 2019 年美国对我国华为公司实施全面制裁试图遏制中国核心技术发展这一事实，让学生明白中国的自主创新之路经历了曲折的发展，党和国家为了提升技术创新能力做了不懈的努力。"以市场换技术"策略就是 20 世纪 80 年代国家提升技术能力的一个探索，由此引发学生对技术创新发展道路的思考。

2. 提炼思政元素

（1）介绍"以市场换技术"策略的提出背景，结合跨国公司技术转让的主要方式这一知识点，引导学生讨论让渡一部分市场以获取跨国公司核心技术的可行性，借此让学生更好地理解本节的知识点，即跨国公司技术转让的方式。同时，给出学界对该策略的褒贬评价，让学生判断哪种评价更切合实际，培养学生的辩证思维能力。

（2）党的十八大强调要坚持走中国特色自主创新道路、实施创新驱动发展战略。通过分析创新驱动发展战略中外商直接投资的作用，引导学生讨论如何更好地利用跨国公司的技术优势为我国创新驱动发展服务。

（3）介绍 2019 年美国全面制裁我国华为公司事件的始末，引导学生思考自主创新的发展内涵，并讨论核心技术自主可控的重要性。

3. 知识点与思政元素融合

改革开放 40 余年来，跨国公司的引入对我国经济发展和技术进步都起到了不可忽视的作用。然而，正如习近平总书记在 2018 年 5 月 28 日院士大会重要讲话中所说的，关键核心技术是要不来、买不来、讨不来的。只有把关键核心技术掌握在自己手中，才能从根本上保障国家经济安全、国防安全和其他安全。本节的知识点是跨国公司技术转移的方式，通过讲解跨国公司提升东道国技术的潜在方式，让学生讨论从"以市场换技术"到"创新驱动发展"再到"提升自主创新能力，实现核心技术自主可控"这一演变过程得以发生的内在原因。在此背景下，讨论如何更好地借助跨国公司提升自主创新能力。同时，让学生明白我国在许多方面依旧落后于发达国家，我国对外开放的大门要越开越大，更好地理解高水平对外开放的内涵。

4. 教学总结

（1）科学技术是第一生产力，创新驱动发展模式是经济高质量发展的根本。在中国日益融入全球化的今天，必须妥善地处理利用外资和自主创新之间的关系。通过对改革开放伊始"用市场换技术"策略的分析，让学生了解我国追求技术创新所走过的历程，进一步理解当前党中央提出"提升自主创新能力，实现核心技术自主可控"的制度背景。

（2）让学生明白自主创新能力提升和引进外资并不矛盾。强调核心技术自主可控不是要排斥外资，而是要让一切可以利用的资源为我所用。中国对外开放的大门只会越开越大，中国的自主创新能力和综合国力也将随之不断提升。

▶ 特色、创新及育人成效

本课程基于有中国特色的国际经济学理论，结合国内外相关优秀研究成果，紧密联系中国改革开放的历史进程，通过丰富的跨国企业经营案例，让学生理解党中央不断深化对外开放和国际合作的深刻内涵和重要意义。综合来看，本课程的特征和创新点主要体现在以下几方面。

1. 教学组织形式上的创新

（1）理论与实践相结合，注重学术能力的培养。始终将课堂理论置于全球化尤其是中国国际投资快速发展的大背景下，同时加入相关经典文献的介绍，在把握最新理论前沿的同时，开发学生学术研究的能力。

（2）采用线上线下相结合的授课方式，通过抢答、选人回答、随堂联系、投票、问卷、主题讨论等方式，让全班学生都能积极地参与课程互动，大大提升了课堂教学效果。

2. 教学案例选取上的创新

（1）紧扣现实，关注相关政策方针，提升学生全面思考问题的能力。着眼全球跨国投资和中国引进外资与对外投资的发展历程，介绍不同阶段党和国家制定的重点战略方针及标志性事件，提升学生对国家开放大战略的理解。

（2）以案例研究为抓手，强调对理论的现实验证。引入知名跨国企业国际化经营的实际案例，从宏观、中观和微观视角分析企业如何制定跨国经营决策及其影响。

3. 思政元素发掘上的创新

（1）以习近平新时代中国特色社会主义思想为切入点，挖掘国际投资领域中社会主义核心价值观和西方相关理论中国化的实践。

（2）以高质量发展为切入点，深入理解高水平对外开放、国内国际双循环新发展格局的内涵。

（3）以创新驱动发展为切入点，梳理我国在推进技术创新能力方面的政策演变历程，让学生明白自主创新能力提升与引进外资并不矛盾，中国对外开放的大门会越开越大，增强学生的制度自信和道路自信。

课程思政教学

设计书

计量经济学

▶ 课程基本情况

- **课程名称**：计量经济学
- **学分/学时**：3学分/51学时
- **适用专业**：金融学，国际贸易，经济学
- **课程类别**：☑核心课程　□非核心课程

▶ 课程简介

"计量经济学"是经济类本科专业的基础课程，也是教育部规定的共同核心课程之一。作为对经济问题进行数量分析必须掌握的方法论课程，本课程是后续其他专业课程学习的基础。在理论教学的基础上，配套相关实践课程，侧重能力和技能的训练，为后续的课程学习尤其是毕业论文的完成打好基础。

▷ 切入课程思政的课程知识点（不少于3个知识点）

（1）计量经济学的意义。

（2）多元回归分析的建模实例。

（3）内生解释变量问题。

▷ 课程目标

◎ **思政目标（重点描述）**

（1）在课程中把对马克思主义立场观点方法的教学与对中国现实经济问题的案例研究结合起来，引导学生树立正确的世界观、人生观和价值观，提高认识问题、分析问题和解决问题的能力。

（2）结合课程的学科特征，鼓励学生求真务实、实事求是、用数据说话，培养学生探索未知、追求真理、勇攀科学高峰的精神。

（3）强调学习计量经济学的重要性，激发学生的学习热情，顺利完成课程教学任务，达到教学目标要求。

（4）用马克思主义哲学、政治经济学理论指导计量经济学理论的教学，用计量经济学的方法去检验马克思主义政治经济学理论，在肯定我国经济改革成果的同时激励学生的爱国主义情怀与奋斗热情。

◎ **知识目标**

（1）了解现代经济学的特征，以及经济计量分析课程在经济学课程体系中的地位、在促进经济学科发展和实际经济工作中的作用。

（2）掌握基本的计量经济学理论与方法。

（3）掌握计量模型应用方法与相关软件操作。

◎ **能力目标**

（1）具备建立并应用简单的计量经济学模型对现实经济现象中的数量关系进行实际分析的基本能力。

（2）掌握利用软件对所建立的计量模型进行实践操作的能力。

◎ **素质目标**

（1）形成对实际经济问题进行定量分析的基本能力，提高分析问题、解决问题的能力，提升团队协作的综合素质与学科竞争力。

（2）形成良好的经济学修养、职业素养和社会责任感。

（3）加强在事业、生活等方面的良好专业素养和家国情怀。

知识点与育人元素相结合的教学设计案例

教学设计案例一（对应的微课视频名称：为什么要学习计量经济学）

◎ **教学导引**

结合案例，从三个方面陈述学习计量经济学这门课程的重要性。

◎ **教学内容**

（1）学习计量经济学是人才培养的要求。1998年7月，我国教育部高等学校经济学学科教学指导委员会将计量经济学确定为高等学校经济学类共同核心课程之一。

（2）学习计量经济学是实际应用的需要。结合案例陈述计量经济学能够用于经济变量数量关系分析，根据已知关系预测未知结果，评估政策的有效性，检验已知理论。

（3）多位计量经济学家获得诺贝尔奖，突出计量经济学的重要性。

◎ **思政元素**

（1）通过引用教育部对经济学门类课程的规定，鼓励学生学好计量经济学。

（2）结合我国GDP增长的阶段性特征和受改革影响的实际案例，讲授我国经济改革的历史，让学生了解我国经济运行的特征及经济改革的贡献，在肯定我国经济改革的实践中激励学生的爱国主义情怀与奋斗热情，基于"实践是检验真理的唯一标准"这一原则来阐述为什么要学习计量经济学。

（3）突出教育对一国经济高质量增长的贡献，鼓励学生为国读书。通过案例"扩招制度的高等教育改革对我国全员劳动生产率变化规律的影响"，引出学习计量经济学的意义，同时也起到引导学生好好学习的高层面作用。

◎ **教学方法**

1. 案例教学

通过"社会消费品零售总额的预测""我国GDP增长的阶段性特征和改革影响""扩招制度的高等教育改革对我国全员劳动生产率变化规律的影响""我

国居民消费函数的结构性变化"这四个案例的介绍与分析，帮助学生更好地理解学习计量经济学的意义。

2. 课件讲授

结合课件中的文字、图表和动画，讲解课程内容。

教学设计案例二（对应的微课视频名称：多元回归分析的建模实例）

◎ **教学导引**

以 2021 年世界首富马斯克曾经辍学的新闻，提出"读书是否有用"的问题，进而引出用计量经济学分析"教育回报"的案例。

多元回归分析
的建模实例

◎ **教学内容**

（1）案例分析无法得到普遍结论，相关分析无法确定具体依赖关系且不能保证是因果关系，计量经济学是研究经济变量间关系最有效的方法之一。

（2）计量建模一般需要进行多元回归分析。一元回归分析一般很难满足外生性假设，因此在实践中一般都需要进行多元回归分析。可以按照逐步增加控制变量的方法进行分析。

（3）虚拟变量的引入。以性别为例介绍定性变量对回归关系的影响。加法方式引入虚拟变量反映定性变量对截距的影响，乘法方式引入虚拟变量反映定性变量对斜率的影响，研究中一般综合运用这两种方式引入变量。

（4）模型的检验与解读。在分析回归结果之前，必须对模型进行各种检验，包括经济意义检验和统计检验，以及即将学习的各种计量检验，承上启下引入下一章的内容。

◎ **思政元素**

（1）马克思主义唯物辩证思想认为世界万物都是相互联系和不断发展的。计量经济学可以帮助我们定量地研究经济变量之间的关系和变化规律。

（2）"个别"与"普遍"的辩证关系。无论列举出多少个富豪曾经辍学的例子，也都只是"个别"现象，都不可能从中得出"读书无用"这样的"普遍"结论。好的计量模型在一定程度上可以帮助我们得出比较可靠的"普遍"结论。

（3）"大胆假设、小心求证"的科学精神。计量建模并不是简单的回归分析。根据相关经济理论的指导，建立模型时我们可以大胆地提出各种假设，但是所有的假设都需要小心求证，不仅要进行各种统计检验，还必须进行各种计量检验。

（4）积极进取的人生观。通过模型得到"教育的回报总是显著为正"的结论，告诉学生多读书（增加受教育年数）可以提高未来的报酬，教育学生应该珍惜学习机会。

◎ **教学方法**

1. 案例教学

从 2021 年世界首富马斯克等富豪曾经辍学的案例出发，引出用计量经济学分析"教育回报"的建模实例。

2. 提问讨论

（1）介绍马斯克曾辍学的案例后，提问"你还知道哪些著名的富豪或者科技巨头曾经辍学？"，让学生自由回答。

（2）展示一元回归结果后，提问"受教育年数前的系数显著为正，是否证明了读书有用？"，让学生分组讨论后由组长回答。

（3）逐步增加控制变量后，受教育年数前的系数仍一直显著为正，提问"现在能得出'读书有用'的结论了吗？"，随机点名回答。

3. 课件讲授

结合课件中的文字、图表和动画，讲解课程内容。

教学设计案例三（对应的微课视频名称：内生解释变量问题的提出）

◎ **教学导引**

实证检验企业的股权结构如何影响企业经营绩效，比如企业生产率，进而引出内生解释变量问题。

内生解释变量
问题的提出

◎ **教学内容**

（1）当被解释变量也影响解释变量时，OLS 方法的适用性讨论。结合案例，企业生产率也会反过来影响企业股权结构，此时 OLS 方法下的条件零均值假设不被满足。

（2）OLS 估计量的无偏性讨论。条件零均值假设是无偏性的基础，当条件零均值假设不被满足时，OLS 估计量也将是有偏的。

（3）内生解释变量问题的定义。违背条件零均值假设时，解释变量是内生解释变量。如果存在一个或多个变量是内生解释变量，则可以认为原模型存在内生解释变量问题。

◎ **思政元素**

（1）根据马克思主义"事物普遍联系"这一哲学观点，经济变量之间是相互影响的，也就意味着内生解释变量问题在绝大部分实证分析中是存在的。

（2）马克思主义政治经济学中"生产力决定生产关系，生产关系反作用于生产力"的观点。经济体制是生产关系的范畴，经济增长是生产力的范畴，经济体制与经济增长之间存在相互影响互为因果的关系，因此，在实证检验经济体制如何影响经济增长时，要关注内生解释变量问题。

（3）"实事求是"的科学精神。计量分析变量之间的关系时，不能简单地拿数据套用方法，而要思考计量方法是否合适，错误的方法将会导致不正确的结论。

◎ **教学方法**

1.案例教学

用"企业的股权结构如何影响企业经营绩效"这一经济学问题，引出内生解释变量问题。在讨论这一问题时，进一步利用"经济体制改革如何影响经济增长"的案例，加深对马克思主义政治经济学理论与计量经济学理论的理解。

2.提问讨论

（1）在分析企业的股权结构如何影响企业经营绩效时，提问"简单的实证策略是什么？"，让学生自由回答。

（2）在构造了简单的计量模型后，提问"能用 OLS 方法进行估计吗？"，让学生自由回答。

（3）在提出内生解释变量问题时，提问"企业股权结构这个解释变量与所构建模型中的随机扰动项是否相关？"，让学生自由回答。

3.课件讲授

结合课件中的文字、图表和动画，讲解课程内容。

▶ **特色、创新及育人成效**

在计量经济学教学过程中，既有严谨的计量理论与方法的推导，又有结合现实经济问题进行计量方法的应用。因此，本课程思政建设将紧密结合本课程的这两个特点，这也正是本课程思政建设的特色与创新所在。

1.理论与思政的有机结合

计量经济学的本质是用样本数据估计总体真相，而这正与马克思主义"从现象到本质""实事求是"等哲学观点一致，而且计量经济学的主要内容是因果识别，这正与马克思主义"事物普遍联系"的哲学观点相契合。因此，本课程与思政元素的联系是非常密切的。

2. 案例与思政的有机结合

在计量经济学的案例教学中，绝大部分的教材都是基于西方国家所偏好的、微观的、粗浅的案例，然而我国自新中国成立以来所经历的历次重要国家经济体制改革的试验如国有企业改革试点、区域改革试点等，都为计量经济学案例教学提供了天然的试验场。因此，在案例教学时要结合中国实践，特别是改革开放以来各个领域的成功案例进行讲授，加深学生对理论的理解，也提升学生对中国改革开放实践的认同和对中国特色社会主义道路建设的自信。

3. 案例选择与科研的有机结合

本课程案例教学中的一个主要特点是案例选择的开放性与前沿性，这就使得本课程在案例选择时可主动地挑选那些能够提升学生理想信念、道德修养的案例，以及那些能够提升学生对中国特色社会主义道路建设认同感的案例。同时结合本课程教学团队的科研方向和进展，选择核心期刊上的相关研究作为课程案例，以提高本课程的前沿性。

4. 教学方法的更新

前期的计量经济学教学多采用先理论介绍后案例验证的教学方法，学生的学习兴趣普遍较低。后来我们采用了"案例—问题—理论—意识"的教学顺序，通过介绍我国经济体制重要改革的案例，提出如何对改革效果进行计量评估的问题，激发了学生学习的兴趣，深入理解我国改革实践的过程；通过讨论计量实证方法及所用方法可能存在的问题，在思政理论中提出问题并找到解决问题的方法，促进学生对思政内容的接受并形成自己的潜意识。

课程思政教学

设计书

统计学

课程基本情况

- **课程名称**：统计学
- **学分/学时**：3学分/51学时
- **适用专业**：经济学、管理学
- **课程类别**：☑核心课程　□非核心课程

课程简介

　　"统计学"是经济学和管理学本科专业的专业教育平台课程，是经济学类专业的核心必修课，是一门旨在介绍统计学基本理论和方法及其在经济、管理、商务等领域的应用的课程，以应用为导向，以方法为基础。本课程主要运用数据处理和统计分析的基本理论和方法，紧密结合社会经济实践，分析社会经济现象的数量表现、数量关系、数量特征和数量变化规律。本课程面向本科生主要介绍以下内容：统计学导论，包括统计学基本概念、统计数据的类型、统计学的常用术语；描述统计学的基本内容，包括统计资料的搜集与整理、统计表与统计图的制作、集中趋势的刻画与测度、离散程度的刻画与测度、偏度与峰度的刻画与测度；统计指数，包括指数体系与因素分析、几种常用的经济指数、综合评价指数等；推断统计学的基本内容，包括参数估计、假设检验、方差分析、相关与回归分析、时间序列分析等理论与方法。学习本课程所需的预备知识包括高等数学、线性代数和概率统计的基本知识。通过本课程学习，使学生能较系统地掌握统计学的基本知识、原理和方法，具备搜集、整理、分析和解释数据资料并从中得出结论的能力。

▶ 切入课程思政的课程知识点（不少于3个知识点）

（1）统计学导论——统计活动的产生与发展。

（2）时间序列分析。

（3）原因问题与因果关系。

▶ 课程目标

◎ **思政目标（重点描述）**

统计学课程旨在培养学生以下四方面的统计素养和价值引领。

（1）搜集数据的知识与能力，以及收集数据时严谨求真的务实态度。

（2）处理数据时知识与能力，以及处理数据时精益求精的工匠精神。

（3）分析数据的知识与能力，以及分析数据时唯物辩证的科学思维。

（4）解释数据的知识与能力，以及解释数据时理性谨慎的实证精神。

◎ **知识目标**

（1）理解和掌握统计学的基本概念、描述性统计和推断性统计的基本方法。

（2）掌握统计数据的搜集、整理、分析和解释这几个关键环节中的基本原理与常用方法，加深对统计学科的认知。

（3）掌握通过计算机软件 Excel 来实现统计计算和统计分析的基本技能，培养学生制定实验方案、进行实验、分析和解释数据资料的能力。

◎ **能力目标**

（1）能够理论结合实践，提高运用统计方法进行综合分析问题和解决问题的能力，能够根据统计研究的目的、统计数据的来源渠道和数据的类型，正确地选择和恰当地使用统计方法与模型，对所研究的对象进行科学的数量分析。

（2）具备自主学习、主动探索和独立思考的能力，以及团队合作意识和语言文字表达能力。

（3）树立科学务实的统计思维理念，具备开发创新能力，以及对经济、管理、金融等环境的敏锐洞察力，以应对数字经济、数字金融和智能管理的挑战。

◎　素质目标

（1）具有正确的历史观、人生观、价值观和世界观。

（2）具有较强的批判性思维能力、持续的创新精神和创业意识。

（3）具有完整的知识结构和良好的科学素养与人文素养。

知识点与育人元素结合的教学设计案例

教学设计案例一（对应的微课视频名称：统计活动的产生与发展）

◎　课程知识点

（1）统计活动案例。

（2）统计活动的产生。

（3）统计活动发展史。

统计活动的
产生与发展

◎　思政元素融入

人类的统计活动最早可追溯到原始社会，我国是世界上出现统计活动最早的国家之一。在我国古代的统计活动中，那些具有朴素唯物主义观点的思想家、理论家、政治家们，曾提出了不少符合辩证唯物论的主张与策略，并在实践中做出了卓越贡献，成为科学统计理论与统计实践的先驱，给我们留下了可继承的、有价值的宝贵遗产。

◎　思政教育目标

通过对我国统计活动产生和发展情况的介绍，使学生认识到在我国丰富而优秀的历史遗产中，统计占有一定的位置，进一步知我中华、爱我中华，增强学生民族自尊心、自信心和自豪感。

◎ **教学设计**

1. 案例导入

通过对我国古代从原始公社起源阶段、奴隶社会萌芽阶段到封建社会初期阶段统计统计活动特点的梳理，介绍统计活动源远流长的历史。可以说，自从人类有了数的概念，有了计数的需求，也就有了统计活动。

2. 知识点与思政元素融合

我国是世界上出现统计活动最早的国家之一，早在从原始社会就有统计活动的萌芽，到了封建社会的春秋战国时期，那些具有朴素唯物主义观点的思想家、理论家、政治家们，曾提出了不少符合辩证唯物论的主张与策略，并在实践中做出了卓越贡献，成为科学统计理论与统计实践的先驱，给我们留下了可继承的、有价值的宝贵遗产。通过古代统计活动的介绍，引导学生进一步增强民族自尊心、自信心和自豪感。

3. 教学总结

从中外古代统计活动的介绍中，可以看到封建社会及其以前的统计活动，大多发生在赋税、征兵工作中，是为统治阶级服务的。受封建割据以及自然经济的束缚，统计活动局限在很小的范围内，统计制度和方法都比较落后。17 世纪以后，随着资本主义市场经济的发展，特别是社会分工和现代化大生产的出现，对统计提出了新的要求，大大促进了统计活动和统计科学的发展。随着统计实践的发展，客观上要求总结丰富的实践经验，使之上升为理论，并进一步指导实践。

教学设计案例二（对应的微课视频名称：时间序列分析）

◎ **课程知识点**

（1）时间序列的引入。

（2）时间序列的概念。

（3）时间序列分析模型。

时间序列分析

◎ **思政元素融入**

时间序列分析的目的是与时俱进，其哲学基础是辩证唯物主义发展观。

◎ **思政教学目标**

通过时间序列分析的讲解，探讨如何选择合适的统计分析模式，使学生具有系统论的思想，理解马克思主义关于物质世界普遍联系的哲学观点，反对形

而上学，不能用孤立的观点看问题，树立全局观念，增强大局意识；同时引导学生坚持发展的观点，探索规律，尊重规律，与时俱进。

◎ 教学设计

1. 案例导入

通过引入古代传统文化中"识时务者为俊杰""良臣择主而事，良禽择木而栖""君子得其时则驾，不得其时则蓬累而行"等因时而行的名言，引导学生理解"掌握了时间序列的规律，就是掌握了命运"。"时也，命也。"孟子说"天时地利人和"，韩非子说"天时、人心、技能、势位"。孔子说"非时不食"，本质上就是强调时间规律的重要性，强调需要顺应时间的发展规律。

2. 知识点与思政元素融合

通过时间序列分析，探讨如何选择合适的统计分析模式，引导学生形成具体问题具体分析的科学原则，反对形而上学，坚持发展的观点，探索规律，尊重规律。

3. 教学总结

时间序列是一种常见的统计数据形式，也是人们观察、分析各种现象的动态过程及其演化规律的重要依据。时间序列分析，包括长期趋势变动分析、季节波动与循环波动分析，为统计预测奠定了科学基础。通过动态分析，逐步认识或加深认识事物发展变化的规律，以便科学地预测未来，有计划地指导人们的行动。

教学设计案例三（对应的微课视频名称：原因问题与因果关系）

◎ 课程知识点

（1）原因问题引入。

（2）因果关系识别。

（3）幸存者偏差。

原因问题与
因果关系

◎ 思政元素融入

通过原因问题实际例子和因果关系定义的几个发展阶段来说明变量之间相关关系与因果关系的识别是很复杂的问题，引导学生养成敢于质疑的批判性思维和实事求是的科学研究精神。另外，通过引入幸存者偏差的概念和实例来说明正确的决策必须奠定在深刻把握问题、科学量化指标和数据真实且具有代表性的基础之上。

◎ **思政教学目标**

通过该案例教学引导学生充分感受到大师们的科学探索精神、团队合作精神以及敢于质疑的批判性思维和实事求是的科学研究精神。

◎ **教学设计**

1. 案例导入

通过实例，讨论相关关系是否就是因果关系。比如：某人死于肺癌，是不是常常吸烟导致的？有人吸烟，却没有得肺癌；有人不吸烟，却得了肺癌。从经验中，我们可能观察到吸烟的人更有可能得肺癌。但是，这些统计上的"相关关系"是否就是"因果关系"呢？

无因果关系可能会出现虚假相关关系，例如小学生阅读能力与鞋的尺寸有强相关关系，但人为地改变鞋的尺寸，不会提高他们的阅读能力。有因果关系也可能会表现出无相关关系，例如：打太极拳能健康长寿，但打太极拳人的寿命与不打太极拳人的寿命可能没有明显差异。因为打太极拳的人可能体弱多病，他们打了太极拳才能与健康人一样长寿。因此，相关关系不等同于因果关系。因果与相关是两个不同的概念。

2. 提炼思政元素

通过讨论相关关系和因果关系之间的关系，以及因果识别定义的一些发展阶段的学习，让学生充分感受到大师们的科学探索精神，引导学生在学习和研究过程中要能注重寻根问底与追求真理。同时，通过幸存者偏差问题可让学生意识到，正确决策必须奠定在深刻把握问题和真实的具有代表性的数据之上。没有设计科学的调查实验就不可能获得有代表性的信息，也就不可能做出科学决策。

3. 教学总结

通过思政教学因果关系识别的发展阶段和幸存者偏差问题，引导学生养成实事求是、严谨求真、追求真理的工作态度。在研究实际问题时，往往需要结合不同学科领域的定性分析和定量分析，而且分析所需要的数据的真实性和代表性至关重要。

▶ 特色、创新及育人成效

◎ 特色、创新

（1）思政案例丰富，思政元素多样。知识点覆盖面广，思政元素融入方式多样，将统计学知识、方法、素养和家国情怀、民族自豪感、历史发展观、传统文化、辩证唯物观、批判性思维、实事求是、科学求真精神等思政元素相融合。

（2）理论知识和思政案例教学相结合。依托统计学导论、数据搜集方法、描述性统计和推断统计的层层递进的逻辑主线，结合思政育人模式，采用案例式、启发式、互动式、思政元素全程融入的多元混合教学模式，以学生为中心，以成果为导向教学育人。注重理论与实践结合，将知识要点与价值内涵融合，提高学生认识问题、分析问题和解决问题的能力，培养学生耐心细致的工作作风和严肃认真的科学精神。

◎ 育人成效

（1）通过思政元素融入统计学课程的多元混合教学模式，不仅有利于学生更好地理解和掌握相应的统计学知识、方法及其应用，而且有利于培养学生利用用数据正确解读社会经济发展变化的能力，更好地认识我国发展的进程，特别是新时代中国特色社会主义制度的优越性，增强民族自尊心、自信心和自豪感，培养学生的爱国主义情怀；有利于引导学生学会应用统计思维思考问题，学会透过现象看本质，获取真实的信息，审慎判断事实和结论之间的关系，为决策提供可靠的依据；有利于引导学生养成实事求是、严谨求真的工作态度，以及探索规律、尊重规律、与时俱进的科学研究态度。

（2）通过一些统计学经典方法提出背后故事的思政教学，有利于引导学生充分感受到大师们的科学家精神、团队合作精神以及敢于质疑的批判性思维和实事求是的科学探索精神等等。而这些精神都是当代大学生需要努力培养的优秀品质。另外，通过对幸存者偏差概念和实例的思考讨论，引导学生领悟人生的哲理：不要完全相信自己看到的、听到的，我们看到的、听到的也许是事实，但也有可能只是事实的一部分，仅基于一部分事实所做出的判断很可能是错误的。

課程思政教学

設計书

金融风险管理

课程基本情况

- **课程名称**：金融风险管理
- **学分/学时**：3学分/51学时
- **适用专业**：金融学
- **课程类别**：☑核心课程　□非核心课程

课程简介

　　"金融风险管理"是金融学专业平台必修课程，是研究风险发生规律和风险控制技术的一门新兴管理学科。它是指各经济单位通过风险识别、风险估测、风险评价等方式，优化组合各种风险管理技术，对风险实施有效的控制和妥善处理风险所致后果，期望达到以最小的成本获得最大安全保障目的的管理过程。本课程主要内容包括风险管理的实践、风险管理的目标、估计损失分布的方法、风险评估的模型、风险管理的措施等。教学重点是风险识别的方法，以及风险控制措施的具体内容和选择。教学难点是风险评估模型和几种风险管理的决策模型。

▶ 切入课程思政的课程知识点（不少于3个知识点）

（1）风险意识及其重要性。

（2）金融风险监管和《巴塞尔协议》。

（3）衍生品风险的形成机制。

▶ 课程目标

◎ 思政目标（重点描述）

（1）专业知识的学习不仅是学生提升知识技能、加强专业水平的手段和方法，也是学生提高职业素养、完善人生规划的重要构成。通过在课程教学中加强思想道德品质教育，帮助学生加强专业、学习道德修养，在错综复杂的经济社会中抵挡住各种诱惑。

（2）金融风险管理是一门有难度，技术性强的应用性专业核心课程，通过课程专业知识和思想道德教育的有机结合，推动学生展开专业知识学习背后的深层次思考，将纯理论的技术学习要求和现实金融活动的需求结合起来，在一个更高维度的学习目标指引下，结合专业知识，提升道德水平，做一名合格的金融从业人员。

◎ 知识目标

（1）了解风险管理的目的、功能，掌握风险管理的主要方法和过程。

（2）熟悉主要的风险评估模型。

◎ 能力目标

（1）熟悉常见的用于描述风险的损失分布函数，具备损失概率估算及风险测量能力，掌握 VAR 的计算方法及应用。

（2）具备各类风险评估模型的数理计算和分析能力，能正确识别风险并选择针对性管理工具及措施，了解风险管理技术的最新发展动态。

（3）能够理论结合实际，通过现实案例分析，培养融会贯通企业管理实践及金融理论知识的实际应用能力。

◎ 素质目标

（1）具备基本的科学素养，及时了解风险管理技术发展的国内外新趋势，及时掌握国家在风险管理领域的战略需求。

（2）树立强烈的破解金融系统性风险的使命感与责任心，增强结合国情创新我国金融风险技术、解决金融风险管理问题的自信心。

▶ 知识点与育人元素结合的教学设计案例

教学设计案例一（对应的微课视频名称：人生规划中的踩刹车——风险意识）

◎ 教学内容

（1）引入古代风险管理思想，如"居安思危，思则有备，有备无患，敢以此规""先其未然谓之防，发而止之谓之救，行而责之谓之戒。防为上，救次之，戒为下""有不尽者，亦宜防微杜渐，而禁于未然""曲突徙薪"等等，指出我国古代先民风险管理的经验和智慧与现代西方风险管理思想是一脉相承、殊途同归的。

人生规划中的
踩刹车——风
险意识

（2）结合"风险意识—风险管理理念—指导思想—管理方法"的风险管理逻辑，点出风险意识在整个风险管理处理链条中居于最重要的地位，尤甚于风险管理技术和方法的掌握，从而把思政教学和专业教学有机结合起来。

（3）建立简单而完整的思政教学体系框架。提示学生接下来的两讲是风险意识培养纲领下的两个分支：一是作为金融职场新人，要从小处着手，遵守规则；二是作为未来职场精英，要始终敬畏风险，建立底线思维。

教学设计案例二（对应的微课视频名称：《巴塞尔协议》的中国版本——法治精神）

◎ 教学内容

（1）法治是社会主义核心价值观中的重要内容。法治精神的基本内涵就是有法可依、有法必依、执法必严、违法必究。金融风险的三大类别（信用风险、市场风险、操作风险）是《巴塞尔协议》的主要监管对象，因此，在教学设计中将对协议内容的解读作为重要内容。

《巴塞尔协议》
的中国版本——
法治精神

（2）在教学设计中，创造性地从中国实际出发，引入"中国版的《巴塞尔协议》"，即《商业银行资本管理办法（试行）》，比较中外监管规定的不同，得出我国对银行资本管理要求更高的结论。通过教学，使学生了解专业严格的监管规则对银行经营的指引性作用。了解规则是遵守规则的第一步，进而帮助学生建立起规则意识和法治精神。

教学设计案例三（对应的微课视频名称：国航套期保值亏损——专业诠释责任担当）

◎ **教学内容**

（1）把国航公司燃油价格波动风险管理的案例与央企责任担当精神结合起来，从风险管理决策中查找造成损失的风险因素，自然引出重要岗位管理者承担的责任需要专业能力去匹配。能力越大，责任越大，对其风险意识和品德素养的要求也就越高。案例生动诠释了错误的风险意识对企业经营带来的重大负面影响，提醒学生不仅要学好专业知识，还要具备企业主人翁精神，在自我成长中不断培养自己的责任心，用正确的风险观念和底线思维去维护自己的责任担当，这样才能用自己的专业所长为企业为国家创造财富、创造价值。

国航套期保值亏损——专业诠释责任担当

（2）引导学生加入讨论，允许学生现场查找资料来谈谈对责任心和担当精神的理解，以及在未来的工作岗位上如何用专业能力诠释责任担当。

▶ 特色、创新及育人成效

思政教学是现代高校专业课教学中的最新要求，思政教学内容与专业学习要求的结合一直在探索实践中发展。本课程的思政教学特色和创新主要包括以下几点。

1.教学体系整体化

本课程力图建立完整的思政教学体系，在微课之间确立思政教学逻辑，避免碎片化展示。本课程三节思政课围绕"风险意识的建立"这一核心主题，以学生成才为教学目标，第一节"风险意识的重要性"是总纲，分别从在校大学生和未来职场精英角度探讨了如何培养风险意识；第二节强调法治精神的重要性，培养学生规则意识，教导学生遵纪守法；第三节强调职业初心，帮助学生建立底线思维，克服贪婪本性，建立起对风险的敬畏之心。如此设计有助于学生留下深刻印象，从而达到教学目的。

2.教学方法多样化

授课过程中中西合璧，分别从源远流长的中国传统文化和发达的西方金融市场等不同角度，采用案例法、讲授法、讨论法、互动式教学等教学方法来展现金融合规操作对个人职业生涯的重要性，以及风险意识对个人职业规划的重要性。在耳熟能详的成语故事、言简意赅的古籍名言中领会古人在风险意识和风险管理上的智慧。

3.结合专业教学，自然导入思政内容

避开说教模式，实现专业课教学和思政教学的无缝衔接。案例教学是深受学生欢迎的教学方式，通过案例解读可以把复杂的专业知识解读到位。例如在讲授抽象的"责任担当"时，巧妙选择了著名央企国航集团的案例。通过案例完整呈现出事件发生的前因后果，事件解读的一致性和全面性引起了学生长久的思考，整体教学效果良好。

课程思政教学设计书

金融学

▷ **课程基本情况**

- **课程名称**：金融学
- **学分/学时**：3学分/51学时
- **适用专业**：金融学，国际贸易，工商管理
- **课程类别**：☑核心课程　□非核心课程

▷ **课程简介**

"金融学"是金融学专业的专业主干基础课程，也是理论经济学、应用经济学类和工商管理类有关专业的专业核心课程，在经济管理类专业课程体系结构中具有不可或缺的作用。

本课程的核心内容有四：一是货币理论，主要介绍货币起源理论、货币需求理论、货币供给理论、通货膨胀理论、通货紧缩理论以及各国货币制度演进情况；二是金融中介理论，主要介绍金融体系功能理论以及各国金融机构体系概况；三是金融市场理论，主要介绍金融市场理论知识及其实践情况；四是改革开放以来中国金融体制改革的实践进展。

切入课程思政的课程知识点（不少于3个知识点）

（1）人民币的昨天、今天和明天。

（2）复利原理奏效的密码。

（3）中国特色金融体系的演进历程。

课程目标

◎ 思政目标（重点描述）

了解人民币的历史和发展趋势，了解复利原理及其前提条件，熟悉中国特色金融体系的演进历程，树立正确的历史观，增强道路自信、制度自信。

◎ 知识目标

（1）掌握人民币、利率和金融体系的基础知识和基本理论。

（2）熟悉人民币数字化、利率理论和金融体系理论的最新进展。

◎ 能力目标

具备收集和处理人民币数字化、利率管理和金融体系等相关金融信息的能力，能够胜任银行、证券、保险等金融机构及政府部门和企事业单位的投融资工作。

◎ 素质目标

树立正确的世界观、人生观、价值观，能够遵守金融行业从业人员职业道德，具备健全的人格和良好的职业素养。

知识点与育人元素结合的教学设计案例

教学设计案例一（对应的微课视频名称：人民币的昨天、今天和明天）

◎ 教学设计

1. 教学导入

在讲述货币和货币制度的教学过程中，重点讲述人民币的昨天、今天和明天。

人民币的昨天、
今天和明天

2. 提炼思政元素

人民币是由红色货币演变而来的。红色货币的发行使用，虽然只有短短的20余年，但它诞生于硝烟弥漫的战争年代，见证了中国共产党建立红色金融体系的不断努力和探索，为缔造中华人民共和国打下了坚实的经济基础。

伴随着中华人民共和国的不断壮大，历经几代人的努力，人民币不但在国内广受欢迎，而且已成为仅次于美元和欧元的全球第三大权重货币。

展望未来，数字人民币即将落地实施。这既体现出我国金融科技的发展实力，也彰显出我国人民币币制改革不断进取的创新精神。

3. 思政点与教学内容融合

（1）引导学生讨论人民币与中国革命的关系，让学生知晓人民币的光荣历史。

（2）展望人民币的灿烂未来，增强学生的道路自信、制度自信。

4. 教学总结

"欲知未来，问道过去。"人民币是由红色货币演变而来的，红色是人民币的底色。

教学设计案例二（对应的微课视频名称：复利是成功人生的秘诀）

◎ 教学设计

1. 教学导入

在讲述利息和利率的教学过程中，重点讲述复利的计算及其意义。

复利是成功
人生的秘诀

2. 提炼思政元素

以"纽约曼哈顿岛交易""皇帝犒赏大臣"两个小故事引出复利的概念，然后对其进行分析，得出结论，即复利原理奏效的密码有两个：一是要有足够好的技能，养成良好的习惯；二是要有足够长的时间一直这么做，这体现了坚持的重要性。

3. 思政点与教学内容结合

讲述复利的计算过程，帮助学生树立正确的世界观、价值观、人生观，知晓坚持的重要性。

4. 教学总结

充分认识复利原理奏效的密码，有助于学生树立正确的价值观，积跬步以致千里，持之以恒，接续奋斗。

教学设计案例三（对应的微课视频名称：中国特色金融体系的演变历程）

◎ 教学设计

1. 教学导入

在讲述金融机构体系的教学过程中，重点讲解中国特色金融体系的演变历程。

2. 提炼思政元素

新中国金融体系的发展演变不同于西方国家金融体系的发展演变。西方国家的金融体系发展一般情况下都是按照市场逻辑展开的，而中国的金融体系则是在社会革命基础上按照中国共产党的意志展开的。学者们将其分为五个历史阶段：中华人民共和国成立前夕金融体系阶段，中华人民共和国金融体系建立阶段、"大一统"模式的金融体系阶段、中央银行体制形成阶段、金融体制深化改革阶段。

3. 思政点与教学内容融合

通过讲述中国特色金融体系的演变历程，激发学生强烈的爱国主义使命感与责任心，助其树立正确的历史观，增强其道路自信、制度自信。

4. 教学总结

本课程教学结合国家建设和民族复兴的新时代背景，通过思政引领，在潜移默化中增强学生的制度自信、道路自信、文化自信，激发学生的使命感和责任心，形成正确的世界观、价值观、人生观。

▶ 特色、创新及育人成效

本课程思政课程设计创新点有二。

1. 契合度高，润物无声

"人民币的昨天、今天和明天"对接"货币和货币制度"教学内容，"复利是成功人生的秘诀"对接"利息和利率"教学内容，"中国特色金融体系的演进历程"对接"金融机构体系"教学内容，通过对接，将中国共产党的辉煌历史引入课堂，激发学生的爱国爱党之情，增强制度自信、道路自信。

中国特色金融体系的演变历程

2.联系实际，注重成效

人民币是由红色货币演变而来的，红色是人民币的底色。了解人民币的历史和发展趋势，有助于学生树立正确的历史观，增强道路自信、制度自信。讲述复利理论，能帮助学生形成正确的价值观，积跬步以致千里，持之以恒，接续奋斗。熟悉了解当前中国特色金融体系的演进历程，能帮助学生树立正确的历史观，爱党爱国。

课程思政教学

设计书

经济思想史

📍 课程基本情况

- **课程名称**：经济思想史
- **学分/学时**：3学分/51学时
- **适用专业**：经济学，国际经济与贸易，国际金融
- **课程类别**：☑核心课程　□非核心课程

📍 课程简介

　　本课程以经济思想的成长为主线，结合政治、经济、文化和社会发展的背景，介绍不同时代做出过重要贡献以及对现代经济学有过重要影响的思想和流派，包括古希腊古罗马的经济思想、欧洲中世纪的经济思想、资本主义早期的重商主义思潮、古典经济学体系、德国历史主义思潮、边际主义、马歇尔体系、凯恩斯主义、现代经济思想、马克思主义政治经济学思想，分析比较各经济学说的形成背景、主要主张、代表利益和存在基础。通过本课程的学习，学生可以了解和掌握经济理论发展进程中各种观点和学说的演化过程，初步掌握经济思想发展规律，形成正确的认知思维，掌握科学的分析能力，为经济理论研究打

下坚实的基础。

▶ 切入课程思政的课程知识点（不少于3个知识点）

（1）经济学的历史属性。

（2）均衡分析思想的渊源。

（3）李斯特和他的经济思想。

▶ 课程目标

◎ 思政目标（重点描述）

（1）通过理论介绍、实例分析与研究讨论等多种教学形式，使学生具备历史辩证分析的能力，了解人类经济思想重大创新各自所具有的历史属性，从而认识到西方某一时期的理论并非普遍适用的真理。马克思主义引入中国以及中国特色社会主义理论的形成具有历史必然性，让学生树立起理论自信。

（2）理论结合实例，分析中国特色社会主义道路建设过程中党的探索实践，使学生能在中国特色社会主义理论深厚的历史基础和宽广的现实基础上，树立起道路自信。

（3）从文化层面将思政教育融入理论讨论，使青年学生更加充分地理解在中国特色社会主义建设道路上中国的话语权、软实力，形成坚定的信念，竖立起文化自信。

（4）以形象化、具体化的形式展现典型，使学生树立正确的国家观、价值观和社会责任感，激励学生的赤子之心、爱国之情、报国之行。

◎ 知识目标

（1）牢固掌握经济学基础知识、基本理论、基本分析方法和基本应用技能，掌握经济运行规律和经济指标的内在联系。

（2）理解经济学理论的内涵、发展演进、学派差异及争论重点，熟悉经济学理论运用的市场环境、政策依据和政策效果。

（3）了解经济学理论发展前沿和实践发展现状，具备国际视野。

（4）熟悉中国的经济政策和相关方针，以及区域与产业发展等政策领域的现状。

◎ 能力目标

（1）具备自主学习，独立思考，不断接受新知识、新理论、新技术的能力。

（2）掌握经济理论研究和实证研究的基本方法，能够理论联系实际，具有较强的政策分析能力和实践创新能力，能够将专业理论与知识融会贯通，具备综合运用经济学专业知识分析和解决实际问题的能力。

（3）具有利用批判性思维和创造性思维开展科学研究和创业就业的能力，具有向经济学相关领域扩展渗透的能力。

◎ 素质目标

（1）具有正确的世界观、人生观、价值观，具有良好的道德修养、职业素养、法治意识和社会责任感。

（2）具有较强的批判性思维能力、持续的创新精神和创业意识。

（3）具有完整的知识结构和良好的科学素养与人文素养。

▶ 知识点与育人元素结合的教学设计案例

教学设计案例一（对应的微课视频名称：经济学的历史属性）

◎ 课程知识点

经济学的历史属性。

经济学的
历史属性

◎ 思政元素融入

对比亚当·斯密、大卫·李嘉图等经济学家的研究主题和当时的时代特点，发现经济思想创新的主题转换总是与时代主题相对应的。从这一思政元素出发，引导学生思考我国当前的时代主题和经济理论之间的联系。

◎ 思政教学目标

（1）通过理论研讨、实例分析等多种教学形式，使学生具备历史辩证分析的能力，从西方经济学重点理论的演变过程推导出经济理论本身就具有鲜明的时间和空间特点。

（2）通过理论对比，了解中国特色社会主义理论与共同富裕这个时代主题的适应性和历史必然性，从而树立起理论自信。

◎ **案例内容**

（1）亚当·斯密的学说为何受到广泛认同？斯密身处英国工业革命孕育阶段，富国裕民是当时人们最关心的问题，所以，斯密更多地从生产角度看问题，得出自由放任的政策结论，他的著作在当时受到广泛认同。

（2）诺思的思想为何在当时未受重视？英国商人达德利·诺思早在1671年就出版《贸易论》宣扬自由贸易思想，比亚当·斯密要早很多，但他的思想在当时未受重视，是什么原因呢？诺思身处17世纪末，当时英国国力并不强大，需要政府干预来发展经济，宣扬自由贸易思想没有市场。

（3）李斯特为什么反对自由放任的经济思想？自由贸易思想在英国大行其道，大家都在谈论自由贸易给英国带来的好处，李斯特当然也知道，为什么他却要反对自由贸易呢？原因在于，李斯特所处的德国，直到19世纪初还是落后的农业国家，市场没统一，自由贸易无法帮助德国发展经济，所以李斯特提出要实行贸易保护主义。

（4）李嘉图的研究主题为什么和斯密不一样？李嘉图和斯密同为英国人，他为什么提出要把政治经济学的主要问题转为确立分配法则？为什么他不继续主攻富国裕民的方向？这是因为，在李嘉图时代，工业革命已经开始并取得重大成果，英国确立了一流强国的地位，贫富分化、收入分配问题成为时代关注点。

◎ **教学设计**

1. 案例导入

从经济学体系建立者亚当·斯密的理论开始，讨论经济理论演化的历史属性。通过对比诺思和斯密，说明理论应适应时代主题：通过分析李斯特为什么反对亚当·斯密的观点，说明国情不同，相同的经济理论会产生不同的结果：通过比较李嘉图与斯密的研究主题，说明经济理论与时代主题之间存在紧密联系。

结论：经济思想的发展与创新，与其所处社会的时代主题密不可分。经济学的理论，一直是为解决所属地区的现实问题而存在的，并随时代变化而变化。

2. 提炼思政元素

从乡村变美这个现实问题出发，分析西方经济理论和我国经济理论的适应性。我国当代主题是共同富裕，建设美丽乡村是这一时代主题的重要命题。

思政主题：西方有很多美丽的乡村，西方的经济思想是否也能让我国的乡村变得美丽起来？

在全球视野下分析现实，发现马克思所说的资本主义生产方式下"土地持久肥力破坏、自然条件被破坏"的情况依然存在，乡村的困境仍未改变，只不过经过全球化，这一问题被转移到了发展中国家的乡村，因此，资本主义生产终究还是没有办法避免对乡村自然环境的破坏。结论是，中国建设美丽乡村需要符合中国特色的经济理论。

3．知识点与思政元素融合

经济理论具有历史属性。通过现实分析，使学生认识到要想乡村变美丽，只有扬弃西方的生产力发展模式，才能消除城乡对立。中国特色社会主义新型工农城乡关系理论，才是让我国乡村真正美丽起来的理论依据。通过知识点与思政元素的结合，使学生产生理论自信。

4．教学总结

通过现实研讨、实例分析、理论对比等多种教学方法，使学生建立起历史辩证分析的能力，了解斯密、李嘉图等经济学家的研究主题和所处的时代主题，理解中国特色社会主义理论与共同富裕这个时代主题的适应性和历史必然性，从而树立起理论自信。

教学设计案例二（对应的微课视频名称：均衡思想）

◎ 课程知识点

均衡思想的整体性。

均衡思想

◎ 思政元素融入

西方均衡理论在发展过程中，整体性逐步缺失，目前西方均衡思想仍然以静态的局部均衡为主。中国传统文化中的均衡思想一直强调整体性，追求的是辩证均衡。面对当今动态变化的复杂世界，中国传统文化中的均衡思想可以为我们解决非均衡问题提供思路。

◎ 思政教学目标

通过现实研讨、实例分析、理论对比等教学方法，使学生了解社会经济系统是一个多重复杂系统，均衡是由多种力量共同作用实现的，西方经济学中的市场均衡机制并非处理非均衡问题的唯一方法也不是最优方法，我国传统文化中的均衡思想可以为我们处理多重复杂性系统问题提供思路，从而帮助学生树立起文化自信。

◎ 案例内容

（1）西方案例：古希腊、古罗马、西欧中世纪都有一定的均衡观念，早期，

经济被看作一个有机体系。科学的均衡分析方法，始于亚当·斯密的一般均衡思想，之后新古典主义用了更为抽象和普遍的数理化模式，对均衡问题进行了重新表达，但均衡理论的整体性在发展过程中逐步缺失。

（2）我国案例：我国传统文化中的均衡思想强调整体性均衡，这个文化特点一直延续至今。儒家思想强调"和而不同"，要求事物在结构上达到协调和适度。《管子》中的轻重理论，通过描述政府运用货币政策调节物价以实现均衡，解释了辩证均衡思想在政策上的运用。

◎ **教学设计**

1. 案例导入

抓住均衡思想演化的历史逻辑，从渊源素材入手，先分析西方均衡理论在发展过程中逐渐缺失整体性的原因，再分析中国均衡思想的特点，形成对比。

2. 提炼思政元素

分析社会现实，发现当今世界是一个多重复杂系统，而西方均衡理论以静态和局部的均衡分析为主，二者有不切合之处。引导学生产生疑问：西方均衡理论是不是处理非均衡现象的唯一理论？通过中西方均衡思想对比，发现中国传统均衡思想更适合分析多重复杂系统。

3. 知识点与思政元素融合

均衡思想并非西方经济学所特有，中国传统思想中早就出现了均衡观点，与前者不同的是，中国传统均衡思想更强调整体性和辩证均衡，在当前复杂多重的新常态背景下，这种均衡思想更适合处理复杂多重的社会矛盾。当前我国"以人民为中心"和"为人民谋幸福"的目标是一种提升大众福利的政策思想，与传统文化中的整体均衡思想相契合。

4. 教学总结

通过理论对比分析，使学生认识到西方经济学中的市场均衡机制并非处理非均衡问题的唯一方法也不是最优方法，我国传统文化中的整体辩证均衡思想为分析多重复杂的非均衡世界提供了思路。通过不同理论的深度对比，引导学生自然而然地树立起文化自信。

教学设计案例三（对应的微课视频名称：李斯特和他的经济思想）

◎ **课程知识点**

李斯特和他的经济思想。

◎ **思政元素融入**

在讲解李斯特经济观点时，介绍李斯特的生平，强调其奋斗目标是推动德国在政治和经济上的统一和强大，其精神体现出了一个知识分子的时代使命和强烈的国家意识和民族认同感。

李斯特和他的经济思想

◎ **思政教学目标**

通过介绍李斯特为了国家和民族的复兴而颠沛流离的一生，使学生树立正确的世界观、人生观和价值观。引导学生坚定理想信念，在科学研究中严谨求真，燃烧自我和无私奉献，同时增强学生的民族自豪感，厚植爱国主义情怀。

◎ **案例内容**

李斯特有强烈的国家意识和民族认同感，一生的奋斗目标是推动德国在政治和经济上的统一和强大，但是他的一生却串连着一系列的失败和困苦。

从李斯特的一生中，我们看到一个知识分子的时代使命和对国家与社会的责任感。

◎ **教学设计**

1. 案例导入

通过对李斯特一生的简短回顾，突出其为实现国家富强，不畏千难万险，纵死也无悔的忠贞情怀。

4. 教学总结

尽管李斯特一生颠沛流离，充满了失败和困苦，但他却一直心怀国家和民族，谋求国家在政治和经济上的统一和强大。尽管自己的国家一再向其关上机会的大门，甚至对其进行迫害，但他对自己的国家仍然不离不弃！在穷苦困顿的时候仍然拒绝了法国向其伸出的橄榄枝，也拒绝与俄国合作，这体现了知识分子坚贞不屈的高洁品质和爱国情怀。

▶ **特色、创新及育人成效**

（1）导入数个有紧密关联的案例，这些案例都指向同一个实质性问题，层层强化，在案例推进过程中，让学生自发寻找这些案例之间的关联，最终得出结论，从而提高学生的逻辑思考能力。

（2）引导学生在对比中寻求结论，提高学生辩证分析、归纳总结的能力。

（3）给出思考题，让学生在思考中归纳整理所学的知识。

课程思政教学
设计书

区域经济学

课程基本情况

- **课程名称**：区域经济学
- **学分/学时**：2学分/34学时
- **适用专业**：经济学，国际经济与贸易，国际金融
- **课程类别**：☑核心课程 □非核心课程

课程简介

区域经济学是研究经济活动空间分布与协调以及与此相关的区域决策的应用经济学科，其主要任务是总结市场经济条件下生产力空间布局及发展规律，探索促进区域经济发展的途径和措施，在发挥地区优势的基础上实现资源优化配置，为政府的公共决策提供理论依据和科学指导。

本课程把普遍接受的理论体系和最新的理论研究、国外的区域经济理论和国内的区域经济理论研究结合起来，使学生发现区域经济发展的内在规律，系统掌握区域经济发展、区域经济联系以及生产力空间布局等相关基本知识、原理和方法，理解我国统筹区域战略组合以及拓展经济活动空间的方式，具备对区域理论和政策的判断和分析能力。

▶ 切入课程思政的课程知识点（不少于3个知识点）

（1）中国区域经济发展模式。

（2）城市化与城镇化。

（3）我国的脱贫攻坚战。

▶ 课程目标

◎ 思政目标（重点描述）

（1）通过理论、实例与研讨等多种教学形式，帮助学生理解区域经济学理论演化的历史属性，理解中国区域经济学理论形成和发展的客观基础，树立理论自信。

（2）理论分析结合实例，分析中国区域政策实践的现实基础及成就，树立起道路自信。

（3）从文化层面将思政教育融入理论教学，使学生更加充分地理解在社会主义建设道路上中国的话语权、软实力，并形成坚定的为中华民族伟大复兴奉献自己的理想信念，树立起文化自信。

（4）以形象化、具体化的形式展现区域经济领域的典型问题和解决方案，帮助学生树立正确的国家观、价值观和社会责任感，激励学生的赤子之心、爱国之情、报国之行。

◎ 知识目标

（1）使学生牢固掌握经济学基础知识、基本理论、基本分析方法和基本应用技能，掌握区域经济运行规律和经济指标的内在联系。

（2）把普遍接受的理论体系和最新的理论研究、国外的区域经济理论和国内的区域经济理论研究结合起来，使学生对经济学有更深的了解。

（3）使学生能够发现区域经济发展的内在规律，系统掌握区域经济发展、区域经济联系以及生产力空间布局等基本知识、原理和方法，理解我国统筹区域战略组合以及拓展经济活动空间的方式。

（4）使学生熟悉中国的经济政策和相关方针，以及区域和产业发展等政策领域的现状，具备对区域理论及政策的判断和分析能力。

◎ 能力目标

（1）使学生具有自主学习、独立思考，以及不断接受新知识、新理论、新技术的能力。

（2）使学生掌握经济理论研究和实证研究的基本方法，能够理论联系实际，具有较强的政策分析能力和实践创新能力，具有将专业理论与知识融会贯通、综合运用经济学专业知识分析和解决实际问题的能力。

（3）使学生具有利用批判性思维和创造性思维开展科学研究和创业就业的能力，具有向经管大类相关领域扩展思考的能力。

◎ 素质目标

（1）帮助学生树立正确的世界观、人生观、价值观，具有良好的道德修养、职业素养、法治意识和社会责任感。

（2）帮助学生形成较强的批判性思维、持续的创新精神和创业意识。

（3）帮助学生形成完整的知识结构和良好的科学素养与人文素养。

▶ 课程简介

教学设计案例一（对应的微课视频名称：中国区域经济发展模式）

◎ 课程知识点

区域经济发展的模式及其选择。

◎ 思政元素融入

中国区域经济发展模式

围绕"均衡""非均衡"等区域经济发展理论，通过不同发展模式的对比，逐层深入剖析我国的区域经济发展模式和道路逻辑。

◎ 思政教学目标

通过理论研讨、实例分析等多种教学形式，使学生具备历史辩证分析的能力，解释我国区域经济发展模式的理论来源和现实基础，从而树立起理论自信。

◎ 案例内容

（1）中华人民共和国成立前的生产力布局：现实分析。

（2）1949—1978年的均衡生产力布局：原因和结果分析。

（3）1978—1996年的效率优先兼顾公平的生产力布局：原因和结果分析。

（4）1996年至今的区域经济协调发展模式：原因和成就分析。

◎ **教学设计**

1.案例导入

先给出知识点，介绍经济学中区域发展模式的内容，引出对中国模式的讨论，分析不同发展阶段我国采用相应区域发展模式的原因和结果。

2.提炼思政元素

分析中国模式的理论来源，并分阶段讨论中国模式的演进过程。思政主题：当前中国区域经济发展模式的由来是什么？

3.知识点与思政元素融合

通过各阶段的案例分析，使学生认识到，中国区域经济发展模式是历史选择的结果，有历史的必然性，符合各阶段我国发展的特点。在经济发展过程中，我国各阶段的模式选择虽有所不同，但理论、道路选择的根本目标和基本立场始终不变。通过知识点与思政元素的结合，使学生产生理论自信。

为了使学生能顺利完成课后分析题，微课中安排了课堂讨论，通过学生问答、教师启发，提前解决习题中可能出现的疑问。

4.教学总结

通过理论研讨、实例分析、现实对比等多种教学形式，使学生具备历史辩证分析的能力，了解不同时期我国的区域经济问题，理解中国特色社会主义区域经济理论在不同时期的适应性和历史必然性，从而树立起理论自信。

教学设计案例二（对应的微课视频名称：城市化与城镇化）

◎ **课程知识点**

城市化与城镇化，包括城市化的机制分析和测算方法、城市化的实现路径分析。

城市化与
城镇化

◎ **思政元素融入**

通过对"城市化""城镇化"的概念辨析，分析中国城镇化路径有别于西方大多数国家的根本原因。

◎ **思政教学目标**

通过理论研讨、实例分析、现实对比等教学形式，使学生了解我国城镇化道路有别于西方大多数国家的根本原因，理解城镇化建设是我国以人民为中心的平衡充分发展理论的具体应用和实践，从而树立起道路自信。

◎ **案例内容**

在西方区域经济学中，"城市化"的关键点是"集聚"；在中国特色社会主义经济学理论中，"城镇化"的关键点是"均衡"。理论基础不同，导致发展道路不同。

◎ **教学设计**

1. 案例导入

一开始就把"城市化""城镇化"这两个经常被混淆的概念列在一起，制造概念辨析的悬念。

西方案例：在西方区域经济学中，"城市化"的关键点是"集聚"。该概念的基础是市场理论。

中国案例：在中国特色社会主义经济学理论中，"城镇化"的关键点是"均衡"。该概念源自马克思主义关于共同富裕的相关论述，并与我国传统文化中的优秀思想相契合。

2. 提炼思政元素

解释我国城镇化道路与西方大多数国家的路径有所区别的根本原因是理论来源不同。

3. 知识点与思政元素融合

西方城市化理论的基础是市场理论，在推崇市场自发调节机制的前提下推导出一系列的政策结论。我国城镇化建设的理论基础是以人民为中心的平衡充分发展理论，该理论是马克思主义中国化的重要内容。考虑到课后习题为查询分析题，可能会有研究方法上的疑问，微课中设计了小组讨论环节，让常见问题在课堂讨论中得到解决。微课最后给出小结。

4. 教学总结

通过理论对比分析，使学生认识到西方城市化道路并非城市发展的唯一道路，我国城镇化建设兼顾小城镇，是马克思主义结合了中国智慧的产物，符合中国国情，使学生自然而然地树立起道路自信。

教学设计案例三（对应的微课视频名称：我国区域性经济扶贫脱贫战略）

◎ **课程知识点**

我国区域性扶贫脱贫战略，包括区域性贫困的原因、特点、

我国区域性经济
扶贫脱贫战略

解决方案。

◎ **思政元素融入**

如何解决区域性乡村贫困是一个世界难题，本课程从贫困地区的一般特征出发，讨论我国精准扶贫的措施及成效，引发学生思考。

◎ **思政教学目标**

通过现实研讨、实例分析等教学形式，使学生了解政府干预区域经济的目标、机制和方法，通过解析我国精准扶贫的具体政策措施，帮助学生正确理解我国经济建设是如何在全国统筹布局下推进并取得成就的，从而树立起道路自信，并更好地理解我国统筹区域战略以及统筹方式，具备对区域理论和政策的判断和分析能力。

◎ **案例内容**

案例一：黄土高原西部的甘肃省定西市的脱贫故事。100多年前，左宗棠称这里"苦瘠甲于天下"。改革开放之初，外国专家认为这里"不具备人类生存的基本条件"，如今这里已经打赢了脱贫攻坚战。

案例二：如何从诸多经济数据中找到贫困地区？第一，确定连片区的认定原则，即"集中连片、突出重点、全国统筹、区划完整"；第二，确定具体指标。

◎ **教学设计**

1. 案例导入

解释"乡村贫困"这个世界性难题的一般特征，引导学生思考解决方案。导入案例一，讲解黄土高原西部的甘肃省定西市的贫困程度，从而引发学生思考：这样棘手的长期贫困问题，如何才能得到解决？

2. 提炼思政元素

通过解析我国扶贫脱贫战略的演进过程，得出我国扶贫脱贫战略由国家统筹推进的结论，从这种统筹战略和政策中提炼出中国特色社会主义道路的特点，并进一步使学生了解我国政府干预区域经济的目标、机制和方法，理解这一机制的必要性。

3. 知识点与思政元素融合

通过对乡村贫困的成因分析以及贫困案例解析，使学生理解仅靠市场机制是难以解决乡村贫困问题的，从而理解我国通过国家统筹方式解决区域经济问题的必要性。

4.教学总结

通过对现象和问题的解析，使学生理解中国解决区域性贫困问题的理论、政策和方法，了解国家统筹在我国区域经济领域的具体实践，思考其必要性、可行性，发现其成效，从而树立起道路自信、理论自信和制度自信。

▶ 特色、创新及育人成效

1.分析对比，抓住关键

对同一个知识点或现实问题，抓住两套理论的关键点尤其是不同点，如在"城市化"这个问题上，西方区域经济理论侧重于集聚机制，而中国特色社会主义经济理论注重均衡发展。通过对理论的深入剖析与核心部分的对比，使学生理解中国特色社会主义道路的鲜明特色与正确性。

2.布置探究式习题，突出实践应用能力

（1）在微课中专门布置探究式习题，包括查询、分析类题目，体现了思政课的课程目标。

（2）对课后习题中可能出现的难题，在微课中预先解决。考虑到学生课后做探究式习题时可能会出现的问题，因此提前在微课中设置简短的讨论，间接予以引导。

课程思政教学
设计书

世界经济学

▶ 课程基本情况

- **课程名称**：世界经济学
- **学分/学时**：3学分/51学时
- **适用专业**：国际经济与贸易，经济学
- **课程类别**：☑核心课程　□非核心课程

▶ 课程简介

"世界经济学"是国际经济与贸易专业的专业基础课和核心必修课。课程的教学目的是通过本课程的学习，使学生掌握世界经济学的基本理论，了解世界经济的形成、发展和变化的规律，特别要了解在经济全球化背景下世界经济发展过程中出现的新情况和新问题，如全球经济失衡、全球经济治理、人口资源环境和可持续发展、世界经济周期和经济危机的最新发展、国际贸易和国际投资的发展变化、国际金融监管与协调、构建人类命运共同体等一系列重大问题。同时还应结合中国的具体情况，从全球经济的角度出发，对如何更好地处理中国经济与世界经济的关系，如何为中国经济发展服务进行深入思考。

▶ 切入课程思政的课程知识点（不少于3个知识点）

（1）学习马克思、恩格斯关于世界经济的思想。

（2）学习社会主义国家的经济成就与发展的曲折性。

（3）学习经济全球化的形成与表现。

（4）学习中国发展道路对世界经济的贡献。

▶ 课程目标

◎ 思政目标（重点描述）

（1）通过课程学习，使学生具备基本的科学素养，及时了解世界经济的发展趋势，尤其是国际经贸关系变动和国际经贸规则重构，树立强烈的爱国主义使命感与责任心。

（2）在了解世界经济发展历史的同时，结合国家建设和民族复兴的新时代背景，增强学生的家国情怀与文化自信，加深提升中国在世界经济发展中地位的责任感和使命感。

◎ 知识目标

（1）使学生掌握基础性知识、专业性知识、工具性知识和通识性知识，从世界经济的形成与发展出发，系统了解世界经济中的全球化与区域化趋势。

（2）通过本课程的学习，使学生掌握当前世界经济发展的总体趋势，了解世界经济发展中存在的各种问题。

◎ 能力目标

（1）使学生具备获取知识、运用知识的能力，以及创新思维和跨文化交流的能力。

（2）使学生能够按照掌握的理论框架，对世界各国发生的经济事件进行独立的分析。

（3）使学生掌握完整的课程理论体系，学会运用科学的分析方法，提高独立分析经济问题的能力。

◎ 素质目标

（1）提高学生的思想道德素质、科学文化素质和专业素质。

（2）通过课程的学习，使学生掌握世界经济学的基本理论、基本知识和基本技能，了解和掌握世界主要国家经济发展的特点，为从事涉外经贸工作打下坚实的基础。

▶ 知识点与育人元素结合的教学设计案例

教学设计案例一（对应的微课视频名称：马克思、恩格斯关于世界经济的思想）

◎ **课程知识点**

马克思、恩格斯关于世界经济的思想。

◎ **思政元素融入**

马克思主义对世界经济学体系的创建与发展所起的作用。

马克思、恩格斯关于世界经济的思想

◎ **思政教学目标**

通过对马克思、恩格斯关于世界经济的思想的学习，使学生掌握辩证唯物主义的分析方法和工具，树立正确的世界观。

◎ **教学设计**

1. 案例导入

（1）对中文期刊《世界经济》和英文期刊 *World Economy* 的论文目录进行评述。

（2）总结上述论文，提出关于世界经济学科的理论基础的一些说法："以马克思主义政治经济学为基础""以西方经济学为基础""对两种学说进行综合"。

（3）让学生浏览一些世界经济学科的著作和教材，分析其中的理论基础。

（4）提出"世界经济学科的理论基础到底是什么"的问题。

2. 提炼思政元素

结合对《世界经济》、*World Economy* 期刊以及世界经济相关学术著作的阅读，引发学生思考和讨论以下内容：

（1）在当前世界经济领域的学术研究中，采用的研究方法多来自西方经济学中的计量经济学，那么是否意味着西方经济学的思想就是世界经济学的理论基础呢？

（2）马克思主义政治经济学中关于世界经济的理论论述主要有哪些？

（3）我们该如何看待当前世界经济学术研究领域数学化的倾向？

3. 知识点与思政元素融合

通过对世界经济类学术期刊论文和相关著作的浏览，让学生思考本学科的理论基础，让学生明白当前世界经济学科研究中的数学化倾向，从马克思主义政治经济学的基本理论出发，掌握马克思和恩格斯关于世界经济的科学论断，学会用唯物主义方法论来研究世界经济的发展趋势。

4. 教学总结

在阅读世界经济学科的研究成果之后，利用马克思主义著作中关于世界经济学科的科学论述，培养学生运用马克思主义辩证唯物观和唯物史观从本质上思考问题和分析问题的能力。

教学设计案例二（对应的微课视频名称：社会主义国家的经济成就与发展的曲折性）

◎ **课程知识点**

学习社会主义国家的经济成就与发展的曲折性。

◎ **思政元素融入**

运用辩证唯物观对社会主义国家的经济发展历史进行分析，既承认其曲折性，又强调其有光明的未来。

社会主义国家的经济成就与发展的曲折性

◎ **思政教学目标**

中国在总结社会主义革命和建设正反两方面经验教训之后，在坚持改革的社会主义方向的前提下，解放思想，实事求是，探索符合本国国情的社会主义发展道路，取得了巨大的发展成就，给社会主义发展带来了新转机，使社会主义对世界发展产生了新的深远影响。

◎ **教学设计**

1. 案例导入

（1）介绍弗朗西斯·福山在 1989 年夏天发表的《历史的终结》一文。

（2）引导学生思考：为什么会出现"资本主义一统天下"的谬论？

（3）让学生认真阅读世界经济史，特别是二战以后两极格局的演变过程。

2. 提炼思政元素

（1）二战后，以苏联、中国为主的社会主义阵营建立。社会主义在多国的胜利具有伟大的历史意义。

（2）社会主义国家在经济增长速度、产业结构以及人民生活等方面取得了重大成就。

（3）由于缺乏经验，社会主义国家均遇到了不同程度的困难和挫折，社会主义建设在曲折中前进。

（4）中国探索符合国情的社会主义道路取得了举世瞩目的发展成就。

3. 知识点与思政元素融合

苏联和后来东欧国家进行的改革没有取得成功，主要原因是错误地把计划经济等同于社会主义，把市场经济等同于资本主义。更严重的是，在改革过程中放弃了马克思主义的指导思想，放弃了工人阶级政党的领导地位，放弃了社会主义的根本原则。

4. 教学总结

对于社会主义建设过程中出现的错误，要有正确的认识。中国共产党领导中国人民坚持社会主义的根本原则，在总结社会主义正反两面的经验与教训之后，解放思想，实事求是，走出了一条中国特色社会主义道路，对世界经济发展产生了深远的影响。

教学设计案例三（对应的微课视频名称：经济全球化与世界经济发展）

◎ **课程知识点**

学习经济全球化的发展变化及中国贡献。

◎ **思政元素融入**

经济全球化发展过程中中国对世界经济的贡献以及中国方案。

经济全球化与
世界经济发展

◎ **思政教学目标**

在掌握经济全球化相关概念与重要表征的基础上，使学生充分了解中国在对外贸易、引进外资和对外投资等方面的重要贡献；理解经济全球化对发达国家和发展中国家的不同影响，从国际和国内两个维度认识中国方案。

◎ **教学设计**

1. 案例导入

（1）经济全球化的基本概念和重要表征。

（2）2020 年全球国际贸易和国际投资发展情况分析。

（3）经济全球化对发达国家和发展中国家的有利和不利影响分析。

2. 提炼思政元素

（1）中国改革开放以来取得的成就以及对世界经济的影响，新冠疫情冲击下中国的重要作用。

（2）经济全球化造成国家间以及不同群体间发展差距拉大的原因。

（3）"一带一路"建设、人类命运共同体以及以国内大循环为主的新发展格局构建是中国为经济全球化发展提供的方案。

3. 知识点与思政元素融合

经济全球化的成功在于国际贸易和国际投资在双边或多边框架下自由流动，但也造成了部分国家或群体因为政策或禀赋原因被排除在外。中国在通过国际贸易和国际投资壮大自身发展的同时，不断帮助发展中国家，形成更为紧密的经贸关系。同时通过深化和实施对外开放以及国内区域协调发展战略，进一步加大中国影响力。

4. 教学总结

经济全球化是一把双刃剑，中国作为经济全球化的受益者，必将继续拥护和支持全球化的发展。然而，全球化天然存在的弊端也是导致逆全球化态势抬头的重要原因。对外开放和对内改革有助于中国更好地融入世界经济，在世界经贸规则重构中提出中国方案。

教学设计案例四（对应的微课视频名称：中国发展道路）

◎ **课程知识点**

学习中国发展道路对世界经济的贡献。

◎ **思政元素融入**

中国发展道路的选择、内涵与本质、对世界经济的意义。

中国发展道路

◎ **思政教学目标**

中国发展道路把坚持马克思主义基本原理同推进马克思主义中国化结合起来，把社会主义基本制度同发展市场经济结合起来，丰富了人类对社会发展规律和道路的认识。

◎ **教学设计**

1. 案例导入

（1）观看《中国道路与发展前景》。

（2）介绍美国《时代》周刊中刊登的《中国赢了》一文。

（3）介绍周弘（2009）《全球化背景下"中国道路"的世界意义》一文。

（4）引导学生思考：中国发展道路为什么能成功？其内涵和精髓是什么？

2.提炼思政元素

（1）中国发展道路相较于西方对外掠夺式的发展道路有哪些显著差异？

（2）中国发展道路使科学社会主义、世界社会主义在当代中国焕发勃勃生机。

（3）中国发展道路为人类对美好社会制度的探索贡献了中国智慧。

（4）中国发展道路取得了举世瞩目的成绩，该如何继续前行实现共同富裕？

3.知识点与思政元素融合

剖析西方发展道路的历史，用马克思主义的观点加以评价，导出中国发展道路的精髓或本质。演绎中国发展道路的选择过程，突出中国共产党在科学选择中国发展道路时的历史贡献。与此同时，结合我国发展过程中存在的短板，辩证看待西方代表先进生产力的技术、制度等。在创新、协调、绿色、开放、共享的新发展理念下，将中国发展道路继续走下去，实现共同富裕。

4.教学总结

在探讨中国发展道路时，我国有过挫折与失误，对此学生要有正确的认识。引导学生辩证看待西方的发展道路和当前我国存在的不足，引导学生积极主动地关注与学习党和国家重要会议的核心内容，增强学生的道路自信。此外，引导学生从中国发展道路的内涵和本质中找到与世界经济主题相关的知识点，尝试撰写相应主题的学术论文，讲好中国故事，学以致用。

▶ 特色、创新及育人成效

1.教学组织形式上的创新

（1）做到以人为本、因材施教，在充分了解当代学生的知识储备水平和科学认知水平的基础上，提出有效问题，让学生互动、思考，打造以学生为本的课堂。

（2）遵循价值与知识、形式与内容相统一的原则，整合课堂、校内和社会三方面的教学资源，拓展实践教学形式，提升教学效果。

2.教学案例选取上的创新

（1）适时将最新的案例引入课堂，积极关注党和国家制定的重大战略与方针，提升学生的政治素养。

（2）积极挖掘身边的教学资源，立足中国当代经济现象，培养学生积极思考和应用知识的能力，将理论学习和实践应用有机结合起来。

（3）结合教师研究方向选择教学案例，既增强了课堂的理论性，又让科研与教学密切结合。

3. 思政元素挖掘上的创新

（1）以习近平新时代中国特色社会主义思想为切入点，挖掘世界经济学中中国化的马克思主义思想。

（2）挖掘西方社会矛盾的主要特征，凸显中国经济制度的优越性和科学性，帮助学生坚定道路自信、理论自信、制度自信、文化自信。

（3）以马克思主义政治经济学为切入点，弘扬马克思主义中国化的思政元素，将优良的思想元素植入课堂，润物细无声地开展思政教育，推动思政教育在高校铸魂育人。

课程思政教学

设 计 书

微观经济学

▶ 课程基本情况

- **课程名称：** 微观经济学
- **学分/学时：** 3学分/51学时
- **适用专业：** 经济管理
- **课程类别：** ☑核心课程　□非核心课程

▶ 课程简介

　　"微观经济学"是经济学科重要的基础理论课程和专业核心课程。通过本课程的教学，使学生理解和掌握基本的经济学概念、原理和方法，认识和理解市场经济运行的内在规律，培养基本的经济学思维。

切入课程思政的课程知识点（不少于3个知识点）

（1）经济学中的假设。"经济人"假设是西方经济理论的最基本假设，即认为西方经济学所研究的各类行为主体（消费者、生产者等）都是以自身利益最大化为目标的理性决策者。本微课以孔子与其两位弟子之间的故事为例，用中国文化和中国故事诠释西方经济学基本原理。

（2）支持价格。支持价格也称价格下限，是政府对某些需要保护的行业和领域所实施的高于市场均衡价格的最低限价。本微课主要以粮食收购价格为例，全面介绍了支持价格的目的和影响。

（3）限制价格。限制价格也称价格上限，是政府为防止物价水平上涨和保障老百姓基本生活而采取的低于市场均衡价格的最高限价。本微课在分析这一价格管制政策目的和作用的同时，也深入分析了这一政策可能带来的一些负面影响。

（4）边际报酬递减规律。在生产技术水平及其他生产要素不变的条件下，只增加一种要素的投入，所增加的产量迟早会出现递减的趋势，这一规律就是边际报酬递减规律。本微课结合三个和尚的故事，生动形象地诠释了边际报酬递减规律。

课程目标

◎ **思政目标（重点描述）**

（1）使学生具有积极向上的精神风貌和刻苦钻研、求真务实的治学态度。

（2）使学生坚定四个自信，培养坚定的理想信念与爱国情怀。

◎ **知识目标**

（1）使学生全面系统掌握微观经济学基本原理，深入理解市场经济运行内在规律。

（2）使学生掌握并熟练运用主要分析工具和方法，夯实专业学习基础。

◎ **能力目标**

（1）使学生能够批判性借鉴和运用西方经济理论。

（2）使学生能够运用所学知识分析社会现象，剖析经济现状、问题及原因；

（3）使学生能够理解和解读政府微观经济政策，初步具备在自主分析基础上就优化经济运行、经济决策提出自己观点与见解的能力。

◎ **素质目标**

（1）使学生提升学习兴趣，养成主动学习的意识和习惯，初步具备自主学习和探究能力。

（2）使学生初步具备分析和解决复杂问题、团队协作和沟通表达的能力。

▶ 知识点与育人元素结合的教学设计案例

教学设计案例一：（对应的微课视频名称：经济学中的假设）

◎ **课程知识点**

"经济人"假设是经典经济理论中最为基本的一个假设，课程教学从"经济人"假设的概念入手，在介绍西方经济学者基本观点的同时，强调利己与损人之间并不存在必然联系。教育学生要辩证地理解自利，努力实现利人利己。

经济学中的假设

◎ **教学设计**

1. 案例导入

课程先讲述两则我国著名教育家、思想家孔子与其弟子之间发生的故事：一是子贡赎人，二是子路受牛。子贡赎回了在外为奴的鲁国人，做了好事不求名不求利，但被孔子批评了。子路勇救落水者，并收受了获救者馈赠的牛，然而孔子并未因此责怪子路，反而鼓励这一做法。

2. 提炼思政元素

运用案例教学和比较分析等教学方法，用早在公元前5世纪的孔子教育思想阐释18世纪后期诞生的西方经济思想，使学生直观地感受到中华传统优秀文化的先进性，领略中华文化的博大精深，增强学生的文化自信。

3. 知识点与思政元素融合

结合通俗易懂的故事和趣味性的语言表述，通过孔子对两个弟子行为不同评价的比较分析，在帮助学生自然而然地理解领会"经济人"假设内涵的同时，培养其思辨意识和思辨能力，使其正确理解道德引导和利益诱导双管齐下，物质文明和精神文明两手抓、两手都要硬的政策理念。

4.教学总结

课程的最后就现实社会中客观存在的现象，给学生留下两个思考题，并在课程网站讨论区布置相关讨论，引导学生课后进一步深入了解社会，观察社会，主动思考，自主探究，积极交流，培养主动学习的意识习惯和科学严谨的探究精神。

教学设计案例二：（对应的微课视频名称：支持价格）

◎课程知识点

支持价格的内涵及作用。

◎教学设计

支持价格

1.案例导入

（1）课程一开始，就向学生展示我国粮食和储备局发布的《小麦和稻谷最低收购价执行预案》，以此引出支持价格政策。

（2）结合经济学原理和图形分析"谷贱伤农""丰产不丰收"等现象背后的深层次原因，以此说明实施支持价格的重要性和意义所在。

（3）结合经济模型，以直观的图形推导方式，分析支持价格政策实施后可能带来的负面影响，以及我国所采取的应对措施。

2.提炼思政元素

整个教学过程中，采用实例和理论相结合的分析方法，提升学生的学习兴趣，主动钻研，积极探究，引导学生学以致用，知行合一，激发学生的科学研究兴趣，训练基本的科学研究能力，培养初步的科学研究精神。

3.知识点与思政元素融合

（1）密切联系我国经济实践，引导学生关注社会现状，深入了解国情民情，用中国故事和中国实践诠释经济学原理。

（2）从正反两方面全面、辩证地分析政策效果，反思政策得失，让学生切身体会到应该全面、客观地看待任何问题，培养学生的批判性思维和思辨能力。

4.教学总结

课程最后留下一个思考题，引发学生更深入地思考社会现状。

教学设计案例三：（对应的微课视频名称：限制价格）

◎课程知识点

限制价格的内涵及作用。

限制价格

◎**教学设计**

1. 案例导入

课程从已经学习的支持价格概念出发，通过类比方法，引出限制价格的概念。随即结合我国成品油定价机制的实例，进一步解释限制价格，进而推广到其他相关行业领域，分析限制价格政策的实施目的和意义。在对相关政策作出正面分析以后，进一步结合经济模型，剖析这一政策所可能引发的各种负面影响。

2. 知识点与思政元素融合

（1）层层递进，不断拓展分析深度，培养学生缜密的逻辑思维，提升其思辨能力。

（2）始终结合我国经济发展实例分析问题，坚持理论与中国实际相结合，不断引导学生加深对国情民情的了解，深入思考中国问题，提出解决对策，把研究做在中国的大地上。

（3）客观分析我国在计划经济时代曾经走过的弯路和存在的问题，培养学生实事求是的批判性思维和客观唯实的批判精神。

（4）在客观、全面地介绍我国经济发展历程的基础上，帮助学生更好地理解我国现阶段的发展方向、发展理念和发展成就，坚定制度自信和道路自信。

教学设计案例四：（对应的微课视频名称：边际报酬递减规律）

◎　课程知识点

课程首先结合短期生产函数中的边际产量曲线，推出边际报酬递减规律。随后，结合三个和尚的故事，分析产生边际报酬递减规律的原因。

边际报酬递减规律

2. 提炼思政元素

三个和尚的故事，可以说每一个中国人都耳熟能详，学生通过动画片和其他渠道了解过这个故事，但他们之前应该很少会从经济学的视角去解读这个故事。本课程巧妙地将两者相结合，深入浅出，兼顾了趣味性和理论性，提升学生的学习兴趣，帮助学生更好地理解掌握抽象晦涩的经济学理论。

3. 知识点与思政元素融合

用学生耳熟能详、通俗易懂的故事诠释经济学原理，帮助学生在掌握知识的同时，强化对我国传统文化的认同，弘扬博大精深的中华文化，提升学生的民族自豪感和文化自信心。

4. 教学总结

课程最后留下一个思考题，引发学生更深入地思考，引导学生主动钻研，积极探究，学以致用，知行合一。

▶ 特色、创新及育人成效

（1）结合中国传统文化分析西方经济理论，剖析中国传统文化中包含的经济学智慧，增强学生的文化自信。

（2）实施案例教学，结合大量中国实例和实践诠释经济理论和经济问题，帮助学生进一步了解国情民情，学以致用。与此同时，坚定学生的道路自信、理论自信和制度自信。

（3）本课程目前正在探索线上线下混合式课程教学改革，引入了国家级精品在线开放课程，与教师自制的微课视频和各类教学资源深度融合，优势互补。教学过程中，教师在线上课程网站和线下课堂教学均设置了讨论互动环节，尤其是结合课程思政的内容，引导学生自主学习、自主探究、深度思考，培养积极主动、刻苦钻研的学习态度，不唯上、不唯书的批判性思维，实事求是、严谨务实的治学精神，知行合一、学以致用的实践意识。

总之，本课程通过各种手段和方法，实现了专业知识与思政内容在教学过程中的自然融合，如盐融水，润物无声，教学效果较好，受到学生和同行的一致好评。

课程思政教学

设计书

证券投资学

▶ 课程基本情况

- **课程名称**：证券投资学
- **学分/学时**：3.5学分/60学时
- **适用专业**：金融学
- **课程类别**：☑核心课程　□非核心课程

▶ 课程简介

作为金融学专业的基础课，本课程旨在让学生了解证券与证券市场的基本概念，掌握证券分析方法和现代投资理论。通过证券市场实例分析，培养学生证券投资分析能力。

▶ 切入课程思政的课程知识点（不少于3个知识点）

（1）资产证券化。

（2）主权财富基金。

（3）海外并购。

▶ 课程目标

◎ 思政目标（重点描述）

本课程系统梳理了与课程教学相关的重要知识点和与中国证券投资实践紧密结合的金融故事，深度挖掘证券投资故事中蕴含的社会主义核心价值观、家国情怀及创新思维等思政元素，加快实现价值塑造、知识传授和能力培养三者融为一体的现代金融人才培养目标。

◎ 知识目标

通过课程教学，使学生掌握证券与证券市场的基本概念、基本的证券分析方法、股票估价模型、债券、投资组合理论、资本资产定价模型、套利定价理论、有效市场理论、投资业绩评估等内容。

◎ 能力目标

通过课程教学，使学生系统掌握证券投资的基础知识和基本理论，为金融专业后续课程的学习打下扎实基础，并能够运用理论指导证券投资实践，提高对宏观经济、行业与企业的综合分析能力，以及运用现代投资理论指导投资实践的能力。

◎ 素质目标

通过课程教学，使学生具有良好的职业道德和自主学习能力，形成团结合作、分工协作的职业观念，提升对组织与社会的责任感，形成积极向上的工作态度。

▶ 知识点与育人元素结合的教学设计案例

教学设计案例一（对应的微课视频名称：生活中的资产证券化）

◎ **课程知识点**

（1）资产证券化。

（2）金融创新。

生活中的资
产证券化

◎ **思政元素融入**

创新是现代金融发展的基本动力，也是金融资源配置效率和金融业发展能力提升的关键。当前中国的金融创新正朝着互联网金融、科技金融、智能金融的方向不断发展，因此，学生要洞悉金融发展背后的创新原动力，明确自身的责任和使命，着力培养创新思维和创新意识。

◎ **思政教学目标**

通过对资产证券化相关概念的学习，学生能深入体会创新对现代金融发展的重要性，了解金融风险的生成机制和危害，明确自身的责任和使命，努力学习，为推动中国金融健康发展贡献自己的力量。

◎ **教学设计**

1. 案例导入

（1）通过对花呗的介绍，引出资产证券化的概念。

（2）通过对房贷、次贷、现金贷等的分析，引出金融风险的概念。

2. 知识点与思政元素融合

（1）当前中国的金融创新正朝着互联网金融、科技金融、智能金融的方向不断发展。花呗、京东白条，以及交通银行、中信银行等发行的资产证券化产品，有效阐释了中国金融创新对贯彻新发展理念的重要推动作用。对此，学生要洞悉金融发展背后的创新原动力，明确自身的责任和使命，着力培养创新思维和创新意识。

（2）中国的金融改革之路并不是一帆风顺、一蹴而就的。中国金融还有相当长的一段路要走，如何科学理性认识金融创新，以及如何在金融创新和金融监管之间进行有效协调是未来的重点。对此，学生需要树立四个自信，坚定大国金融梦想，努力学习，为推动中国金融健康发展贡献自己的力量。

教学设计案例二（对应微课视频名称：主权财富基金——市场上的超级玩家）

◎ **课程知识点**

（1）主权财富基金。

（2）外汇储备资产管理和国有资产投资。

主权财富基金
——市场上的
超级玩家

◎ **思政元素融入**

随着经济的飞速发展，我国积累了大量的外汇储备，加上数额巨大的国有资产，如何对这些资产进行管理和投资，是中国亟待解决的问题。通过介绍中国投资主权财富基金的概况，帮助学生更好地理解大国金融梦想的意义。

◎ **思政教学目标**

通过对主权财富基金相关概念的学习，学生能深入体会现代金融对一国经济的重要性，了解中国在全球的影响力，形成经济自信、金融自信，树立推动中国金融健康发展的历史责任。

◎ **教学设计**

1. 案例导入

（1）通过引入对冲基金，介绍主权财富基金的相关概念。

（2）通过对外汇储备资产管理和国有资产投资等的介绍，分析我国投资主权财富基金的原因。

2. 知识点与思政元素融合

（1）中国经济的巨大成就提升了中国在全球的影响力，大国经济伴随着大国金融的崛起。对此，我们要坚定经济自信、国家自信。

（2）中国主权财富基金投资的变化体现了大国金融自信。我们从早期的"四朵金花"的保守型投资到中投公司的分散化投资，金融能力提升了金融自信。

（3）中国主权财富基金投资有待进一步优化，这需要学生认真学习，坚定大国金融梦想，努力成为具有国际视野、熟悉并适应国际金融机构工作的高端金融人才，勇敢承担起推动中国金融发展的历史责任。

教学设计案例三（对应微课视频名称：海外并购——中国企业"出海"的喜和忧）

◎ **课程知识点**

（1）海外并购。

（2）海外并购成功和失败的原因。

◎ **思政元素融入**

近几年，中国企业"出海"进行海外并购的消息不时见于报端。海外并购能够帮助企业实现跨越式发展，但也蕴藏着各种风险，学生对此应该保持清醒和全面的认识，认真学习国际金融相关知识，努力为中国企业"走出去"贡献自己的力量。

◎ **思政教学目标**

通过对海外并购相关概念的学习，学生能深入了解海外并购成为中国企业进行产业升级和国际化布局重要助力的原因，掌握影响海外并购成败的主客观因素，树立推动中国跨国企业健康发展的历史责任。

◎ **教学设计**

1. 案例导入

（1）通过三一集团成功收购普茨迈斯特的案例，介绍中国企业纷纷"走出去"并购海外企业的背景和意义。

（2）通过 TCL 集团海外并购失败的案例，分析海外并购失败的原因。

2. 知识点与思政元素融合

（1）中国企业"走出去"，一定程度上展现了中国企业的实力和对国家的信心。

（2）中国企业海外并购既有成功，也有失败。作为新时代的主人翁，大学生应具备熟知国际金融规律并能解释国际金融现象的能力，培养大国金融和大国担当的意识，努力为中国企业"走出去"贡献自己的力量。

▶ 特色、创新及育人成效

（1）本课程以讲好中国证券投资故事为切入点，系统梳理了与教学内容相关的重要知识点和与证券投资实践紧密结合的中国金融故事，深度挖掘证券投资故事中蕴含的社会主义核心价值观与创新思维等思政元素，重新设计了证券投资学课程教学内容。

（2）本课程着眼于课堂、课外、校内、校外、线上、线下的互动融合，有助于加快实现价值塑造、知识传授和能力培养三者融为一体的现代证券投资学人才培养目标。

课程思政教学

设计书

政治经济学

▶ **课程基本情况**

- 课程名称：政治经济学
- 学分/学时：2学分/34学时
- 适用专业：经济学，管理学
- 课程类别：☑核心课程　□非核心课程

▶ **课程简介**

　　政治经济学是一门基础理论经济学，它主要解释了马克思主义政治经济学的基础理论和分析方法，剖析了当代资本主义社会的经济规律和现代社会的经济现象。

▶ **切入课程思政的课程知识点（不少于3个知识点）**

（1）社会主义中国推进市场经济的原因。

（2）资本积累及企业家精神。

（3）资本主义制度下工人剩余价值的分配。

▶ **课程目标**

◎ **思政目标（重点描述）**

通过学习马克思主义政治经济学相关理论知识，认识经济发展的规律，提高思想觉悟，学会运用马克思主义的立场、观点、方法来分析和研究问题。

◎ **知识目标**

掌握马克思主义政治经济学的基本经济理论、基本经济知识和主要经济规律，了解马克思主义政治经济学在经济学中的地位和在世界经济发展史中的重要作用。

◎ **能力目标**

能够运用马克思主义政治经济学理论分析我国社会问题，能够从马克思主义政治经济学的视角评价西方经济学。

◎ **素质目标**

形成良好的经济学修养、职业素养和社会责任感，提升在事业、生活等方面的专业素养和家国情怀。

▶ **知识点与育人元素结合的教学案例**

教学设计案例一（对应的课程名称：社会主义中国为什么要推进市场经济）

◎ **课程知识点**

深刻理解社会主义中国推进市场经济的原因。

社会主义中国
为什么要推进
市场经济

◎ **思政元素融入**

通过万里的深入一线调研，鼓励学生了解世情国情党情民情，点亮学生中国心，同时增进对改革开放的认同，坚定道路信念。

◎ **思政教学目标**

深化学生对市场经济本质的认识，提高学生对中国特色社会主义市场经济的认同，从而进一步坚定对改革开放和中国特色社会主义道路的信心。

◎ **教学设计**

引入1977年安徽省委第一书记万里下乡调研的案例，配图说明在生产力水平有限的条件下，没有私人产权的社会将导致绝对的贫困。

2.知识点与思政元素融合

没有这次深入的调研，万里就不可能对当时的农民和农村状况有深入的了解和感触，也就不可能如此迅速地推出改革措施。因此，正确的决策必须奠定在掌握真实的国情民情的基础之上，没有调查就不可能获得真实的信息，也就不可能做出科学的决策。我们的学科竞赛也是一样，只有真正走入一线，深入群众，实实在在地做一些调研，才会有所启发，也才能得到高质量的研究成果。

3.教学总结

市场经济的本质就是对产权的确立和保护，只要赋予人们产权并保障他们的权利，交易就会产生，经济也会发展起来。通过万里调研的历史回顾，我们深刻地体会到，要是社会禁止人们拥有产权，将不可避免地陷入绝对的贫困中。改革开放的实践也一再证明，产权的赋予和保护极大地提高了人们的生产积极性，正因如此市场才会繁荣，社会才会进步。但是市场经济也有一些缺陷，因此既要充分发挥市场在资源配置中的决定性作用，又要发挥政府的宏观调控作用，坚持有所为有所不为，努力推动形成市场作用和政府作用有机统一、相互补充、相互协调、相互促进的格局，推动经济社会持续健康发展。

教学设计案例二（对应的课程名称：资本积累）

◎ **课程知识点**

资本积累及企业家精神；资本主义再生产；资本主义积累与扩大再生产；资本家占有剩余价值的目的。

资本积累

◎ **思政元素融入**

通过展示社会主义社会企业家的资本积累事实，倡导勤俭节约、无私奉献

的中国社会风尚，引导学生树立勤俭节约、艰苦奋斗的精神。

◎ **思政教学目标**

通过解读资本主义社会资本积累的历史事实，增强学生对资本积累过程和目的的认识。通过阐述社会主义社会企业家艰苦创业的事例，深化学生对中国企业家精神的认识，从而增强学生对社会主义制度的信心，引导学生树立勤俭节约、艰苦奋斗的精神。

◎ **教学设计**

1. 案例导入

通过引入娃哈哈集团创始人宗庆后的创业故事，讲解资本的积累和扩大再生产，比较中国企业家和资本主义社会资本家的区别，揭露资本家占有工人剩余价值的本质。

2. 知识点与思政元素融合

勤俭是中华民族的传统美德，历来为国人所提倡，也是现代文明的内在诉求。厉行节约，反对浪费，不仅关系到对社会资源的珍视，更意味着对他人劳动的尊重。勤俭节约，是一种操守，是一种品行，是一种素养，是一种美德。通过课程教学和案例分析，引导学生以这些企业家为榜样，将勤俭美德一代又一代地传承和弘扬下去，从我做起，从身边小事做起。

3. 教学总结

无论是资本主义社会还是社会主义社会，要想实现经济发展，就必须扩大再生产。扩大再生产依赖于资本积累，资本积累的实质是获得更多的剩余价值。因此，不能一味追求个人享受，而要不断地将剩余价值投入扩大再生产中，这不仅是韦伯所归纳的资本主义精神，也是中国企业家的优秀品质。

教学设计案例三（对应的课程名称：剩余价值的分配）

◎ **课程知识点**

资本主义制度下工人剩余价值的分配。

剩余价值的
分配

◎ **思政元素融入**

通过一方有难八方支援的案例，弘扬无私奉献的精神，培育爱国主义、集体主义精神和社会主义道德风尚，践行社会主义核心价值观，增强中华民族的凝聚力，激发实现中华民族伟大复兴中国梦的强大精神力量。

◎ **思政教学目标**

（1）通过讲解资本主义制度下的剩余价值分配，使学生认识到资本主义社会发展初期对工人剥削的残酷性和制度的腐朽性。

（2）通过郑州大雨灾害中企业家社会责任的展示，深化学生对社会主义制度下剩余价值取向的认识，培养学生的爱国主义、集体主义精神和社会主义道德风尚。

◎ **教学设计**

1. 案例导入

通过引入 2022 年河南"7·20"特大暴雨灾害发生后社会各界纷纷解囊捐款捐物支援郑州的事迹，深刻分析中国特色社会主义制度与资本主义制度的不同之处。在中国特色社会主义制度下，公有制占主导地位，使得资本失去了剥削劳动力的土壤。中国共产党始终代表中国最广大人民群众的根本利益，在经济领域不仅用制度约束资本的最大化行为，还通过倡导社会主义核心价值观，弘扬人道博爱精神来增强人们的集体意识和家国情怀。

2. 教学总结

资本追逐剩余价值是天经地义的，但是在不同的社会制度下，资本对社会的作用是不同的。在资本主义制度下，剩余价值被资本家瓜分殆尽，贫富两极分化严重；在社会主义制度下，资本则能反哺于社会。中国企业家在大灾面前展现的社会责任是中华民族邻里相帮、患难相恤的传统美德，更是社会主义制度优越性的生动写照。

▶ 特色、创新及育人成效

◎ **特色、创新**

（1）马克思主义政治经济学基本原理与中国实践相结合。结合中国改革开放的实践，对马克思主义政治经济学相关知识点进行解读，展现经典理论的时代生命力。

（2）课堂思辨式讨论。结合中国改革开放以来的伟大实践以及经济社会生活中的事迹，提出思辨主题，分组讨论总结。

（3）启发式课堂教学。包括启发式提问、引导提问、知识难点与观点解析。

（4）线上线下混合式教学。通过微课视频讲授教材主要知识点，课堂教学主要集中于理论解读和案例探讨，通过混合式教学增强学生对知识点的把握和对实践的认识。

◎ **育人成效**

（1）通过理论的解读，使学生掌握马克思主义政治经济学的基本经济理论、基本经济知识和主要经济规律；通过理论与实践的结合，使学生及时了解学科国内外的发展趋势，增强对马克思主义的认同。

（2）采用案例式、启发式、互动式、思政元素全程融入的多元混合教学模式，注重理论与实践结合，将知识要点与价值内涵融合，提高学生认识问题、分析问题和解决问题的能力。

（3）通过将马克思主义政治经济学与现代主流经济学的相关知识进行比较，拓展学生思维，引导学生从不同角度进行思考，培养学生独立思考能力，增强学生思辨性思维。

（4）通过将学科研究前沿的新观点、新思维与新方法不断引入教学，促使学生深刻理解和把握马克思主义政治经济学的强大解释力，把握大国崛起的逻辑。

课程思政教学

设计书

中级宏观经济学

▶ 课程基本情况

- **课程名称**：中级宏观经济学
- **学分/学时**：3学分/51学时
- **适用专业**：经济学，国际经济与贸易，金融学
- **课程类别**：☑核心课程　□非核心课程

▶ 课程简介

中级宏观经济学是宏观经济学高级课程，以整个国民经济运行作为研究对象，从长期和短期、封闭和开放的角度分别对宏观经济的基本问题进行研究。通过课程教学，使学生在了解和掌握宏观经济理论和经济模型的基础上，能够应用宏观经济学的原理和方法对现实中的宏观经济政策及事件进行较为深入的分析。

▶ **切入课程思政的课程知识点（不少于3个知识点）**

（1）绿色GDP核算体系。要求理解绿色GDP核算体系的先进性和复杂性，了解目前开展绿色GDP核算体系实践的两大困难，掌握中国开展绿色GDP核算体系研究和实践的历史发展以及取得的重要成绩。

（2）中国式脱贫攻坚。要求掌握贫困地区的经济资源配置效率与经济政策干预作用，充分了解中国2020年绝对贫困标准、脱贫国家标准和地方标准，深刻体会中国消除绝对贫困的制度性和现实性意义，贯通新中国成立以来中国式扶贫的历史沿革，掌握精准扶贫的目标、主体、模式和措施，深刻理解中国式扶贫蕴含的经济学理论和重大影响。

（3）中国"双创"政策与就业保障。要求掌握中国就业市场结构和特征性事实，充分了解中国就业优先战略、中国实施"双创"政策的现实需要、国家政策体系和地方政策体系，更好地掌握就业政策干预对改善就业状况的作用和影响。

（4）中国经济增长奇迹。要求掌握经济增长动力的新古典理论解释与事实依据，充分了解中国经济发展曾面临的重大困难、改革开放40多年来中国经济飞跃式增长的事实、中国式增长模式特征，充分对应经济增长动力理论的解释力和拓展性。

▶ **课程目标**

◎ **思政目标（重点描述）**

（1）通过课程思政的引入，使学生感知中国宏观经济发展的基本事实，在现实依据中感知中级宏观经济理论体系的重点和难点。中国显著区别于其他国家的一个特点就是改革开放40多年以来取得的举世瞩目的成就。将国家发展和理论学习结合起来，可以更深入地理解能反映中国国情的经济基础事实，更好地为振兴中国经济做贡献。

（2）通过课程思政的引入，使学生感知中国宏观经济发展的政策体系，在政策影响和作用中感知市场、配置资源和利用资源的制度性不足。中国经济政策体系有其独特的政策导向和主体目标，能更好地致力于解决地区不平衡、不充分发展问题。将国家战略与个人思考结合起来，可以更好地感知经济制度的优越性和可持续性，增强对国家发展的信心。

（3）通过课程思政的引入，使学生感知中国在劳动力市场结构，以及保障基本就业权益和充分调动就业效率方面的政策优势。中国就业市场体量大、结构复杂，需要更好地平衡各个地区、各类产业的人才需求以及各类人群的就业需求。将国家就业保障与个人就业规划结合起来，可以让学生更好地感知就业制度的体系性和优越性，树立良好的就业观。

（4）通过课程思政的引入，使学生在发展理念上认知宏观经济的长期发展要求和未来发展趋势。中国经济发展经历了高消耗、高排放、高污染的"三高"阶段，当前必须改变经济发展模式，实现可持续发展。通过国家经济发展与生态文明保护相结合，可以让学生更好地感知个体的责任、行动和积极贡献。

◎ **知识目标**

（1）引导学生系统了解中长期国民经济分析框架，重点掌握经济增长、消费、资本形成的理论体系。

（2）引导学生掌握 IS–LM 拓展模型、AD–AS 拓展模型的应用。

（3）引导学生熟悉宏观政策分析工具和宏观经济政策争论。

（4）引导学生加深对经济波动理论进展的了解。

◎ **能力目标**

（1）培养学生认识宏观经济规律的能力，提高其对经济分析和运行规律的感性认知能力。

（2）提升学生应用现代宏观经济理论知识并向经济学相关领域扩展渗透的综合能力。

◎ **素质目标**

（1）培养学生的批判性思维和创新精神。

（2）培养学生全面考虑问题、从多角度探寻解决问题方案的素养。

（3）使学生具备良好的科学态度，以及科学地提出新思想、新概念、新方法的专业素养。

▶ 知识点与育人元素结合的教学设计案例

教学设计案例一（对应的微课视频名称：绿色GDP核算体系）

◎ **课程知识点**

绿色 GDP 核算体系的先进性、复杂性，中国绿色 GDP 核算体系建设演进过程和重要进展。

绿色GDP 核算体系

◎ **教学切入**

通过概念比较、国别比较、发展阶段比较来切入中国构建绿色 GDP 核算体系的重大决心、行动和发展。

◎ **课程总结**

绿色 GDP 核算体系是一个充满前沿性、创新性的研究项目，国际上尚无成功经验可借鉴，中国在此方面进行了诸多的尝试。

教学设计案例二（对应的微课视频名称：中国式脱贫攻坚）

◎ **课程知识点**

中国式扶贫的内涵、历史沿革和精准扶贫模式的重大创新与重大经济社会影响。

中国式 脱贫攻坚

◎ **教学切入**

通过事实依据、制度演进等视角来切入中国消除绝对贫困的重要成就。

◎ **课程总结**

中国式扶贫深刻体现了国家制度的优越性，充分反映出党和国家对老百姓的关怀和扶持。尽管我国已消除了绝对贫困，但相对贫困仍将在较长一段时间内存在，继续提高相对贫困人口的自我发展能力，保持相对贫困地区经济、社会的可持续发展，仍是一项艰巨任务。

教学设计案例三（对应的微课视频名称：中国双创政策与就业保障）

◎ **课程知识点**

中国"大众创业、万众创新"政策的历史背景、经济学内涵和实施成效。

中国双创政策
与就业保障

◎ **教学切入**

（1）引入政策文件、政策比较来切入我国在保就业方面的重要举措和效应。

（2）引入国家政策体系。财务部、发改委、工信部等国家政府部门，已发布 70 多项"双创"相关政策，涉及税收、投资、技术创新、登记制度改革、信用保障、转型发展等各方面。

（3）引入地方政策体系。从地方政策来看，"大众创业、万众创新"的"双创"政策同样是丰富多元的，涉及人才引入、营商氛围、众创空间、创新型转型、"走出去"创新等诸多方面的扶持政策。

◎ **课程总结**

无论是中央政策，还是地方政策，始终秉承着保障和帮助有创业梦想的人实现创业梦，帮助具备创新精神的人践行创新实践，这些无疑将更好地服务大众就业需求。

教学设计案例四（对应的微课视频名称：中国经济增长奇迹）

◎ **课程知识点**

中国经济增长奇迹的特征性事实、阶段性变化、经济学内涵和现实意义。

中国经济增长
奇迹

◎ **教学切入**

（1）通过事实依据、理论对照、案例引入等视角来切入中国经济增长的奇迹。

（2）引入全国经济增长与深圳经济增长数据，用数据和实证检验结果来反映中国经济增长的动力、阶段变化和未来趋势，论证中国式经济增长的强大动力和可持续性。

◎ **课程总结**

中国式经济增长为广大发展中国家提供了摆脱贫困、走向富裕的发展道路借鉴。现阶段，中国经济增长仍然存在不充分、不平衡的突出特征。社会主义现代化经济发展要求中国以更高质量、更高水平推动经济增长，为世界经济做出更大的贡献。

▶ 特色、创新及育人成效

在课程教学中，充分赋予理论知识点的重点、难点以现实活力，通过思政引领，在潜移默化中引导学生形成符合中国国情的宏观经济价值观。

（1）通过绿色 GDP 核算体系的中国建设进程，感知绿色发展的重要性和复杂性，增强学生对绿色发展观的认知。

（2）通过扶贫政策导向和脱贫事实成就，感知党中央对提高百姓生活水平的重大战略安排和具体行动，强化学生对社会主义制度优越性的认知。

（3）通过劳动力市场基础事实与中国就业状况，感知中国保就业战略的重要性和现实性，以及改善民生问题、提高社会保障的重要意义。通过"双创"政策的中央文件和地方配套文件，感受中国劳动力市场的活力和动力，增强学生创新创业的动力和艰苦奋斗的精神。

（4）通过增长基础事实与中国式增长奇迹，感知中国经济发展对提高人民福祉、推进世界经济发展的重要意义。通过学习党的十九大新发展理论和现代化经济建设要求，感受中国经济振兴的信心，增强学生对新发展理念的认识。

管理类

课程思政教学

设计书

Python 数据分析基础

▶ 课程基本情况

- **课程名称**：Python数据分析基础
- **学分/学时**：4学分/68学时
- **适用专业**：经济与管理
- **课程类别**：☑核心课程　□非核心课程

▶ 课程简介

　　Python 是信息管理、电子商务、计算机科学与技术专业学生进行数据分析所需要掌握的基础性语言和分析工具，是未来学习大数据分析技术的基础。本课程以 Python 语言讲解及 Python 语言数据分析工具包应用为重点，通过一系列 Python 语言数据分析训练项目，培养学生形成一定的 Python 语言数据分析、理解和应用能力。

切入课程思政的课程知识点（不少于3个知识点）

（1）类和对象的定义、声明和使用。

（2）网络数据获取。

（3）Python 数据可视化。

课程目标

◎ 思政目标（重点描述）

（1）通过教学，使学生具备基本的科学素养，及时了解各类数据分析的国内外新技术和发展趋势，及时掌握国家相关方面的科技战略需求，结合国家建设和民族复兴的新时代背景，增强学生的家国情怀与文化自信。

（2）引导学生培养和树立以弘扬爱国主义为核心的民族精神和以改革创新为核心的时代精神，激发学生的职业使命感和责任心。

◎ 知识目标

（1）通过教学，使学生掌握 Python 基本编程语言知识，了解 Python 在互联网和智能商务分析中的应用。

（2）通过教学，使学生掌握应用 Python 语言解决数据分析中实际问题的能力。

（3）通过教学，使学生掌握网络数据抓取技术，实现 Python 数据可视化操作，提高数据搜集、分析能力。

（4）通过教学，使学生掌握 Python 数据分析相关工具的使用。

（5）通过教学，使学生能够应用 Python 编程技术开展电子商务企业运营，为借助信息技术创新创业提供技能准备。

◎ 能力目标

通过教学，使学生熟练应用 Python 和第三方库等工具，初步具备组织和管理数据收集与分析项目的建设和开发能力，胜任数据分析师等工作岗位。

◎ 素质目标

通过教学，使学生初步具备在企业从事数据分析工作的基础，具备基本信息技术素养和相关数据分析系统的设计与开发能力，以适应信息社会对组织和管理者的要求。

▶ 知识点与育人元素结合的教学设计案例

教学设计案例一（对应的微课视频名称：类与对象）

◎ **课程知识点**

面向对象的概念；类对象与实例对象；属性与方法的定义；类和对象的定义、声明和使用；类对象和实例对象的构造与使用。

类与对象

◎ **思政元素的融入**

通过北斗导航系统获得地球上任意两个城市的经纬度坐标，以此计算两个城市间经纬度距离，使学生能运用基本的面向对象程序设计思想，完成对点类对象的设计和编程验证。在完成案例任务的基础上，学生得以更好地了解北斗卫星导航系统的研发背景，明白只有把核心技术牢牢掌握在自己手中才能真正掌握竞争和发展的主动权，增强归属感和民族自豪感，树立正确的学习观，努力提升自己的技能，为社会和人民造福。同时，学生通过学习类和对象的思维方法，加深对专业知识技能学习的认可度与专注度。

◎ **教学设计**

1. 案例导入

通过"银河号"事件，引出北斗卫星导航系统的研发背景，比较全球主要的卫星导航系统，总结北斗卫星导航系统的优势所在，引导学生加深对专业知识技能学习的认可度与专注度，树立科技强国的自信和信念。

2. 知识点与思政元素融合

中华民族悠久的历史孕育出光辉灿烂的文明，从古代的四大发明，到北斗卫星导航系统，都充分反映了中国人的勤劳与智慧。虽然错过了工业革命的黄金时代，在近代经历了一段至暗时光，但在一代又一代中国人的艰辛努力和奋力追赶下，中国已经迎来了科技的曙光，"路漫漫其修远兮，吾将上下而求索。"如今的科技革命，全球站在同一起跑线上，面对世界百年未有之大变局，形势逼人，挑战逼人，使命逼人，加快科技创新的需求更是从未如此迫切。通过课堂讲授、提问、案例演示讲解、课堂练习等形式，引导学生树立强烈的民族自豪感和艰苦奋斗的科学探索精神。

◎ **课后任务**

通过相关搜索引擎，进一步了解我国北斗导航系统研发过程中有关的人与事，特别是相关科学家所做出的重要贡献和所创造出的杰出成就，要求人手一例，下堂课集中讨论。

教学设计案例二（对应的微课视频名称：网络数据获取）

◎ **课程知识点**

网页数据的组织形式；利用 urllib 处理 HTTP 协议；利用 BeautifulSoup4 解析 HTML 文档；ASP.NET 对象概况及属性方法事件；Request 对象、Response 对象、Cookie 对象、Session 对象、Application 对象和 Server 对象的使用。BeautifulSoup4 网页解析与信息提取。

网络数据获取

◎ **思政元素的融入**

（1）通过对网络爬虫技术原理的深入讲解，让学生能运用网络爬虫技术完成简单的网页信息抓取。

（2）通过对网络爬虫相关法律法规知识以及典型违法案例的普及，帮助学生明确网络爬虫技术运用的法律边界。

（3）培养学生借助科学工具获取公开数据的能力，增强对个人隐私的保护意识；增强学生遵纪守法、维护网络信息安全的意识，明确技术的运用必须以合法合规为首要前提。

◎ **教学设计**

1. 案例导入

随着网络爬虫技术的普及应用，爬虫技术的应用场景越来越多。但是作为运用现代化信息技术的典型代表，爬虫技术同样也是一把既能推动经济社会发展又能实施违法犯罪的"双刃剑"。被称为"全国首例'爬虫'入刑案"并入选"2019 年度人民法院十大刑事案件"的"上海晟品网络科技有限公司非法获取计算机信息系统数据案"，就是因为其行为侵害了数据安全而被追究刑事责任。

2. 知识点与思政元素融合

本案例通过课堂讲授、提问、案例演示讲解、课堂练习等形式，通过展示利用爬虫技术实现网页内容的简单抓取和分析，展示网络爬虫技术在数字经济时代丰富的应用场景，以及跨越法律边界非法应用爬虫技术的危害，强化学生的风险意识和法律意识，在遵纪守法的前提下学习专业知识，提高专业技能。

◎ **课后任务**

认真学习《网络爬虫的法律规制》一文，并通过相关搜索引擎，进一步了解与爬虫相关的法律法规和案例。

教学设计案例三（对应的微课视频名称：**Python数据可视化**）

◎ **课程知识点**

水印的制作；子图的构造与制作；子图的概念及其布局。

◎ **思政元素的融入**

Python数据
可视化

伴随着互联网技术的迅速发展以及自媒体的快速崛起，文章、图片侵权的问题越来越严重，知识产权的保护越来越重要。本案例通过讨论知识产权保护相关议题，培养学生尊重和保护知识产权的意识，并通过实际工具指导学生利用所学保护自己的知识产权。

◎ **教学设计**

1. 案例导入

人民网 2020 年 4 月 22 日报道：2018 年 9 月 9 日至 2020 年 3 月 31 日，北京互联网法院共受理案件 54844 件，其中著作权纠纷案件 42080 件，图片类侵权案占比最高，占著作权纠纷案件的一半以上。通过引入视觉中国网站以保护之名实施著作权侵权，冒充著作权人实施欺骗、讹诈，被天津市网信办约谈后停业整改的案例，指出图片类侵权案件虽然看似简单，但背后隐藏的商业黑幕、对司法资源的侵蚀、对法律规则的戏弄、对版权交易规则的破坏都是危害极大的，指出在了解知识产权、保护知识产权的同时也要积极利用法律维护自己的知识产权。

2. 知识点与思政元素融合

我国历来重视知识产权保护。在信息时代，学生更应具备利用法律武器保护知识产权的意识和能力，利用课堂讲授的知识，在具体生产生活中保护好自己的权益。

◎ **课后任务**

利用课堂所学知识，使用循环语句实现批量水印制作。

特色、创新及育人成效

经济与管理类专业是典型的文科专业，把现代信息技术融入经济学与管理学等专业，为学生提供综合性的跨学科专业知识，达到扩展知识和创新思维的教学目的。将思政内容和教学知识点无缝对接，让枯燥的理工类课程充满人文气息，使学生既掌握了课程知识点的精髓，又丰富了文化素养。引入思政元素的"新文科"模式是本课程的特色。

（1）技术＋历史：以史为鉴，可知专业之兴衰，国家科技发展之大方向。

（2）技术＋人文：以人为鉴，可以知领域之关键，世界观、人生观、价值观之导向。

（3）技术＋时政：信息技术是勇立潮头的前沿技术，也是当下科技发展的硬核，引领世界潮流是青年一代应有的历史担当和责任。

课程思政教学
设计书

博弈论与信息经济学

▶ **课程基本情况**

- **课程名称**：博弈论与信息经济学
- **学分/学时**：3学分/51学时
- **适用专业**：信息管理与信息系统，会计学，国际贸易
- **课程类别**：□核心课程　☑非核心课程

▶ **课程简介**

　　本课程是信息管理与信息系统专业的重要选修课程，教学内容包括博弈论和信息经济学两大部分。博弈论研究决策主体的行为产生相互作用时各个主体之间的最优决策以及决策均衡问题。博弈论分为合作博弈和非合作博弈，本课程讲授的是非合作博弈，主要内容包括：完全信息静态博弈、完全信息动态博弈、不完全信息静态博弈和不完全信息动态博弈。信息经济学是非对称信息博弈论在经济学中的应用，可以简单地理解为：基于给定的信息结构，做出最优的契约安排。信息的非对称性可以从两个角度划分：非对称信息发生的时间以及非对称信息发生的内容。在委托—代理框架下，信息经济学的主要内容包括：

隐藏行动的道德风险模型、隐藏信息的道德风险模型、逆向选择模型、信号传递模型和信息甄别模型。

　　修学本课程的预备知识主要包括：高等数学中的微积分基本知识、微观经济学基本理论和模型。本课程有助于提升学生的信息分析能力和研究能力，使学生能较系统地掌握博弈论与信息经济学的基本概念、基本理论、基本分析方法，并在此基础上培养一定的博弈决策技能，为后续学习、研究、工作打下良好的理论知识基础。

▶ 切入课程思政的课程知识点（不少于3个知识点）

　　（1）纳什均衡。
　　（2）混合策略均衡。
　　（3）信息不对称。

▶ 课程目标

◎ 思政目标（重点描述）

　　通过本课程的教学，使学生具备基本的博弈分析素养，结合当前国家发展和社会变革的新时代背景，增强学生的家国情怀与文化自信，培养和树立以弘扬爱国主义为核心的民族精神和以改革创新为核心的时代精神，激发学生的使命感、道德感和责任心。

◎ 知识目标

　　通过本课程的教学，使学生掌握博弈论与信息经济学的基本概念、基本理论和基本分析方法，熟练应用博弈论与信息经济学中的经典理论模型。

◎ 能力目标

　　通过本课程的教学，使学生掌握博弈论与信息经济学的研究方法及手段，培养分析问题的理性思维，特别是信息时代对信息要素的分析能力。

◎ 素质目标

　　通过本课程的教学，使学生能够初步运用博弈论与信息经济学的规范方法分析、解决现实的决策行为问题，具备良好的职业素养。

▶ 知识点与育人元素结合的教学设计案例

教学设计案例一（对应的微课视频名称：博弈论与信息经济学 —— 纳什均衡）

◎ **课程知识点**

（1）纳什均衡的概念。

（2）利用划线法求解纳什均衡。

（3）运用纳什均衡的思想解释中美贸易战。

（4）纳什均衡的经济学意义。

博弈论与信息
经济学—纳什
均衡

◎ **思政元素融入**

通过分析中美贸易战背后的囚徒困境博弈，给学生以警戒，让学生明白只有掌握核心技术，攻克卡脖子技术，才能在中美贸易战中赢得主动权。同时，让学生利用博弈思维去分析和解决现实中的实际问题，强化对专业知识的运用与认可。

◎ **教学设计**

1. 案例导入

通过引入共享单车寡头竞争、智能手机价格战、公共地悲剧等现实情景案例，提出完全信息静态博弈的广泛性，引出纳什均衡这一重要概念，让学生理解完全信息静态博弈的现实性及其与自身的相关性，拉近数学模型与生活的距离，减轻学生对数学模型的恐慌感，增加亲切感。

2. 知识点与思政元素融合

通过介绍中美贸易战背后的囚徒困境博弈，引导学生将具体的现实问题通过抽象的数学语言科学地表达出来，同时给学生以警戒，弘扬爱国主义。

3. 教学总结

课程以"理论源于现实又指导现实"为教学指导思想，强调博弈模型的实用性。从经典案例出发引出话题，逐渐开展理论讲授，以囚徒困境和智猪博弈为例，综合应用所授知识构建博弈模型并讲授求解纳什均衡的方法。着力于培养学生利用纳什均衡的博弈论思想思考和分析现实问题的能力。

教学设计案例二（对应的微课视频名称：混合策略均衡）

◎ **课程知识点**

（1）混合策略均衡及其求解与分析。

（2）博弈论。

混合策略均衡

◎ **思政元素的融入**

通过建立吉诺维斯谋杀案的博弈模型，求解两人及多人情况下的最优混合策略，从博弈角度分析为什么谋杀案现场有许多人却无人报警，大家都选择旁观。分析完此案例后，再结合我国近几年"小悦悦"事件、"彭宇案"等引发的人们对"见义勇为是否值得"的质疑，介绍我国 2017 年《民法总则》中专门设置的两个"见义勇为"条款，其中，第一百八十三条涉及见义勇为者受损后的补偿，第一百八十四条涉及见义勇为者的免责情形。两个条款从不同维度对见义勇为行为进行了保护和支持。最后，在课堂中总结：作为一名大学生，特别是学生党员，在类似的情况下，一定要挺身而出。

◎ **教学设计**

1. 案例导入

通过引入吉诺维斯谋杀案，引出混合策略均衡的概念及其求解方法，引导学生将具体的现实问题通过抽象的数学模型科学地表达出来，体会博弈论模型的魅力。

2. 知识点与思政元素融合

通过吉诺维斯谋杀案，以及我国的"小悦悦"事件、"彭宇案"，激发学生的使命感、道德感和责任心。

3. 教学总结

本课程从简要回顾前面所学的混合策略均衡概念和求解方法开始，然后介绍吉诺维斯谋杀案，并应用博弈论方法对该案例进行分析，最后结合我国的现实情况总结案例给予人们的启示。

教学设计案例三（微课视频名称：信息不对称）

信息不对称

◎ **课程知识点**

（1）信息不对称。

（2）柠檬市场及其形成原因。

◎ **思政元素融入**

通过介绍企业经理与销售人员之间的委托—代理关系，让学生明白契约精神的重要性。在非对称信息条件下，企业需要合理地设计一套机制来诱使代理人显示其私人信息，从而达到双方的利益协调，解决最优劳动合同问题。通过课程教学，让学生利用信息经济学思维去分析和解决现实中的信息不对称问题，强化学生对专业知识的运用与认可。

◎ **教学设计**

1. 案例导入

通过所罗门王断案等情景案例，引出信息不对称的广泛性及其最常见的案例——柠檬市场，让学生理解信息不对称的现实性及其与自身的相关性。拉近课堂与生活的距离，减轻学生对数理课程的恐慌感，增加亲切感。

2. 知识点与思政元素融合

讲解信息不对称发生的原因和可能产生的影响，以及解决信息不对称的机制，引导学生将具体的现实问题通过抽象的数学语言科学地表达出来，引导学生更深刻地理解契约精神的重要性，形成良好的职业素养。

3. 教学总结

本课程先是回顾了前面所学的信息经济学知识，接着通过所罗门王断案等案例引出信息不对称的广泛性，继而介绍信息不对称的相关概念，最后以一个课堂案例结束课程。

▶ 特色、创新及育人成效

　　博弈在社会中无处不在。通过本课程的学习，学生不仅能够掌握基本的概念和分析方法，还能灵活运用所学的分析方法对现实问题进行分析，特别是复杂的社会问题。通过博弈和信息分析，还能更深入理解这些问题的本质，从而找到解决之策。而且，通过思政元素的融入，引导学生从我做起，提高自身的道德素养，为国家发展和社会进步贡献一份力量。

课程思政教学

设计书

财经法规与职业道德

▶ 课程基本情况

- **课程名称**：财经法规与职业道德
- **学分/学时**：2学分/34学时
- **适用专业**：会计学，会计学，会计学，财务会计教育，金融学，国际贸易，工商管理
- **课程类别**：☑核心课程　□非核心课程

▶ 课程简介

"财经法规与职业道德"是会计学专业选修课程，是从事会计工作的重要基础课程。该课程内容主要涵盖五大板块：会计法律制度、支付结算法律制度、税收法律制度、财政法律制度和会计职业道德。通过学习以上五大板块的基本概念、基本理论和基本方法，并结合真实案例的分析，使学生能够初步具备财经法规意识，掌握相关的知识，并能够运用这些知识对身边发生的财务案例进行分析和研判。

切入课程思政的课程知识点（不少于3个知识点）

（1）会计职业道德之爱岗敬业、诚实守信和廉洁自律

（2）会计职业道德之客观公正、坚持准则

（3）会计职业道德之提高技能、参与管理和强化服务

课程目标

◎ 思政目标（重点描述）

（1）根据"经济社会发展水平越高，对会计的要求就越高"的基本原则，倡导学生不断提升自身的财务理念和意识，在课堂面授过程中，鼓励学生集思广益，多角度思考问题，用实际行动践行民主和谐。

（2）"爱国、敬业、诚信、友善"四点社会主义核心价值观与会计职业道德的八大要求环环相扣，相得益彰，通过教学，将核心价值观和职业道德的要求紧密结合，辅以典型人物和案例的教学，达到较好的教学效果；

（3）加强学生初心观和使命观教育，把个人的发展与国家、民族的发展相结合，通过教学，帮助学生牢固树立"少年强则国家强"的使命意识，坚定梦想，落实行动，同时，将"三严三实"的理念渗透进教学过程中，引导学生严于律己，严于修身。

◎ 知识目标

掌握会计法律制度、支付结算法律制度、税收法律制度、财政法律制度和会计职业道德的基本概念、基本理论和基本方法。

◎ 能力目标

能够运用所学的相关理论和方法进行案例分析，并能够助其通过会计的初级职称考试。

◎ 素质目标

形成分析问题、解决问题的能力，成为具备财经法规意识、懂法守法并善于用法的高素质财务人才。

▶ 知识点与育人元素结合的教学设计案例

教学设计案例一〔对应的微课视频名称：会计职业道德规范（一）〕

◎ **知识点**

（1）爱岗敬业是忠于职守的事业精神，是会计职业道德的基础。

*会计职业道德
规范（一）*

（2）诚实守信是做人的基本准则，是人们古往今来的交往中产生的最根本道德规范，也是会计职业道德精髓。

（3）廉洁自律是会计职业道德的前提，这既是会计职业道德的内在要求，也是会计职业声誉的"试金石"。

◎ **育人因素**

（1）爱岗敬业不仅仅是一种观念、一种精神、一句口号，它更需要用具体的行动来体现，因此需要培养学生献身会计事业的工作热情、严肃认真的工作态度、勤学苦练的钻研精神、忠于职守的工作作风。

（2）诚实守信要求学生言行一致，不弄虚作假，不欺上瞒下，做老实人，说老实话，办老实事。

（3）廉洁自律要求学生有更高的精神追求，有底线思维，不贪污钱财，不收受贿赂，约束和控制自己的言行和思想。

◎ **教学方法**

讲授知识点的同时采用案例式、启发式、互动式、思政元素全程融入的多元混合教学模式，以学生为中心，以成果为导向教学育人。注重理论与实践结合，知识能力与价值内涵融合，提高学生认识问题、分析问题和解决问题的能力，培养学生做人、做事的责任担当。

◎ **教学设计**

（1）通过植入秦皇岛青龙信用联社营业部会计马艳玲数年如一日，对好每一笔账，检查好每一个步骤，坚守岗位、爱岗敬业的故事，彰显了一名优秀的基层会计人员的爱岗敬业精神。

（2）通过植入某网络公司会计张某因情感和利益的诱惑，将公司商业机密泄露给男友被解雇的案例，阐述了会计职业道德规范的重要性。

（3）通过植入证券公司会计张某挪用公款解哥哥资金周转之急，引导学生讨论什么行为可认为是挪用公款，阐述挪用公款违背了廉洁自律这一会计职业道德规范。

教学设计案例二［对应的微课视频名称：会计职业道德规范（二）］

◎ 知识点

（1）客观公正是会计职业道德所追求的理想目标。

（2）坚持准则是会计职业道德的核心，是会计人员履行会计职责的标准和依据。

会计职业道德
规范（二）

◎ 育人因素

（1）客观公正，着力培养学生深刻理解真实性、可靠性的含义，在未来的会计工作中务必要核算准确，记录可靠，凭证合法；同时要严格依法办事，实事求是，不偏不倚，如实反映和披露单位经济业务事项。

（2）加持准则，着力培养学生严格按照会计法律制度办事，不为主观或他人意志所左右的工作作风。

◎ 教学方法

讲授知识点的同时采用案例式、启发式、互动式、思政元素全程融入的多元混合教学模式，注重理论与实践结合，知识能力与价值内涵融合，提高学生认识问题、分析问题和解决问题的能力，培养学生做人、做事、责任担当。

◎ 教学设计

（1）通过讨论"当领导要求在财务会计报告上做手脚时，会计人员该怎么做"这一问题，引导学生深刻理解我国《会计法》中规定的"单位负责人对本单位的会计工作和会计资料的真实性、完整性负责"以及"任何单位或个人不得以任何方式授意，指使，强令会计机构、会计人员伪造、变造会计凭证、会计账簿和其他会计资料，提供虚假财务会计报告"。

（2）通过讨论"很多会计无法干涉领导贪污受贿，只要自己坚守"不犯罪"的底线就行了"这一问题，引导学生深刻理解这种认识实际上违背了廉洁自律的会计职业道德规范。"廉洁"是指不贪污钱财，不收受贿赂，保持清白。"自律"是指自律主题按照一定的标准，自己约束自己，自己控制自己的言行和思想的过程。廉洁自律的基本要求：一是树立正确的人生观和价值观；二是公私分明，不贪不占；三是遵纪守法，一身正气。而会计人员整天与钱物打交道，为了避免误入歧途，就要做到"常在河边走，就是不湿鞋"。

教学设计案例三（对应的微课视频名称：会计职业道德之提高技能、参与管理和强化服务）

◎　**知识点**

（1）提高技能既是会计人员的义务，也是跨积极人员在执业活动中做到客观公正，坚持准则的基础，是参与管理的前提，要具有不断提高会计专业技能的意识和愿望；要具有潜血苦练的精神和科学的学习方法。

会计职业道德之提高技能、参与管理和强化服务

（2）参与管理要求会计人员间接参加管理活动，为管理者当参谋，为管理活动服务，要努力钻研业务，熟悉财经法规和相关制度，提高业务技能，为参与管理打下坚实的基础；要熟悉服务对象的经营活动和业务流程，使管理活动根据针对性和有效性。

（3）强化服务、奉献社会是会计职业道德的归宿点。要强化服务意识，提高服务质量。

◎　**育人因素**

（1）提高技能，即培养学生勤学苦练的精神和科学的学习方法，持续提高会计职业技能。

（2）参与管理，即培养学生的主动参与意识、精益求精精神，更加积极面对会计专业知识学习，做好更加充分的准备。

（3）强化服务，即培养学生优良的服务态度、强烈的服务意识，并促使他们通过不断的努力，提供优良的服务质量。

◎　**教学方法**

讲授知识点的同时采用案例式、启发式、互动式、思政元素全程融入的多元混合教学模式，注重理论与实践结合，知识能力与价值内涵融合，提高学生认识问题、分析问题和解决问题的能力，培养学生做人、做事、责任担当。

◎　**教学设计**

（1）通过讨论"会计能否不参加或少参加学习，以节省时间用于会计日常工作"这一问题，引导学生深刻理解提高技能是会计职业道德要求。提高技能就是要求会计人员具有不断提高会计专业技能的意识和愿望，具有勤学苦练的精神和采用科学的学习方法，以提高业务水平。会计人员也只有通过不断学习，持续提高职业技能，才能一直保持足够的专业胜任能力，不能找借口或者因工

作繁忙就不参加或少参加学习。

（2）通过讨论"先进会计工作者张某会计张某将在工作中接触到的公司的一些商业秘密提供给朋友李某，这种行为是否要受到处罚"这一问题，引导学生深刻理解诚实守信、廉洁自律的会计职业道德要求，张某虽然遵循了爱岗敬业、参与管理、提高技能的会计职业道德要求，但他违反了诚实守信、廉洁自律的会计职业道德要求，该公司所在地的主管财政部门、张某所在单位、会计职业组织（如中国注册会计师协会等）可以对张某违反会计职业道德的行为进行相应的处理。

（3）通过讨论"'门难进，话难听，脸难看''官大办得快，官小办得慢，无官拖着办''利多马上办，利少慢慢办，无利事不办'"等现象，引导学生深刻理解会计职业道德中强化服务的要求，会计人员应具有文明的服务态度，强烈的服务意识和优良的服务质量。

特色、创新及育人成效

（1）采用"课中课"的模式将思政德育融入财经法规与会计职业道德的教学中，引导学生树立正确的人生观、价值观，自觉遵守各种财经法律制度，遵守会计职业道德，具有高尚的道德情操和自我约束能力。积极发掘教学内容中蕴含的思想政治教育价值和资源，坚持将思政教育贯穿到会计专业知识的教学中，将课程教学与会计职业生涯规划、职业素养教育相结合。通过视频、案例等教学方式，不断强化学生的会计职业意识与职业素养，提升思政教育的亲和度和专业课程的正确价值导向。

（2）有效采用"案例教学"。本课程的案例教学贯穿课程始终，把思政内容恰当地镶嵌其中。将专业课的知识点、技能点，与政治方向、思想引领、价值引导和德育内涵的知识点进行深层次的融合或化合，形成富有新意的案例、故事，任务等。

（3）每堂课正式开始之前，进行"每周热点问题"解析。随时结合正在发生的世界和国内时事进行点评分析，在点滴间融入各种哲学观、世界观，寓教于乐，言传身教。

课程思政教学
设计书

财务管理

▶ 课程基本情况

- **课程名称**：财务管理
- **学分/学时**：3.5学分/59.5学时
- **适用专业**：工商管理，会计学，金融学等商科专业
- **课程类别**：☑核心课程　□非核心课程

▶ 课程简介

"财务管理"是财务管理专业及相关专业的一门主要专业课程，系统介绍了企业财务管理的基本理论、基本知识和基本方法，其主要任务包括：说明财务管理在企业经营管理中地位和作用；介绍财务管理的基本内容，财务管理所处的环境，财务管理的基本方法和财务管理的基本体制；阐述企业经营活动过程中的资金需要与筹集、资金投入与运用、成本分析与控制、利润分配等财务活动及其财务关系。

▶ 切入课程思政的课程知识点（不少于3个知识点）

（1）代理问题。

（2）有效市场假。

（3）货币时间价值。

▶ 课程目标

◎ 思政目标（重点描述）

了解我国财务管理的成就以及财务管理解决中国问题的成果，激发学生爱国情怀以及对国家现代化建设的强烈使命感和责任心。

◎ 知识目标

掌握筹资决策、投资决策、股利分配决策等方法，以及分析及评估企业的价值等方面的知识。

◎ 能力目标

掌握筹集企业资金、投资分析与决策、评价企业价值等能力。

◎ 素质目标

掌握财务管理的基本知识和方法，并能将其应用到企业管理的实践中；牢固树立财务管理的基本观念，具备解决实际问题的能力。

▶ 知识点与育人元素结合的教学设计案例

教学设计案例一（对应的微课视频名称：代理问题）

（1）杜绝"损人利己"行为。企业存在代理问题源于代理人的私利动机，作为当代大学生，很多人会成为企业各个层级的管理者，应该杜绝"损人利己"行为，因为"损人利己"虽能让你获得一时的收益，但是长期而言势必因不法行为受到惩罚。

代理问题

（2）追求"合规"品质。优秀的企业管理者首先必须具备"合规"的品质，经营活动首先要合规合法，这是企业的生存之道，也是当代大学生立身为人的基石。

（3）志向高远，切勿唯利是图。无论是历史上的伟人，还是当代成功人士，都有一个共性，就是树立远大的目标。

教学设计案例二（对应的微课视频名称：有效市场假说）

（1）有效市场并不意味着不能通过投资获利，而是只能赚到跟风险相对应的报酬，不可能利用定价错误去获得超额报酬。

（2）如果投资不够分散,市场效率并不能为错误选择提供保护，所以投资时还需要考虑分散投资风险问题。

有效市场假说

（3）要想获得超额收益，就得承担与超额收益相对应的风险。总而言之，有效市场告诉我们，在市场日益透明、法治环境日益改善的大背景下，获得相应收益就得承担与之对应的风险，而不是通过投机取巧、买卖套利。

教学设计案例三（对应的微课视频名称：货币时间价值）

（1）时间是有价值的，在投资项目时要考虑不同时点货币价值的差异。

（2）时间越长，货币时间价值的影响越大。

（3）时间是有价值的，对学生而言，或是在学习中度过，或是在嬉戏中度过，采用不同的方法使用时间，必将带来不同的收益，成就不同的人生。

货币时间价值

（4）哪怕今天只是进步一点，只要持之以恒，进步就会超过你的想象。

▶ 特色、创新及育人成效

本课程以"理性人"为学科基础，教授学生基于自身利益最大化准则上的财务学判断，这可能会塑造学生自利的习惯。因此，融入思政知识点是非常有必要的。在课程中，教师要提利益最大化准则的优点，更要提其带来的负面消极影响，例如，只关注利益最大化会影响一个人的眼界，进而影响其长期发展。

课程思政教学

设 计 书

成本会计

▶ 课程基本情况

- **课程名称**：成本会计
- **学分/学时**：3学分/51学时
- **适用专业**：会计学专业
- **课程类别**：☑核心课程　□非核心课程

▶ 课程简介

　　"成本会计"是会计专业继"会计学原理""管理会计"等课程后开设的一门核心专业课，旨在帮助学生掌握成本及成本核算的基本理论、基本方法和基本技能；掌握成本报表编制的基本理论、基本方法和基本技能；掌握成本分析的基本理论、基本方法和基本技能，同时为后续"财务管理"等课程的教学打下良好的基础。本课程的教学内容包括基本理论、成本核算和分析的具体理论、各种技术方法等三个方面。

▶ 切入课程思政的课程知识点（不少于3个知识点）

（1）产品成本核算——成本费用划分。

（2）完工产品的结转。

（3）作业成本法——作业成本与决策有用性。

▶ 课程目标

◎ 思政目标（重点描述）

（1）引导学生遵守职业道德，强化自律意识。

（2）鼓励学生不忘学习之初心，牢记学生之使命，为实现中国梦努力学习。

（3）引导学生认真体会习近平总书记对当代大学生的殷殷嘱托，坚持理想，脚踏实地，既勤于学习、善于学习，打牢知识功底、积蓄前进能量，又勇于探索、勇于突破，不断认识科技世界新领地，立志报效祖国、服务人民。

◎ 知识目标

帮助学生掌握成本会计核算的理论与方法、成本会计分析的理论与方法，准确理解企业成本控制制度。

◎ 能力目标

培养学生运用成本会计理论与方法分析问题和解决问题的能力。

◎ 素质目标

培养学生的节约成本、控制成本，进而有效提升企业经济效益的意识。

▶ 知识点与育人元素结合的教学设计案例

教学设计案例一（对应的微课视频名称：产品成本核算——成本费用的划分）

◎ 知识点

产品成本核算——成本费用划分。

产品成本核算
——成本费用
的划分

◎ **育人元素**

在讲述生产成本与期间费用的差异时，强调合理区分生产成本和期间费用的重要意义，引导学生深刻理解遵守会计人员职业道德的重要性。

◎ **教学内容**

通过引入"欣泰电气"和"参仙源"财务造假的案例，介绍"当期费用资本化"的典型手段，也就是将应该计入当期成本或者费用的金额转变成当期长期资产然后在未来期限内摊销以调整利润。引导学生思考，作为财务人员，应提升自己的专业技能，做好领导的警醒钟，从企业长远的利益出发，及时提醒，让管理层意识到违规操作的严重后果，协助制定有效的内部控制制度、财务管理制度，降低自身的执业风险。

◎ **教学方法**

知识点讲授、案例分析，通过启发式、互动式、思政元素全程融入的多元混合教学模式，引导学生思考财务造假与会计从业人员职业道德之间的关系，作为会计人员，要有绝对的职业敏感度，不虚构交易、货币资金等，以免以小失大，合理维护自己的权益。

教学设计案例二（对应的微课视频名称：完工产品的结转）

◎ **知识点**

完工产品的结转。

◎ **育人元素**

完工产品的
结转

在讲述产品成本构成和完工产品成本核算的教学中，重点介绍产品成本核算对产品定价决策的重要意义。通过引入厦华反倾销案例，引导学生重视专业知识的学习，为实现中国梦做出贡献。

◎ **教学内容**

通过引入厦华反倾销案例，反思会计人员不应止步于记账、算账、报账的传统会计，而应成为更注重事前预算、事中控制、事后分析和考核的现代企业成本管理会计。作为一名会计专业学生，应不忘初心，牢记学生使命，努力学习专业知识技能，为实现中国梦做出自己应有的贡献。

◎ **教学方法**

知识点讲授、案例分析，通过启发式、互动式、思政元素全程融入的多元

混合教学模式，引导学生思考大学生努力学习专业知识与实现中国梦之间的关系。

教学设计案例三（对应的微课视频名称：作业成本法——作业成本与决策有用性）

◎ 知识点

作业成本与决策有用性。

作业成本法
——作业成本
与决策有用性

◎ 育人元素

在讲述利用作业成本法分配制造费用的教学过程中，突出作业成本法不仅可以获得更准确的产品和产品线成本，而且有助于改进成本控制，为战略管理提供信息支持。

◎ 教学内容

通过引入南方小型机械制造厂因在成本核算过程中采用不合理的制造费用分配方法，导致订单减少的案例，讲授作业成本法分配制造费用中，作业成本法对于成本控制和定价决策的作用，引导学生理解掌握专业知识的重要意义，明白作为一名会计专业学生，必须努力学习专业知识、提高专业技能，为实现中国梦做出自己应有的贡献。。

◎ 教学方法

知识点讲授、案例分析，通过启发式、互动式、思政元素全程融入的多元混合教学模式，引导学生勤于学习、善于学习，打牢知识功底、积蓄前进能量，努力成长为能担当民族复兴大任的时代新人。

▶ 特色、创新及育人成效

通过本课程的学习，学生明确了成本会计的基本理论，熟练掌握了成本会计的基本理论、成本核算和分析等内容，做到了成本与管理的有机结合。成本会计学属于决策会计，本课程坚持理论与实践、主导性与主体性相统一，通过案例、视频、分析讨论、小剧场等多种方式调动学生的学习成本会计的主观能动性，强调案例教学与思政知识的有机融入，强调课堂教学与社会实践的有机结合，强调隐性思政与显性思政的有机配合，使学生在教学中，自然获得专业知识，树立正确的世界观、人生观、价值观，为成为一名肩负中国梦的合格会计专业人才努力学习。

课程思政教学

设计书

创业学

▶ 课程基本情况

- 课程名称：创业学
- 学分/学时：3 学分/ 51 学时
- 适用专业：工商管理
- 课程类别：☑核心课程　□非核心课程

▶ 课程简介

　　本课程涵盖创业与创业精神、创业类型与模式、创意与机会识别、创业者应有素质及创业团队的组建、创业信息的获取、新创企业的融资渠道与方式、商业计划书的撰写及应注意的问题，新创企业的法律事务、市场营销与管理等知识与技巧。本课程是一门广泛吸收多学科知识的边缘科学，具有很强的实践性和应用性。

▶ 切入课程思政的课程知识点（不少于3个知识点）

（1）创业中创新想法的来源与创新型思维的培育。

（2）创业机会的识别——渐进性创新。

（3）创业机会的识别——颠覆性创新。

▶ 课程目标

◎ 思政目标（重点描述）

（1）通过阐述独立于西方学术体系的中国文化背景下创业学的产生与发展，引导学生明确创新想法的来源以及在中国经济发展大背景下创新型思维的培育，进而增强学生民族自信心和自豪感的思政目标。

（2）通过教学，引导学生深入了解创业机会识别实践中加强思政建设的重要性，并引导学生明确中国创业机会识别的历史使命以及战略意义。

（3）结合中国案例，对创业机会的识别进行系统分析与介绍，增强学生身为中华儿女的自豪感。

◎ 知识目标

（1）让学生明确创业中创新想法的来源与创新型思维的培育情况

（2）让学生明确创业机会的识别——渐进性创新的重要性。

（3）让学生从创业机会的识别——颠覆性创新中获得启发。

◎ 能力目标

（1）增强学生创业中创新想法来源的认知并提升其创新型思维的能力。

（2）提升学生的创业机会识别能力，掌握渐进性创新能力。

（3）增强学生的创业机会识别能力，掌握颠覆性创新能力。

◎ 素质目标

（1）增强学生的创新型思维。

（2）增强利用渐进性创新的专业素质。

（3）增强利用颠覆性创新的专业素质。

▶ 知识点与育人元素结合的教学设计案例

教学设计案例一（对应的微课视频名称：创业中创新想法的来源与创新型思维的培育）

◎ **课程知识点**

创新想法的来源，创新型思维。

◎ **教学方法**

通过将创业中创新想法的来源与创新型思维的培育两方面
的分层讲解实现思政元素与我国创业学知识体系的有效衔接，采用讲授法进行
教学。

创业中创新想法
的来源与创新型
思维的培育

◎ **教学内容**

1. 创新的重要性

（1）中华民族的伟大复兴，需要一群有创新意识且具备创新能力的年轻人
肩负民族复兴的时代重任。

（2）对未来世界的探索以及对人类未来需求的挖掘，以及创新性地解决新
问题成为培育未来人才的要点。

2. 创新相关的主题

（1）创新分类：技术创新（信息储存）、管理创新（日本工程师）、商业
模式创新（IKEA,SAMS）、制度创新（新能源车）。

（2）创新创业的经典理论：新产品理论、新技术理论、新材料理论、新市
场理论（熊彼特），结合中国国情的案例支撑。

（3）产品创新的维度：更安全、更便捷、更有效、更美观、成本控制、生
产程序、携带轻便、外形大小变化、兼容性、耐用性等。

3. 创新环境相关要素

（1）创新环境：市场环境、政策环境、国民对于新事物的接纳态度、消费
创新产品积极性等。

（2）创新的制约：政策制约、市场制约、行业标准制约、创新经费制约、
创新人才制约、国外已有知识产权的制约、垄断企业制约等。

教学设计案例二（对应的微课视频名称：创业机会的识别——渐进性创新视角）

◎ **课程知识点**

创业机会的识别，渐进性创新。

◎ **教学方法**

创业机会的识别——渐进性创新视角

从技术发展、设计与功能改进、效率提升、市场渠道变化四个方面展开，介绍思政建设的重要性，实现课程与思政元素的有效衔接，采用讲授法进行教学。

◎ **教学内容**

1. 技术发展

（1）技术发展带给产业的机会，结合经典案例同时也强调中国制造业发展也看中国制造业整体发展以及企业优良品质，引导也看重品德方面的引导以及国家核心利益。

（2）在技术发展过程中要看重市场更要看国家发展未来的需求。

（3）案例借鉴：新海的经典案例。

2. 设计与功能改进

（1）通过设计改进满足客户需求挖掘商业机遇。

（2）通过功能改进促进消费者消费意愿，进而挖掘商业机遇。

（3）案例借鉴：先锋案例。

3. 效率提升

（1）效率提升会变革原有产业的竞争关系。

（2）通过效率提升可以获得市场新的定价权进而变革产业。

（3）思想借鉴：不同层次和类型的产业与企业，需求也不一样，通过提升效能进而构建创业机会是中国制造业一个提升核心竞争力的有效途径。

4. 市场渠道变化

（1）渠道为王：原来中国的市场渠道主要是商超，商家为客户选好产品，所以渠道为王。

（2）认知为王：在互联网时代，主要由认知来引导客户的消费选择，所以认知为王。

（3）思想借鉴：在当前认知为王的阶段，要更多地关注消费者的认知植入，形成品牌。

教学设计案例三（对应的微课视频名称：创业机会识别——颠覆性创新视角）

◎ **课程知识点**

创业机会的识别，颠覆性创新。

创业机会识别——颠覆性创新视角

◎ **教学方法**

通过将新发明与新技术、新的商业模式、新市场、超出认知的事件以及不可预期的事件融合中国创业机会识别的各个过程中，实现课程与思政元素的有效衔接，采用讲授法进行教学。

◎ **教学内容**

1. 新发明与新技术

颠覆性创新之新发明与新技术对于中国企业的崛起至关重要，如何将新发明与新技术应用与企业，如何通过新发明与新技术推进中国新企业的核心竞争力培育，结合案例进行讲解与分析。

2. 新的商业模式

创业机会识别—颠覆性创新之新的商业模式国家强盛的根本之一。新的商业模式可以创建更有效的销售方式、节约物流成本等。中国有大量制造业企业通过互联网可以从传统贸易的贴牌到新的品牌构建之路。

3. 新市场

创业机会识别—颠覆性创新之新市场可以为学生理解新市场的重要性做认知储备。新市场开拓经典案例在中国历史上不泛其例。通过新市场的开发与开拓可以为个人与企业迎来机遇。对于中国企业而言，新市场的介入，以自身品牌进入新市场也是一个重要的历史发展契机。

4. 超出认知的事件以及不可预期的事件

创业机会识别—颠覆性创新之超出认知的事件以及不可预期的事件。在不同时期会发生一些意外，而意外很多时候也意味着机遇。这方面的创业机会评估有时候从商业与伦理多方面考虑会成就一些企业，用经典案例做支撑。

▶ 特色、创新及育人成效

本课程的特色与创新之处在于将思政要素融于我国创业经典案例以及具体国情背景下的创业机会识别，通过提高学生的学习兴趣，同时加强创业学专业知识输入。

课程思政教学

设计书

高级财务会计

▶ 课程基本情况

- **课程名称**：高级财务会计
- **学分/学时**：3学分/51学时
- **适用专业**：会计学
- **课程类别**：☑核心课程　□非核心课程

▶ 课程简介

"高级财务会计"课程是会计学专业本科生的必修课程之一，是"中级财务会计"课程的延续和深化。本课程主要探讨特殊和复杂经济业务的财务会计理论及实务，具体教学内容包括：企业合并会计、合并财务报表、外币业务会计、衍生金融工具会计、股份支付会计、租赁会计等。

▶ 切入课程思政的课程知识点（不少于3个知识点）

（1）CAS 对企业合并的分类。

（2）合并财务报表的理论基础。

（3）股份支付会计处理的基本原则。

▶ 课程目标

◎ **思政目标（重点描述）**

（1）充分了解高级财务会计相关国内准则的中国特色，及时关注相关会计准则国际趋同，结合国家建设和民族复兴的新时代背景，增强学生家国情怀与会计文化自信、会计制度自信。

（2）遵守高级财务会计各项准则的职业品德，形成坚守法治、诚信与公正原则的社会主义价值观。

◎ **知识目标**

（1）理解高级财务会计的基本理论，包括合并财务报表各项理论、外币报表折算理论、外币业务的单项交易观和两项交易观等。

（2）理解涉及特殊和复杂经济业务的各项会计准则。

◎ **能力目标**

（1）能够运用高级财务会计的基本理论以及相关会计准则。

（2）具备对各项特殊和复杂的经济业务进行实务处理的能力。

◎ **素质目标**

（1）密切跟踪高级财务会计前沿理论及准则动态。

（2）灵活运用高级财务会计的基本理论和相关会计准则，对经济业务进行会计处理时能够做出合理的职业判断和选择。

▶ 知识点与育人元素结合的教学设计案例

教学设计案例一（对应的微课视频名称：CAS对企业合并的分类）

◎ **知识点**

CAS 对企业合并的分类。

◎ **思政元素融入**

CAS对企业
合并的分类

兼并重组对推动经济发展质量变革、效率变革、动力变革具有重要作用。企业合并是兼并重组的主要方式。CAS 对合并业务的分类，既考虑到了与国际惯例的接轨，又充分结合了我国的实际情况，目标是提高会计信息的质量，运用辩证观处理实际经济业务，体现了党和国家在制定会计法律法规时实事求是、与时俱进的精神，也体现了在经济全球化中包容和求同存异的发展思维。

◎ **思政教学目标**

让学生了解 CAS 关于企业合并分类核算的规定，以及这种分类与国际会计准则的区别。理解在我国会计准则的制定过程中，既要考虑到与国际惯例接轨，又要兼顾我国经济发展现状及具体国情。引导学生辩证地看问题，在学习和实践中正确地对合并业务进行分类核算，提高会计信息披露质量，坚定道路自信、理论自信、制度自信、文化自信，为我国经济高质量发展保驾护航。

◎ **教学设计**

（1）以宝钢吸收合并武钢为例，分析此项合并业务的特点，引导学生思考国有企业之间兼并重组的意义：化解产能过剩；发挥协同效应、规模经济效应；国有资本做大做强，引领中国经济高质量发展。同时引导学生思考对于这种类型的合并业务，结合我国市场经济发展状况，能否运用公允价值进行会计处理。

（2）以美的两次并购小天鹅为例，分析并判断这两次并购分别属于哪种类型的企业合并，引导学生思考应分别采取哪种会计计量比较合适。

（3）以吉利跨国并购沃尔沃为例，引导学生分析和判断其属于何种类型的合并业务，思考该项并购的意义，同时引导学生思考能否应用公允价值进行计量。

◎ **教学总结**

在企业合并业务的核算过程中，只有坚持将国际接轨与实际国情紧密结合，才能更好地反映经济现实，提供更高质量的会计信息，让会计核算更好地服务

于我国企业做大做强和经济高质量发展。

教学设计案例二（对应的微课视频名称：合并财务报表的理论基础）

◎ **知识点**

合并财务报表的经济实体理论。

◎ **思政元素融入**

通过探讨会计信息披露中如何体现诚信、公正、法治等社会主义核心价值观，引导学生深入思考高质量的会计信息披露水平能够促进资本市场健康发展，而资本市场的健康发展能够助力我国经济结构转型升级，并有利于保护中小股东的利益和资本市场对外开放。

◎ **思政教学目标**

通过引入社会主义核心价值观相关内容，让学生深刻理解真实可靠、充分有效的会计信息披露体现了诚信、公正和法治等社会主义核心价值观，以及会计信息披露对我国资本市场健康发展的重要意义。

◎ **教学设计**

（1）引导学生思考合并财务报表是企业集团会计信息披露的主要内容。会计信息披露质量的关键在于披露是否真实可靠，披露是否充分及时以及披露的对象之间是否公平。会计信息披露制度起源于企业所有权与经营权分离和委托代理关系的形成，应当基于利益相关者价值最大化的目标，满足各利益相关者的信息需求。

（2）通过介绍社会主义核心价值观，引导学生理解企业集团是我国经济发展的中坚力量，企业集团在会计信息披露过程中应当坚守社会主义核心价值观。高质量的会计信息披露体现了诚信、公正、公平、法治等社会主义核心价值观，有利于资本市场助力我国经济结构转型升级，有利于企业价值创造，有利于保护中小股东的利益，有利于资本市场对外开放。

（3）对合并财务报表的编制理论进行梳理和回顾，重点探讨经济实体理论，引导学生思考，相较于其他理论，为何运用经济实体理论编制合并财务报表能够提高财务信息披露质量，更好地满足有关各方信息需求。

◎ **教学总结**

企业集团需要在会计信息披露中践行社会主义核心价值观。合并财务报表作为企业集团信息披露的主要内容，需要基于合适的理论即经济实体理论进行编制，从而提高企业集团财务信息的披露质量，有利于资本市场助力我国经济结构转型升级，有利于保护中小股东的利益，有利于资本市场对外开放。

教学设计案例三（对应的微课视频名称：股份支付核算的基本原则）

◎ **知识点**

股份支付确认与计量的基本原则。

◎ **思政元素融入**

股份支付核算的基本原则

现代企业制度下，完善的公司治理制度是战略实施的重要保障。股份支付作为一项完善公司治理的长期薪酬激励制度，不仅有助于降低现代公司制度下的代理成本，促进企业长期可持续发展，还能够吸引和留住高素质人才，尤其是科技创新型企业。通过设计合理的股权支付方案，既有助于缓解科技创新企业发展面临的资金问题，又能够提高高素质人才的收入水平，有利于高素质人才更好地服务于公司的可持续发展和技术创新等战略目标。因此需要正确理解股份支付确认与计量的基本原则，公允地提供相关的财务信息，以便客观评价股份支付的实施效果，维护有关各方的经济利益，促进企业人力资源战略和创新驱动战略的有效实施。

◎ **思政教学目标**

引导学生深刻理解高素质人才对我国经济创新驱动发展的重要意义，了解企业尤其是科技创新型企业作为创新驱动发展的重要力量，需要不断改进和完善公司治理机制，而设计合理的股份支付计划是完善公司治理的重要方式。让学生明白正确地理解股份支付核算原则，有助于提高财务信息的质量，以维护好各方经济利益，保证人才战略和创新驱动战略的有效实施。

◎ **教学设计**

第一步，引入股份支付实际案例，让学生感受股份支付在企业人才战略和创新发展中的作用；通过介绍我国人才强国战略和创新驱动战略，让学生了解科技创新在经济发展中的作用，高素质人才对于科技创新的重要作用；让学生了解股份支付有助于完善公司治理。

第二步，引导学生思考企业为响应上述国家战略以及完善公司治理，应当设计合理的股份支付方案，并进行正确的会计核算，反映和监督与股份支付相关的信息，从而引出正确理解股份支付核算原则的问题，以高质量提供与此相

关的财务信息。

第三步，对股份支付会计处理的基本原则进行梳理回顾，引导学生思考股份支付作为一种薪酬激励方式，应当怎样进行正确的确认与计量。以前述实际案例为背景讨论股份支付的确认与计量问题。

▶ 特色、创新及育人成效

◎ 特色

（1）理论与实践相结合，理论讲解中有实际案例的分析。

（2）娓娓道来，逻辑清晰，如春雨润物般将思政元素贯穿到课堂教学中。

（3）注重引导学生思考问题，发现问题，从内心感知教学知识点中的思政内容。

◎ 创新

（1）从思政元素融入方面看，引导学生正确理解我国经济和社会发展当前及未来方向，科学辩证地看待现行企业合并会计核算规范等问题；让学生了解充分有效的合并财务报表信息披露对我国经济高质量发展的意义。

（2）教学组织形式方面，以学生为本，因材施教。在充分考虑会计学专业学生知识储备水平和科学认知水平的基础上，提出问题，让学生主动思考、探索，以发现其中蕴含的真理。同时，理论与案例分析相结合，整合课堂内外各种资源，以丰富多样的案例拓展实践教学模式。

◎ 育人成效

学生对课堂思政教学的满意度良好。

课程思政教学

设计书

公司治理

课程基本情况

- 课程名称：公司治理
- 学分/学时：3学分/51学时
- 适用专业：工商管理
- 课程类别：☑核心课程　□非核心课程

课程简介

本课程为工商管理各专业的核心课程，讲解关于现代企业形式——公司的起源、建立、类型和运行机制的知识，学生通过本课程的学习，可以更系统、全面和深入地了解现代企业的运作机理。公司治理的相关理论知识是由公司诞生两百年以来在实践中遇到的问题汇集而成的，所以本课程是一门交叉、应用型和新兴学科，具有很强的技术性、实践性和艺术性，对有志于创业的学生具有操作指南性意义。

▷ 切入课程思政的课程知识点（不少于3个知识点）

（1）创业团队。

（2）合伙人股权分配的十大陷阱。

（3）股权结构设计与公司治理。

▷ 课程目标

◎ **思政目标（重点描述）**

通过学习企业的发展历史，纵向理解公司制的诞生；通过了解现实中的案例，横向理解公司运作的问题。在此前提下，结合社会制度、历史文化和社会特征，学习公司运作的基本知识。在已经掌握的管理学知识基础上，更深入地认识公司制企业，树立强烈的爱国主义使命感与团队责任心。

◎ **知识目标**

（1）能正确地理解公司治理的基本概念、基本理论和基本方法。

（2）通过学习企业发展的历史，了解公司制产生的缘由；通过了解现实中的案例，理解本课程讲授的关于公司治理的各类知识；掌握公司运作的基本原则、程序和规则，以及涉及的制度、法律、社会和文化知识。

◎ **能力目标**

（1）能够初步掌握公司关于股东会、董事会和监事会的运作规则，学会相关会议纪要的写作，完成公司章程的起草。

（2）从理论上，能够深入理解现代企业的运行制度；在实践上，能够掌握现代企业的运作规则。

（3）通过对公司治理的学习，真正学会并能够独立思考公司治理理论与实践问题。

◎ **素质目标**

（1）在学习过程中形成正确的价值观，具备责任感、奉献精神。

（2）公司治理是工商管理专业的核心课程，通过在教学过程中融入社会主义核心价值观，帮助学生树立正确的价值观和创新精神，提高其公司治理的实践能力。

▶ **知识点与育人元素结合的教学设计案例**

教学设计案例一（微课视频名称：创业团队）

◎ **课程知识点**

创业团队概念与构成要素。

◎ **思政元素融入**

通过"携程网"案例与西游记师徒四人组成取经团队的案例引导学生思考团队组建的特征、策略、原则、类型，从团队组建案例中体会创业人员的艰辛和中国传统文化的优点。

◎ **思政教学目标**

通过中外公司组建案例，让学生了解公司团队组建中的基本策略与原则，增进学生对中华优秀传统文化的了解。

◎ **教学设计**

1.案例导入

（1）对公司团队概念、特征进行梳理。

（2）结合中西方公司组建案例，探讨公司团队组建的原则和策略，并让学生对不同案例进行讨论和分析。

（3）分析不同团队类型的优劣势。

（4）提出团队管理的技巧与策略。

2.提炼思政元素

结合中西方公司团队组建案例，引导学生思考并讨论以下内容：

（1）公司团队组建过程中什么最重要？一个成功的团队需要具备哪些基本要素？

（2）中国古代有哪些成功的团队组建案例？

（3）中西方公司团队组建案例有何区别？

3.知识点与思政元素融合

通过案例分析和引申，让学生正确地认识到在团队组建过程中，公司治理中"管理与技术"的重要性，培养学生的团队意识和爱岗敬业的职业素养。

4. 教学总结

通过实际案例分析得出结论，让学生进一步理解：一家成功的公司离不开所有团队成员的共同努力。

教学设计案例二（微课视频名称：合伙人股权分配十大陷阱）

◎　**课程知识点**

合伙人股权分配的十大陷阱。

◎　**思政元素融入**

以合伙人股权分配的十大陷阱为例，讨论公司治理中如何进行合理的股权分配。

合伙人股权分
配十大陷阱

◎　**思政教学目标**

通过案例分析，让学生进一步了解股权分配在公司治理中的重要性。

◎　**教学设计**

1. 案例导入

（1）一方面，凸显教学案例的时代意义；另一方面，激发学生学习的好奇心：为什么有那么多的公司股权分配问题？进一步引发学生对公司治理中股权分配问题的思考。

（2）分析十大案例的不同点，如股权分配中有出资人问题、公司章程问题、退出机制问题、合伙人问题等等。

2. 知识点与思政元素融合

无论是哪一种股权分配陷阱，都离不开股权，股权是企业的根，是企业家的命根子。股权根基不牢，发展越是迅猛，埋下的隐患就越大。

3. 教学总结

无数的案例证明，股权不牢，地动山摇。股权不牢，再好的项目也没有前途，再好的团队也会失去动力。

教学设计案例三（对应的微课视频名称：股权结构设计与公司治理）

◎ **课程知识点**

股权结构设计与公司治理。

◎ **思政元素融入**

股权结构设计与公司治理

以华为公司为例，结合孟晚舟事件，探讨民营企业技术研发的重要性，证明在公司治理中，科技是第一生产力。

◎ **思政教学目标**

通过华为公司案例分析，引导学生正确理解当代中美两国之间的关系，树立民族自信，为中国民营企业在激烈的国际竞争中立于不败之地储备知识和积蓄技能。

◎ **教学设计**

1. 案例导入

（1）通过引入华为公司案例，指出一家跨国公司要想发展需要一个公平的营商环境，引导学生正确理解当代社会主义经济发展的特点。

（2）通过课堂讨论，指出民营企业的发展离不开强大国家的支持。

2. 思政知识点融入

优越的创新环境与公平的营商环境离不开国家的支持。

3. 教学总结

通过案例分析，让学生理解创新的重要性和国家强大的重要意义。

▶ **特色、创新及育人成效**

◎ **特色、创新**

本课程借鉴国内外公司治理的优秀成果，密切联系当代中国改革和发展的丰富实践，与社会主义核心价值观以及中华优秀传统文化有机融合。

本思政课程微课设计具有以下特征与创新。

1. 教学组织形式上的创新

（1）以人为本，因材施教，通过典型案例教学、教学互动，让学生意识到团队治理的重要性。

（2）遵循价值与知识、形式与内容相统一的原则，整合校内外教学资源，拓展实践教学形式，进一步提升教学效果。

2. 教学案例选取上的创新

（1）既有最新的国内外跨国公司的案例，又有中国传统文化中团队组建的案例，能提升、拓宽学生的国际视野，并提高他们对中国传统文化的兴趣。

（2）积极挖掘身边的教学资源，立足国内案例，培养学生积极思考和应用知识的能力。

（3.）结合教师研究方向选择案例，既能增强课堂的理论性，又能让科研与教学相结合。

3. 思政元素挖掘上的创新

（1）积极挖掘公司治理中与社会主义核心价值观的契合点。

（2）对比国内外公司治理理论优缺点，引导学生树立道路自信、理论自信、制度自信、文化自信。

（3）以传统文化中优秀的团队文化为切入点，弘扬中华优秀传统文化中的思政元素，将优良的文化因素植入课堂。

4. 建设实训基地上的创新

公司治理是一门实践性较强的课程，通过引入校外导师，结合学生实习基地，提高学生理论联系实际的能力。

5. 教学评价体系上的创新

教学评价体系结合教学成果、思政元素、小组讨论、实践成果、案例展示、线上线下互动等实现多维度综合评价。

◎ 育人成效

1. 有机地融入思政元素，达到春风化雨、润物无声的育人效果

（1）根据公司治理课程特色，构建课程内容设计，突出课程思政元素；改革教学模式，加强实践教学，促进理论知识和企业实际的衔接与融合，而不是在专业课程中生硬地剥出几节课时讲授思政内容。

（2）"思政"与"课程"的关系应当是"如春在花，如盐在水"，将思政元素融入专业知识之中，实现显性教育和隐性教育的有机融合。"春风化雨""润物细无声"才是课程思政的可行之道。

2. 发挥公司治理课程思政引领作用，形成辐射效应

（1）挖掘公司治理课程中的治国理政、中国故事、工匠精神、大国安全、绿色中国等元素，探讨公司治理的教学思路和方法；做好公司治理课程思政设计，强化专业课程育人导向。

（2）教师团队充分备课，仔细梳理课程思政元素和所承载的思想政治教育功能。

（3）强化教师育德意识和育德能力，教师是立德树人的主体，直接影响课程思政教育的效果。"传道、授业、解惑"是教师的天职，要求团队每一位教师在传授知识的同时，注重价值观的塑造和引领，引导学生将所学的知识和技能转化为内在的德行和素养，帮助学生解答思想困惑、价值观困惑、情感困惑，激发其为国家学习、为民族学习的热情和动力，帮助其在创造社会价值的过程中明确自身价值和社会定位。

课程思政教学
设计书

管理会计

▶ **课程基本情况**

- **课程名称**：管理会计
- **学分/学时**：3.5学分/60学时
- **适用专业**：会计学
- **课程类别**：☑核心课程　□非核心课程

▶ **课程简介**

　　"管理会计"是将会计与管理巧妙结合，为会计管理功能的延伸和拓展做出巨大贡献的具有较强实践性的课程，是会计学专业的专业教育必修课。本课程系统介绍了现代管理会计的基本理论与具体应用方法，主要内容包括：管理会计概述；成本性态分析和变动成本计算；本量利分析；经营决策的分析评价；投资决策财务分析评价；作业成本分析；目标成本分析；全面预算管理；责任会计；平衡积分卡。通过对本课程的学习，学生将了解现代管理会计学在会计学科体系中的地位和作用，掌握管理会计的基本内容和基本理论，学会如何在现代企业制度环境中，进一步加工和运用企业内部财务信息预测经济前景、参与经营决策、规划经营方针、控制经营过程和考评责任业绩的基本程序、操作技能与基本方法，从而具备从事现代企业会计工作的基本能力。

切入课程思政的课程知识点（不少于3个知识点）

（1）业财融合——管理会计发展新趋势。

（2）成本性态分析——固定成本。

（3）本量利分析——保本分析。

课程目标

◎ 思政目标（重点描述）

（1）通过课程教学，使学生了解管理会计的产生与发展，明确管理会计的新发展趋势——业财融合。通过介绍业财融合对会计人员能力的要求，鼓励学生除了学好专业技能外，还要全面提高自身综合实力。

（2）通过课程教学，使学生掌握固定成本和变动成本的特点，明确固定成本总额不随业务量变化而变化，但提高业务量可以相对降低单位固定成本。通过总结固定成本在生产决策中的应用，使学生树立强烈的社会责任感。

（3）通过课程教学，使学生感知本量利分析方法在企业决策中的实际效用，认真体会习近平总书记对当代大学生的期待，增强学习紧迫感，努力掌握科学文化知识和专业技能，提高人文素养，在学习中增长知识、锤炼品格。

◎ 知识目标

掌握管理会计的基本原理、基本概念、基本方法和基本技能。

◎ 能力目标

学会利用所学，对经济过程进行预测、决策、规划、控制、责任考核评价等，提高分析问题、解决问题的能力。

◎ 素质目标

初步掌握各种管理会计方法在实际工作中的应用。

▶ **知识点与育人元素结合的教学设计案例**

教学设计案例一（对应的微课视频名称：业财融合——管理会计发展新趋势）

◎ **课程知识点**

（1）管理会计的产生及历史沿革。

（2）业财融合的意义及其对财务部门的要求。

业财融合——
管理会计发展
新趋势

◎ **思政教学目标**

通过介绍管理会计新的发展趋势——业财融合，引导学生除了学好财务专业技能之外，还要全面提高财务管理能力、沟通协调能力，树立社会责任感。

◎ **教学设计**

1. 案例导入

通过柯达陨落案例，引出管理会计新发展趋势——业财融合，深入分析传统的财务会计必须转型的原因，以及业财融合对财务部门提出的要求。分析世界经济发展规律，以及中国经济发展的阶段性特征与历史方位，明确中国经济发展过程的曲折和取得的成就，引导学生树立宏观战略意识。

2. 知识点与思政元素融合

通过知识点讲授、案例分析，通过启发式、互动式、思政元素全程融入的多元混合教学模式，引导学生思考管理会计发展与企业和国家之间的关系，培养其职业自豪感、社会责任感和国家使命感。

教学设计案例二（对应的微课视频名称：成本性态分析——固定成本）

◎ **课程知识点**

（1）固定成本的概念、特点。

（2）固定成本总额、单位固定成本与业务量的关系。

成本性态分析
——固定成本

◎ **思政教学目标**

通过介绍固定成本的相关概念及特点，强调合理利用固定成本性态特征对企业生产经营决策的重要意义，引导学生树立社会责任感。

◎ 教学设计

1. 案例导入

通过"比亚迪公司在新冠疫情期间生产口罩"的案例，引出固定成本的概念及特点，强调合理利用固定成本性态特征对企业生产经营决策的重要意义。

2. 知识点与思政元素融合

通过知识点讲授、案例分析，通过启发式、互动式、思政元素全程融入的多元混合教学模式，引导学生树立强烈的社会责任感和社会主义核心价值观。

教学设计案例三（对应的微课视频名称：本量利分析——保本分析）

◎ 课程知识点

（1）本量利分析模型。

（2）成本、业务量和利润的关系。

◎ 思政教学目标

本量利分析
——保本分析

通过成本、业务量和利润依存关系的教学，指出本量利分析模型可帮助企业预测在保本、保利条件下应实现的销售量或销售额，而且能结合风险分析为企业提供化解经营风险的方法和手段，使学生明白掌握专业知识的重要意义。

◎ 教学设计

1. 案例导入

通过"源盛公司瓶装水"的案例，引出本量利分析模型的机理与作用，强调学习专业知识的重要性，激发学生学习动力。

2. 知识点与思政元素融合

通过知识点讲授、案例分析，通过启发式、互动式、思政元素全程融入的多元混合教学模式，引导学生努力掌握科学文化知识和专业技能，提高人文素养，坚持用习近平新时代中国特色社会主义思想武装自己，努力成长为能担当民族复兴大任的时代新人。

▶ 特色、创新及育人成效

　　管理会计学属于决策会计，本课程将教学内容与教学团队正在做的案例工作坊有机结合，将现有教学案例与思政元素充分融合，打造出具有思政特色的教学案例。此外，将本课程的思政元素与互联网＋、大学生财会信息化竞赛等学科竞赛有机结合，在学科竞赛文本设计中突出管理会计知识和思政特色，有效提高了学生的创造性和主观能动性。

课程思政教学

设计书

管理经济学

▶ 课程基本情况

- **课程名称**：管理经济学
- **学分/学时**：2学分/34学时
- **适用专业**：工商管理
- **课程类别**：☑核心课程　□非核心课程

▶ 课程简介

"管理经济学"是工商管理专业的一门综合深化课程，也是工商管理专业的探究式示范课程，课程内容包括：优化方法、需求分析、需求估计、企业预测、生产理论、成本分析、竞争市场、垄断经营、寡头对抗、竞争博弈、定价决策、政府管制等内容。

通过本课程的学习和探究，使学生能系统地掌握需求分析、需求估计等管理经济学的基本知识、原理和方法，具备以基本经济理论为基础，借助科学的决策方法和工具进行微观经济分析和决策的能力。

▶ 引入课程思政的课程知识点（不少于3个知识点）

（1）决策模型。

（2）最优生产要素组合分析。

（3）企业利润产生机制。

▶ 课程目标

◎ 思政目标（重点描述）

通过探究式教学和中国好故事解读，引导学生深入社会实践，关注现实问题，培育学生守拙择善、踏实诚信的职业素养，树立强烈的爱国主义使命感与责任心，心怀理想，努力奋斗。同时，培养学生创新、创业精神和包容开放、合作共赢的思想意识。

◎ 知识目标

要求学生掌握或了解以下知识：决策模型、厂商财富最大化模型等理论、需求理论和需求估计、预测理论、生产决策理论、成本理论和盈亏平衡分析、不同市场类型下的厂商决策等。

◎ 能力目标

要求学生能用现代经济学的理论知识分析和解决实际问题，掌握企业经营目标优化的方法和工具，熟悉企业经营决策的一般性做法，能根据基本的经济理论和具体的经营环境制定相关决策。

◎ 素质目标

要求学生掌握管理经济学的基本理论和分析方法。通过阅读、讨论和分析，培养学生自觉学习专业知识的习惯，增强学生研究相关经济决策和经济现象的动力和能力。

▶ 知识点与育人元素结合的教学设计案例

教学设计案例一（对应的微课视频名称：决策模型）

◎ **课程知识点**

决策模型。

◎ **思政元素融入**

（1）在讲解企业目标及其实现方案选择时，切入中国梦。

（2）在对海天味业与中炬高新进行比较分析时，引导学生要心怀理想、努力奋斗、守拙择善。

◎ **思政教育目标**

通过解读我国社会主义建设的成功实践，进一步加强学生的民族自豪感和爱国爱党的自觉性；通过对两家企业的比较分析，引导学生树立正确理想，努力进取。

◎ **教学设计**

1. 案例导入

引入诺贝尔经济学奖得主赫伯特·西蒙的观点"管理就是决策"，并借用第七届全国人大常委会委员长万里1986年7月31日在《人民日报》发表的一段讲话，说明正确决策的重要性。

2. 知识点与思政元素融合

（1）通过课堂讨论和分析，让学生认识到党和国家领导人的正确引领与中国人民的勤劳友善是我国从贫穷走向富强的根本原因。

（2）探究酱油等调味品生产企业的相关案例，借此说明优秀的企业往往有着比追求利润更高的理想和追求。

具体做法是引导学生查阅同行业企业排名，引导学生发现海天味业遥遥领先其他同行的事实，接着探究海天味业成功的原因，引导学生去查阅其公司年报，比较海天味业与中炬高新的战略目标及行动方案。

可以发现海天味业有着高于赢利的追求和理想，实现方式是做专、做强，以品质为本，守拙择善，务实创新。而中炬高新追求的是营业收入和企业规模，实现方式是提高产能与对外收购。

3. 教学总结

用万通公司冯仑一篇题为"追求理想，顺便赚钱"的文章引出总结：一个成功的创业者一定是心怀理想、努力奋斗的！企业的成功源于这样的理想和努力，守拙择善，开拓创新！

教学设计案例二（对应的微课视频名称：生产要素最优组合）

◎ **课程知识点**

最优生产要素组合。

◎ **思政元素融入**

（1）通过分析生产要素最优组合的理论与现实的差异，引导学生理解用实践来检验真理这一原则的正确性。

**生产要素
最优组合**

（2）通过比较分析宁波与杭州两个城市的企业发展现状，以及 2021 年《财富》世界 500 强榜单中中国企业与美国企业量和质的变化，指出社会主义市场经济的优越性，培养学生爱国主义情怀和民族自豪感，形成开拓创新、积极进取、自强不息的精神品质。

◎ **思政教育目标**

通过比较分析，引导学生理论联系实践，用实践来验证理论，培养学生爱国主义情怀和民族自豪感以及开拓创新、积极进取、自强不息的精神。

◎ **教学设计**

1. 案例导入

通过比较宁波和杭州的 GDP 和人均收入，引出"何为最优的生产要素组合？"的问题。

2. 知识点与思政元素融合

（1）强调实践是检验真理的唯一标准，理论一定要结合实践。

（2）通过比较宁波与杭州两市上市公司的相关数据，可以发现，宁波的企业质量与杭州存在一定差异。宁波有较多依靠外贸订单生存的企业，这些企业更多地倾向于在既定产量条件下追求成本最小化，容易"内卷"。而倾向于在既定成本下追求产量最大化的企业，直接面对市场需求，更有可能开拓创新，在经济形势不好时会努力"破圈"。

3. 教学总结

通过引入 2021 年《财富》世界 500 强榜单中中美两国入榜企业的数量和质

量的变化，引导学生深刻地体会到社会主义市场经济体制的优越性，并形成勇于开拓的创新精神。

教学设计案例三（对应的微课视频名称：为什么企业有利润）

◎ 课程知识点

经济利润。

◎ 思政元素融入

为什么企业
有利润

在介绍风险承担理论、暂时不均衡理论、垄断理论、创新理论和管理效率理论时，插入中国好故事，讲述国有企业在新冠疫情防控中的定海神针作用，引导学生养成积极进取、自强不息、不断创新的精神品质，并树立道路自信和民族自信。

◎ 教学设计

1.案例导入

在介绍利润概念和新古典经济学关于经济利润理论的基础上，导入海天味业 2020 年合并利润表和 2012 年以来的利润增长情况。通过思考"为什么那些优秀的企业能够获得高额利润"引出理论探究。

2.知识点与思政元素融合

（1）在解读风险承担理论时，引用奈特的观点"现实经济活动中无法预料的风险，即不确定性，需要通过专业化来控制"，引出专业化的重要性，然后切入任正非 2016 年 6 月 1 日在《新闻联播》上讲的一句话："我们 13 亿人每个人做好一件事，拼起来就是伟大祖国。"

（2）在介绍暂时不均衡理论时，切入华为公司等企业在面对美国打压时表现出来的自强不息的精神和万众一心的凝聚力。

（3）在分析垄断理论时，切入我国国有企业在新冠疫情防控中体现出来的定海神针般的重要作用。

（4）在讲授创新理论时，切入习近平总书记在 2020 年 7 月企业家座谈会上的讲话："企业家要做创新发展的探索者、组织者、引领者，勇于推动生产组织创新、技术创新、市场创新，重视技术研发和人力资本投入，有效调动员工创造力，努力把企业打造成为强大的创新主体，在团建中实现凤凰涅槃、浴火重生。"①

---

① 习近平：《在企业家座谈会上的讲话》，《人民日报》2020年7月22日第2版。

（5）在介绍管理效率理论时，讲述华为公司的开拓创新和包容开放等中国好故事。

3. 教学总结

对上述五种理论进行综合，分析海天味业等企业获得高利润的原因，讲中国好故事。

特色、创新及育人成效

◎ 特色与创新

1. 通过解读中国好故事融入思政元素

以中国优秀企业为案例，理论联系实际，有机融入中国梦、爱国主义、民族自豪感、工匠精神、开拓创新、积极进取、自强不息、求真务实、合作共赢、包容开放、诚信友善等思政元素。

2. 通过探究式教学方法讲中国好故事

运用主题理论探究、企业年报解读、问题导入思考、典型企业分析、市场调查研究、小组团队合作等探究式教学方式，理论联系实际，在以探究式教学方法介绍经济学理论时讲中国好故事。

3. 以学生为本，让学生讲中国好故事

课堂内，通过探究式教学，让学生积极、自觉地进行学习，引导学生主动去探究。课堂外，要求学生自主挑选优秀企业，进行调查分析和理论探究。最后，综合课堂内外的学习和探究，引导学生自己去讲中国好故事。

◎ 育人成效

1. 有机地融入思政元素，达到"春风化雨、润物无声"的育人效果

在分析中国好企业的过程中，引导学生主动进行探究，找到企业利润高的具体原因，有机地将思政元素融入专业知识学习之中，春风化雨、润物细无声地达到思政育人的效果。

2. 让学生讲中国好故事，达到思政元素在学生心中扎根并扩散的效果

以学生为本，讲中国好故事，通过对优秀企业的课堂探究和学习，不仅让学生清楚什么是优秀企业，而且让学生知道怎么去找优秀企业，使思政元素扎根于学生心中，并通过激励学生以优秀企业为案例自己讲中国好故事，达到思政育人效果。

课程思政教学设计书

管理信息系统

▶ **课程基本情况**

- **课程名称**：管理信息系统
- **学分/学时**：3学分/51学时
- **适用专业**：信息管理与信息系统，经济学，管理学
- **课程类别**：☑核心课程　□非核心课程

▶ **课程简介**

　　本课程是信息管理与信息系统专业的核心专业课程，也是经济大类与管理大类的选修课程，先后获评宁波大学精品在线开放课程、浙江省互联网＋教学优秀案例以及浙江省线上线下混合一流课程。

▶ 切入课程思政的课程知识点（不少于3个知识点）

（1）基于"五力模型"，企业如何利用信息技术获得竞争优势——以支付宝为例。

企业面临五种竞争力量，一般会采取相应的五种竞争战略。企业如何基于这五种竞争战略，利用信息技术获取竞争优势呢？

（2）电子商务之KOL营销——以李子柒的短视频营销为例。

"内容＋社交"成为当前网络营销中炙手可热的营销方式，合适的KOL在合适的平台传播有趣的故事是该营销方式的核心思路，所以一般也称KOL营销。

（3）组织（含组织环境）对信息系统的影响——以火车票实名制系统为例。

信息系统实际上是基于信息技术，为应对环境挑战而建立的组织和管理上的解决方案，组织及其管理模式影响着信息系统的结构和功能。

▶ 课程目标

◎ 思政目标（重点描述）

通过引入具体应用场景，引导学生应用信息技术、信息系统融合组织管理理论分析中国企业以及社会现实管理问题，通过具体信息技术（系统）的中国场景应用，总结信息系统应用的中国方法，引导学生坚定中国特色社会主义道路自信、理论自信、制度自信、文化自信。

◎ 知识目标

通过教学，使学生掌握数据、信息、电子商务、网络与数据管理等信息技术基础知识和信息系统基本原理，以及上述知识与组织管理的深度融合。

◎ 能力目标

通过教学，使学生具备融合数字化技术、商务智能与组织变革进行科学管理和组织创新，以获取竞争优势的能力。

◎ 素质目标

通过教学，使学生具备结合商业环境、组织战略和信息系统基本原理与方法，构建、选择和使用信息系统进行组织数字化治理与数字化转型的基本素养。

▶ 知识点与育人元素结合的教学设计案例

教学设计案例一（对应的微课视频名称：贸易服务的基础设施）

◎ **课程知识点**

电子商务的基础框架之贸易服务基础设施。

贸易服务的
基础设施

◎ **思政元素融入**

（1）信用（体系）在商业经营中的作用。

（2）支付宝是融合信息技术的中国商业解决方案、中国方法。

（3）中国政府对互联网企业商业模式创新的支持是中国电子商务"跳跃成长"的重要原因。

◎ **思政教学目标**

（1）培养学生诚信服务的职业素养。

（2）培养学生关注中国企业现实中的商业问题，通过信息技术探寻中国方法。

（3）介绍中国政府对创新的制度支持，引导学生树立制度自信。

◎ **教学设计**

1.背景知识铺垫

电子商务的基础框架图，包含了两根支柱与四个层面：两根支柱是政策和法律、工程技术和标准；四个层面由低到高分别为网络基础设施、信息发布与消息传递、贸易服务基础设施与电子商务应用，其中，最上层的电子商务应用离用户最近，而网络基础设施离用户最远。

2.课堂提问，引出知识点要点

提问：前面讲了网络基础设施以及信息发布与消息传递，支撑电子商务（贸易）服务还需要什么基础设施呢？或者说，需要什么来支撑电子商务的正常运行？

答案：还需要安全认证、电子支付等工具。

3.引入支付宝案例

以支付宝为例，针对支付宝模式提问与讨论：相对于传统的零售模式，淘宝及其支付工具支付宝是一种基于信息技术（系统）的差异化战略和成本领先战略。支付宝不仅是一款网络支付工具，还充当了信用中介，同时保障了卖家

与买家的权益。

4.知识点与思政元素融合

（1）信用（体系）在商业经营中的作用。降低交易成本，保障商业活动的正常运行。

（2）支付宝的中国商业解决方案。与国外支付工具 Paypal 相比，在中国信用卡不普及、信用体系不完善的情况下，支付宝充分发挥了信用担保作用，保障网络交易的正常进行。被视为针对中国特殊国情，融合信息技术的中国商业解决方案（中国方法），实际上承担了商业生态建设的功能，这也是中国电子商务"跳跃成长"的重要原因。

（3）中国政府对中国互联网商业模式创新的支持。中国电子商务"跳跃成长"的另一个重要原因是中国政府对互联网企业商业模式创新的支持和宽松的政策。

5.教学总结

（1）诚信服务体系对商业环境建设具有重要意义。

（2）关注信息技术解决中国管理问题的中国方法。

（3）政府在企业创新中的政策支持具有重要作用。

教学设计案例二（对应的微课视频名称：KOL营销——李子柒

◎　**课程知识点**

电子商务之 KOL 营销。

◎　**思政元素融入**

KOL营销—
李子柒

（1）数字化时代，如何追求商业利益与社会责任的统一？

（2）用中华传统文化讲好中国故事。在数字化时代，以中华优秀传统文化为内容的数字化营销一样可以获得巨大的商业成功。

（3）真诚、热爱才能产生良好的营销效果。

◎　**思政目标**

（1）引导学生思考，在数字化时代如何应用信息技术来实现商业利益与社会责任的统一。

（2）通过介绍以中华优秀传统文化为内容的数字化营销获得商业成功的案例，使学生树立文化自信。

（3）引导学生树立正确的数字化营销观，真诚与对生活的热爱、对中华优秀传统文化的热爱可以产生良好的营销效果。

◎ **教学设计**

1. 知识点基础讲解

"内容 + 社交"已成为当前炙手可热的网络营销方式，合适的 KOL（key opinion leader，意见领袖）在合适的平台传播有趣故事是该营销方式的核心思路，所以，一般也称 KOL 营销。在中文语境中，很多人也将 KOL 归为"网红"系列。

2. 案例导入

播放短视频创作者李子柒的视频，其短视频的创作背景是中国传统乡村生活。2019 年，李子柒被中国新闻周刊"年度影响力人物"活动评为"年度文化传播人物"，其视频被该周刊评价为：在乡野山涧之间把中国人传统而本真的生活方式呈现出来，用一餐一饭让四季流转与时节更迭重新具备美学意义，是现实中的造梦者，让现代都市人找到一种心灵的归属感。"让世界理解了一种生活着的中国文化"，李子柒被视为中国文化的传播者，是国外社交媒体中最为知名的中国"网红"之一。

3. 知识点与思政元素融合

（1）分析李子柒的短视频为何能获得巨大的商业成功。

引导学生思考在数字化时代，如何追求商业利益与社会责任的统一。在李子柒被视为"中国文化的传播者"的背景下，管理信息系统作为一门主要面向商科学生开设的管理类课程，没必要否定李子柒拍摄视频的出发点是追求商业利益，但需要强调如何融合信息技术解决管理问题，以实现商业利益和社会责任的统一。反对和抵制诸如通过制造与贩卖焦虑来获取商业利益的网络营销行为。

（2）用中华优秀传统文化讲好中国故事，追求商业成功与文化传播的有机统一。

央视评价：活出中国人的精彩和自信！没有一个字夸中国好，但她讲好了中国文化，讲好了中国故事。

启示：在数字化时代，以中华优秀传统文化为内容的数字化营销一样可以获得巨大的商业成功，所以，应对我们的传统文化有充分的自信。

（3）总结李子柒短视频真正打动人、产生良好营销效果的核心因素。

真诚、热爱才能打动人心，才能引起共鸣并由此产生良好的营销效果。她的视频采用四川话对白，几乎没有字幕，也不翻译，但并不妨碍全球观众感受到她对生活的热爱。

教学设计案例三（对应的微课视频名称：组织如何影响信息系统）

◎ **课程知识点**

组织及其环境对信息系统的影响。

◎ **思政元素融入**

（1）具有公共服务性质的信息系统需要适应不断变化的社会需求，承担相应的社会责任。

（2）我国铁路客运高速发展，高铁被视为我国的新"四大发明"之一，成为我国科技以及经济社会高速发展的象征之一。

◎ **思政教学目标**

（1）引导学生树立社会责任感。

（2）引导学生建立对我国发展模式的信心，使学生坚定道路自信与制度自信。

◎ **教学设计**

1. 知识要点讲解

总的来讲，信息系统与组织是相互作用、相互影响的。一方面，管理信息系统不仅能对组织的业务过程及管理活动进行有效支持，而且能承担对组织结构、运作方式、管理制度和管理模式的变革与创新；另一方面，组织及其管理模式也影响着管理信息系统建设的成败及应用效果。

2. 案例导入

我国在长达近10年的争议之后，2012年1月正式全面实施火车购票实名制，人们通过实名制系统（12306网站或购票终端系统）购买火车票。

3. 知识点与思政元素融合

在全球，采用实名制火车购票系统的国家不多，我国为何要采用这一系统呢？从社会环境变迁、非实名制给旅客带来的不便以及信息技术环境变化等角度进行讨论。

（1）引导学生考虑社会环境的变化，比如人口基数、流动人口与治安。

（2）分析非实名制给旅客带来的不便，如票据遗失补票困难、"黄牛"猖獗屡禁不止等。

（3）信息技术的发展与支持。一是组织的技术环境变化，如IT基础设施改善、互联网等信息技术提高；二是信息共享机制不断完善，如与公安部身份信息系统联网，方便身份核查。

（4）具有公共服务性质的信息系统的社会责任（嵌入思政元素）。具有公共服务性质的信息系统需要适应不断变化的社会需求，承担相应的社会责任（比如治安需求、公众对打击票贩子等的诉求等）。

4. 教学总结

课后，请学生思考：如何运用信息技术系统，履行社会责任，推动科技高速发展，并树立对我国发展模式的自信心与自豪感？

▶ 特色、创新及育人成效

◎ 特色

（1）在讲解信息系统应用时融入中国故事、中国方案与中国方法。

管理信息系统强调信息技术（系统）与组织管理的深度融合，这是基本要求。而中国企业毕竟根植于中国文化，身处中国特有的商业环境和行业生态中，因而本课程注重挖掘基于信息技术（系统）的中国管理问题的解决方案，探索信息系统应用的中国方案。

（2）关注商科课程"经世济民"的要求。

技术是为解决现实管理问题服务的，其核心是"人"，因而本课程的思政目标本质上是倡导"人本"思想。

◎ 创新

为实现思政育人目标，教师必须为思政目标创设包含思政元素的管理应用场景，通过"实例式教学"或"基于问题的教学"，让学生通过讨论、提问、求解等，发挥群体智慧去建构和提升相关理念和能力。

◎ 育人成效

（1）培养学生诚信服务的职业素养。

让学生认识到信息系统在构建诚信服务商业体系中的意义：企业利用信息技术，通过诚信服务，降低交易成本，获得竞争优势。

（2）培养学生在数字化时代的文化自信与社会责任感。

在数字化时代，如何平衡商业利益与社会责任？案例显示，在追求正当商业利益的同时，要基于中国优秀传统文化，讲好中国故事。

（3）引导学生树立道路自信与制度自信。

信息系统特别是具有公共服务性质的信息系统在满足不断变化的社会需求中具有特殊功能，企业信息系统有承担一定社会责任的义务；中国案例反映了中国科技发展与经济社会发展的伟大成就，引导学生树立对中国道路、中国发展模式的充分自信。

课程思政教学
设计书

管理与组织
（Introduction to Management and Organization）

▶ **课程基本情况**

- **课程名称**：管理与组织（Introduction to Management and Organization）
- **学分/学时**：3学分/51学时
- **适用专业**：工商管理，会计，信息管理，国贸，金融，经济学
- **课程类别**：☑核心课程　□非核心课程

▶ **课程简介**

　　"管理与组织（Introduction to Management and Organization）"是专业核心课程，开设于2007年，随着国际学生人数的逐年增加，2012年单独设立行政班级工商管理（国际学生39人）。因学生大多中文零基础，客观上需要展开全英文教学，开设管理与组织（全英文）课程，专业主要覆盖但不局限于工商管理（中加学分互认）、工商管理、会计学、会计学、会计学。此外，2018年起，管理与组织（全英文）被商学院所有全英文专业设为专业交叉复合课程，对所有全英文专业中外学生开放。2021年,本课程获浙江省省级一流课程(国际化、线下)。

切入课程思政的课程知识点（不少于3个知识点）

（1）系统理论、权变理论，以及中国古代哲学思想与当代理论的相通。

（2）理解和管理个体行为，如人格、知觉和学习。

（3）外部环境和组织文化管理。

课程目标

◎ 思政目标（重点描述）

（1）引导学生关注中外管理实践的差异，带领学生探究中国管理现状的历史成因，有意识地培养学生批判性思考的能力。

（2）帮助来华留学生成为其祖国与中国之间的友谊桥梁。

（3）增强本土学生的文化自信。

◎ 知识目标

（1）通过教学，使学生掌握不同管理学流派的主要理论观点，尤其是中国改革开放后的管理实践经验及其对管理学理论的贡献。

（2）通过教学，使学生熟悉中外企业常用的管理分析工具，并能够熟练应用。

◎ 能力目标

通过教学，使学生具备吸收融合不同视角观点的能力、批判性思维、较强的跨文化冲击适应能力和组织沟通能力，能够在国际化企业中有效地解决管理实践问题。

◎ 素质目标

通过教学，使学生理解不同制度、文化背景下管理实践存在差异性的必然性，具备跨文化管理的共情能力，养成终身学习、善于反思的职业素养。

知识点与育人元素结合的教学设计案例

教学设计案例一（对应的微课视频名称：Contemporary Approach and China's Contribution in History）

◎ **课程知识点**

（1）当代组织系统论。

（2）权变思想。

（3）中国古代哲学思想与当代理论的相通。

Contemporary
Approach and China's
Contribution in History

◎ **思政元素融入**

随着中国经济的快速发展，越来越多的学者开始关注中国企业的实践。有一种观点认为，中国对世界管理研究的贡献仅仅来自改革开放之后，中国企业的"白猫、黑猫抓鼠行为"为管理理论研究提供了鲜活的案例。但实际上并非如此，中国古代的哲学思想亦蕴含着管理智慧，与当代管理理论是相通的。

◎ **思政教学目标**

通过本节内容的教学，帮助学生了解当代管理理论中系统论和权变论的主要观点，以及中国古代哲学思想中与之类似的表述及理念，树立文化自信。

◎ **教学设计**

1. 案例导入

通过介绍文言文中"组织"的含义，帮助学生理解古代中国人对 organization 的看法，并通过对比、讨论当代管理理论中系统论与权变论的主要观点，引导学生探究中国古代管理思想。

安排学生课后分组查阅文献资料，总结中国古代哲学思想与现当代管理理论的关系，并整理出 1000 字左右的总结报告，选择完成质量高的小组做分享演示，全班共同学习中国对管理理论的贡献。

2. 提炼思政元素

引导学生思考并讨论以下问题：

（1）在古代汉语（文言文）中，"组"表示"编织"，"织"表示"纺织"。"组织"背后的含义是什么？

（2）中国古人眼中的"组织"是一个开放的系统吗？

（3）中国古人对"组织"的理解，是否体现了权变理论的思想？

3. 知识点与思政元素融合

以点入面，从文言文"组织"切入，阐述中华优秀传统文化中的管理智慧。通过课堂讨论、课后小组文献查阅及小组演示，共同学习中国古代管理思想，帮助学生体会中国管理思想的精髓，它们虽未形成专门著作，但融于日常文字、表述中，并且很多观点与现代管理观点非常相似。

4. 教学总结

通过本节内容的教学，不仅使学生了解当代管理理论中系统论和权变论的主要观点；而且通过介绍文言文中"组织"的含义，帮助学生熟悉古代中国人对 organization 的看法，理解中国古代关于组织的朴素观点——组织与外部环境相互影响，外部环境的变化会影响组织内部并认同这些观点与当代管理系统论、权变理论有异曲同工的效果。

教学设计案例二（对应的微课视频名称：A Great Place to Work ——Tencent）

◎ **课程知识点**

（1）理解个体行为：人格、知觉、学习。

（2）员工激励：个人成就。

（3）员工激励：薪酬。

A Great Place to Work —— Tencent

◎ **思政元素融入**

20 世纪 80 年代的改革开放，极大地激发了中国人的主观能动性。中国企业在认真学习国外先进管理经验的同时，根据本土实际，融入了许多具有中国特色的管理技巧，涌现出一批优秀的企业，有些甚至已经成为全球范围内的行业龙头。以腾讯公司为案例分析对象，引导学生学习中国优秀企业的管理经验。

◎ **思政教学目标**

本节内容以腾讯公司为分析对象，分析讨论腾讯公司的管理层如何理解个体、团队行为，继而有效激励员工的中国经验。

◎ **教学设计**

1. 案例导入

以全球知名财经媒体——美国消费者新闻与商业频道（CNBC）对腾讯公司的专题报道为开局，通过美国主流财经媒体的视角帮助中外学生深入了解位于行业第一梯队的腾讯公司，激发学生对中国企业的认同感，积极探讨腾讯的员工激励制度。课堂上分组讨论针对腾讯公司员工激励制度的问题，并要求学生课后做进一步的企业数据收集，完成以"腾讯公司员工激励的实践及启示"为题的小论文，四五人为一组。

2. 提炼思政元素

结合腾讯公司的案例分析，引导学生思考并讨论以下问题：

（1）腾讯公司的企业文化可能在其他国家的企业中出现吗？为什么？

（2）腾讯公司的激励制度是否可以应用到欧美企业中？为什么？

（3）作为一个跨国企业的管理者，怎样才能理解员工个体行为？

3. 知识点与思政元素融合

通过课堂案例讨论，引导学生认识到中国企业的员工特质与欧美企业的差异巨大，甚至与同属于东亚的日本和韩国也有很明显的区别，帮助学生更好地理解中国员工的行为特点，并理解中国企业特有的员工激励方式。

4. 教学总结

通过本节内容的教学，引导学生更好地了解员工个体行为与企业激励方式的关系，理解有效的激励是基于管理者对员工个体行为的理解与洞悉，并认同没有普遍适用的激励方式。强调不同国家文化背景下，员工激励的侧重点和措施不尽相同。

教学设计案例三（对应的微课视频名称：The Plight of China's "Left-Behind" Children）

◎ **课程知识点**

（1）企业管理的外部环境．

（2）PESTAL 分析工具。

（3）企业利益相关者。

The Plight of China's
"Left-Behind"
Children

◎ **思政元素融入**

改革开放 40 多年来，中国的综合国力得到了较大的提升，在国际事务中的话语权也越来越大。但是，很多外国人对中国仍有很大误解，主要原因是他们不了解中国的国情。本节内容以企业运营的外部环境分析为切入点，探讨影响企业运营环境的中国政治、经济、社会、技术等宏观因素。

◎ 思政教学目标

通过课堂讨论，帮助留学生认同农民进城的必然性，理解农民工对中国经济、世界经济的巨大贡献，关注农民工待遇及留守儿童问题，以及中国政府为解决这些问题付出的努力和做出的成绩。

◎ 教学设计

1. 案例导入

以《经济学人》（*The Economists*）上刊发的文章《爷爷带娃：中国留守儿童的困境》（"In Grandpa's Charge:The Plight of China's "Left-Behind" Children"）为楔子，带领学生了解留守儿童、农名工的成因及现状，并在课堂上开放式讨论农民为什么要进城务工，以及这种大迁徙对中国经济、世界经济的影响。

课后安排学生到企业实地调研、在学校周边发放调研问卷，获得第一手的农民工资料，帮助学生建立对中国普通民众的鲜活认知。在此基础上，要求学生预测农民工务工的趋势，并把这种趋势应用到商业计划的制订中。

2. 提炼思政元素

结合农村留守儿童问题，引发学生思考并讨论以下问题：

（1）为什么农民选择在城市工作？农民工对中国经济的影响是什么？

（2）解决留守儿童问题的关键是什么？中国政府做了哪些工作？

（3）留守儿童问题对中国、世界的影响是什么？

3. 知识点与思政元素融合

通过分析和讨论，帮助学生了解中国农民工从农村迁移到城市的历史原因，理解随之带来的留守儿童问题的不可避免性，并了解中国政府为解决这一问题所做的不懈努力及其成果。

4. 教学总结

通过本节内容的教学，帮助学生了解中国改革开放如何影响中国农民的生存方式，以及农民工作为一个具有中国特色的庞大群体，对中国经济、世界经济做出的巨大贡献，并认同在留守儿童问题上中国政府所做的尝试与成就。

▶ 特色、创新及育人成效

◎ 特色、创新

1.构建了中外资源共享的教学生态系统

本课程汇聚多方合作院校资源，精心打造教学大纲，并坚持"浸润式"国际化教学的理念，通过安排中外教师共同备课、中外学生同堂听课、中外教师同室办公，推动中外教师同步教学内容、中外学生深度参与教学活动，促进中外师生全方位良性互动、相互融合激励；通过组织中外知名学者定期开设专题讲座，实现中外专家共享学术资源，促进师生紧跟中外学术前沿；通过搭建中外企业实习基地，提供了解不同文化背景下企业运营特点的机会，提升了学生融通中外的实战能力。

2.设计了中外互促互融的双特色课程内容

本课程秉持中外理论研究、实践研究相互融合的原则，在课堂教学中，知识体系的建立以国外主流教材为依据，核心知识点则采用学术界经典的论述，帮助学生具备与其他国家学者和商务人士同频对话的能力；在课内外的案例讨论活动中，尽可能使用具有中国特色的本土化案例，以增强学生对中国实际的客观认知，从而更好地理解中国企业管理的特点，提高学生，尤其是来华留学生对中国企业文化与理念的认同。

◎ 育人成效

1.人才培养质量显著提升

得益于对管理知识的理解和掌握，留学生在各类创新、创业大赛中取得了不俗的成绩，最近两年获国家级、省级奖项 21 项。同时，源于对管理课程的热爱，约三分之一的学生选择攻读工商管理硕士学位，这也从侧面说明学生对教学实践效果的认可。此外，历届毕业生也均实现了高质量就业，近 70% 的学生就职于中国跨国公司或其本国的著名企业。学生的先进事例多次被《人民日报》（海外版）、中央电视台、《浙江日报》、新浪网、人民网报道。

2.理论成果丰厚

围绕本课程的教学研究成果丰厚，2020 年公开发表教研论文一篇，团队成员参与教改项目多项，以本课程作为支撑的教研项目获得省教学成果一等奖、二等奖各一项，市教学成果二等奖，校教学成果一等奖。团队成员负责或参与的案例研究入选全国百优案例四篇，与课程相关的十篇案例获得浙江省优秀教学案例奖。

3. 社会评价良好

培养出来的学生受到各大企业青睐，普华永道、德勤、立信等国际、国内知名会计师事务所，以及复星、联合利华、宝洁、新秀丽、雅戈尔等国内外知名企业给予中外学生一致好评。

课程思政教学
设 计 书
会计信息系统

> ## 课程基本情况

- **课程名称：**会计信息系统
- **学分/学时：**4学分/68学时
- **适用专业：**工商管理，经济学
- **课程类别：**☑核心课程　□非核心课程

> ## 课程简介

　　"会计信息系统"是面向本科阶段会计与财务管理专业的必修课。该课程理论教学与实训相结合，主要讲授会计信息系统的原理及应用。在会计智能化环境下，传统的思维方式和工作方式面临着转型，复合型会计人才由从事管理会计为主，转向业财融合。因此，本科阶段会计专业学生的定位更新为具有高素质的会计应用型人才，主要从事财务会计与财务共享工作。作为将会计工作与计算机相结合的课程，本课程既包括会计专业理论知识，又包括软件开发和软件操作知识。

▶ 切入课程思政的课程知识点（不少于3个知识点）

（1）会计信息化的发展趋势。

（2）信息的价值和会计信息化。

（3）技术助力会计价值创造。

▶ 课程目标

◎ 思政目标（重点描述）

（1）通过了解我国会计信息化的成就，以及中国企业管理变革历程，激发学生的爱国情怀以及对国家管理现代化建设的强烈使命感和责任心。

（2）通过了解数字变革时代财务职能的扩展与价值再造，以及我国会计信息化发展面临的挑战与机遇，弘扬以爱国主义为核心的民族精神和以改革创新为核心的时代精神。

（3）通过教学，引导学生深刻理解数字技术的快速迭代升级是财务工作实现突破性创新的重要前提和驱动力；引导学生深刻理解并在未来从业过程中自觉遵守各行业的职业道德和职业规范；增强学生职业责任感，培养遵纪守法、爱岗敬业、无私奉献、开拓创新的职业品格和行为习惯。

◎ 知识目标

（1）自然与人文知识：掌握正确的思维方法，并具有一定的社会文化知识和时事政治认知。

（2）会计信息化发展现状和前沿知识：了解发展现状和前沿知识。

（3）会计信息系统基本知识：掌握基础概念、理论与方法。

（4）会计信息化软件实践操作：掌握软件基本操作，实现会计工作的信息化处理。

◎ 能力目标

（1）在管理过程中能够运用文字、图纸、表格等对复杂问题进行有效的表述。

（2）会计基本技能和应用能力：掌握会计学专业基本技能，具备一定的应用能力。

（3）具备综合运用所学理论和知识，发现、分析、解决相关问题的实践应用能力。

（4）能够综合所学的会计学基本原理，利用科学方法对现实问题进行研究和探索。

（5）能够根据所学理论和方法对经济管理领域的现象进行探索、思考、研究，包括分析和解释数据，并通过信息综合得到合理有效的结论。

（6）了解现代工具和信息技术工具的特点及适用范围，能够综合利用多种现代工具的优势解决复杂的经济与管理问题，并能够理解其局限性。

◎ **素质目标**

（1）理解会计职业道德的核心理念，并能够在实践中自觉遵守。

（2）了解会计职业的性质和责任，具有法律意识。

（3）具备出色的会计专业能力，能独立完成所负责的与会计相关的工作。

（4）具有较强的财务创新意识，并能有效地追踪新知识，培养主动学习的良好习惯。

（5）能够在团队中根据角色（团队成员或负责人）要求发挥相应的作用，能与团队成员有效沟通、协同工作。

（6）具有良好的文字和口头表达能力，能够通过撰写报告、陈述发言、撰写文稿、答辩等方式准确而有效地表达专业见解。

（7）具有基本的管理沟通、协同合作和组织实施的工作能力，以及针对企业实际提出相应解决方案的能力。

（8）掌握至少一门外语的听、说、读、写能力，具有一定的国际视野，能够在跨文化背景下进行沟通和交流。

▶ **知识点与育人元素结合的教学设计案例**

教学设计案例一（对应的微课视频名称：课程简介与会计信息化的发展趋势）

◎ **课程知识点**

了解迈入数字经济和"智能＋"时代的发展趋势以及会计数字化转型所面临的挑战。

课程简介与
会计信息化
的发展趋势

◎ **思政元素融入**

在会计智能化背景下，会计理论实践教学围绕"数字化转型"及"创新驱动力"，为学生构建智慧财务、智能财务场景下的会计信息系统课程的思维导图；通过了解近 20 年中国会计信息化的成就以及中国企业管理的变革演进，弘扬以爱国主义为核心的民族精神和以改革创新为核心的时代精神。

◎ **教学方法**

讲授知识点的同时采用案例式、启发式、互动式、思政元素全程融入的多元混合教学模式，以学生为中心，以成果为导向。注重理论与实践结合，知识能力与价值内涵融合，提高学生认识问题、分析问题和解决问题能力，培养学生的做事能力和做人担当。

◎ **教学设计**

1. 案例导入

通过播放"RPA 运用对会计业务活动的影响——智能财务在审计业务中的实现"这一视频，引发对人工智能等技术如何影响财务变革和创新，以及新技术将如何冲击传统会计行业的讨论。

2. 课程总结

移动互联网、5G、物联网、云计算、大数据、未来网络、区块链、VR/AR、人工智能等信息技术的发展出现高频度创新的发展态势，信息技术与实体经济融合带来颠覆性创新，深深影响了财务行业的发展。信息技术助力财务人员从重复性、规律性、简单化的工作中解放出来，从而能够以更多的精力致力于机器无法替代的服务价值和创新价值创造。数字变革时代需要重构财务人员的能力框架。

教学设计案例二（对应的微课视频名称：信息的价值和会计信息化）

◎ **课程知识点**

在传统会计处理模式下，会计数据的采集、加工、传递和输出主要由人工完成，这也导致会计系统所生成的信息的可靠性和及时性很难保证。随着信息技术和网络技术的发展，传统会计处理模式正逐渐向会计信息化处理模式转变。会计信息化不仅关注

信息的价值和
会计信息化

数据处理速度和准确度的提升，而且关注整个会计流程的全面信息化，以及如何充分发挥会计工作在企业管理和决策中的核心作用。

◎ **教学方法**

知识点讲授、视频解析相结合，通过启发式、互动式、思政元素全程融入的多元混合教学模式，引导学生思考信息化发展与企业和财务人员之间的关系，培养其职业自豪感、社会责任感和国家使命感。

◎ **思政元素融入**

在遵守会计准则和相关法律法规的基础上，会计人员要以国家民族利益为重，培养严谨的工作作风，克服工作中的态度偏差，形成自主学习和终身学习的意识，紧随时代发展步伐为国家不断提高自身职业技能，培养爱国情怀，形成透彻理解经济政策、经世济民的职业素养。

◎ **教学设计**

1.案例导入

通过"信息的价值——啤酒尿布的经典案例"引发学生思考信息的价值，再结合会计信息化的需求，激励学生扎实学习专业知识，掌握行业前沿方向，为未来推动会计信息化贡献力量。

2.教学总结

智能财务的发展由专业引领并提出需求，通过人工智能等信息科技赋能专业工作，目的在于更好地发挥会计和财务的管理作用和决策价值，进而促进信息反映、监督控制、决策支持和价值实现。

教学设计案例三（对应的微课视频名称：技术越发展，会计越重要）

◎ **课程知识点**

数字技术的快速迭代升级是财务工作实现突破的重要前提和驱动力。数字技术与财务工作的不断深度融合，深深影响了智能财务的发展。

技术越发展，
会计越重要

◎ **教学方法**

通过案例式、启发式、互动式、思政元素全程融入的多元混合教学模式，引导学生学会在经济事件中挖掘相关专业问题，培养学生利用专业知识解决实际问题的能力。

◎ **思政元素融入**

深刻理解数字技术的快速迭代升级是财务工作实现突破性创新的重要前提

和驱动力；深刻理解并在未来从业过程中自觉遵守各行业的职业规范；增强职业责任感，培养遵纪守法、爱岗敬业、无私奉献的职业素养和开拓创新的进取精神。

◎ **教学设计**

1. 案例导入

以"华为智能财务助力业财融合"为案例，引导学生思考为什么"技术越发展，会计越重要"。

通过课程学习，激励学生探究业财融合将会给会计业务流程及其价值创造带来哪些系列变革，又该如何增强自己的竞争力以防轻易被机器所取代。

2. 教学总结

回顾财会工作的历史演进历程，能够获得更加清晰的规律性洞见。技术进步和工具应用都在其中扮演关键角色，每一次技术升级都能极大地提升会计对社会经济活动的重要性，财会与新技术融合将成为未来发展的主旋律。在当前数字经济蓬勃发展和智能化变革的大趋势下，赋能还是颠覆财务变革取决于财会人自身的态度。因此，财会专业的学生要实现全面均衡发展，培养以创新迭代能力为核心，以财经专业能力、业务协调能力、沟通协调能力、数智技术和战略洞察力为重点的五大基础能力。

▶ 特色、创新及育人成效

会计信息系统是会计专业模块的必修课。本课程从信息处理的角度出发，在会计智能化环境下研究会计信息系统分析、设计和评价，研究会计数据的收集、加工、存储和会计信息的输出。

在课程教学过程中，主要讲授理论化、生活化、现实化的知识点，辅以思政元素，激发学生的爱国情怀以及对现代化建设的强烈使命感和责任心，弘扬以爱国主义为核心的民族精神和以改革创新为核心的时代精神。以社会主义核心价值观为导向，坚持理论与实践、主导性与主体性相统一，通过案例、视频、分析讨论、小剧场等方式调动学生学习的主动性和积极性，发挥教师的主导作用和学生的主体作用，培养学生运用专业知识发现问题、思考问题、分析问题和解决问题的能力，在实践中领悟职业道德的内涵，形成正确的世界观、人生观、价值观，成为有责任感、使命感的财会专业人才。

课程思政教学

设计书

会计学原理

▶ **课程基本情况**

- **课程名称：** 会计学原理
- **学分/学时：** 3学分/51学时
- **适用专业：** 工商管理，经济学
- **课程类别：** □核心课程　☑非核心课程

▶ **课程简介**

　　会计学作为宁波大学特色专业，旨在培养具备扎实会计专业知识和技能，熟悉会计准则，能胜任在各类企业（尤其是会计师事务所、跨国企业和上市公司）、事业单位和政府管理部门从事会计、审计及理财等工作的高级会计专业人才。会计学原理是该专业的学科基础课程，通过课程教学，学生将掌握财务会计基本概念、会计职能、会计对象、会计的六大要素、会计等式、会计基本假设和一般原则等基础理论知识；掌握账户的结构和复式记账的基本原理；掌握账户分类、会计凭证及账簿的基本应用程序和方法；掌握基本财务会计报表编制方法、财务报表的基本分析方法；掌握会计的调整、结账、试算平衡的程序和方法；

掌握会计业务的基本操作程序等。

"大智移云"时代，会计职业发生了很大变化，会计基本理论也受到了很大冲击。本课程在传统会计理论的基础上，融入了新时代会计岗位的工作方法和内容，保证了课程内容的前沿性。

▶ 切入课程思政的课程知识点（不少于3个知识点）

（1）会计前提假设——会计分期。

（2）固定资产的折旧计提。

（3）收入的确认和计量。

▶ 课程目标

◎ 思政目标（重点描述）

（1）培养学生的会计职业道德，使其明确会计人员在从事会计职业活动中应当遵循的行为规范。通过课程相关知识点的传授，帮助学生明确市场经济中，会计作为多元利益主体的中心，需要承担客观、公正处理各方利益的重要责任，必须提供真实、可靠、完整、及时的会计信息，帮助信息使用者进行经营决策。

（2）党的十八大提出的"爱国、敬业、诚信、友善"与会计职业道德规范中的基本内容"爱岗敬业、诚实守信、廉洁自律、客观公正"一脉相承，通过知识点与案例的引入内化社会主义核心价值观，增强并提高学生的法治、责任和诚信意识，更好、更专业地服务社会，为中华民族的伟大复兴保驾护航。

（3）会计作为企业经济发展的重要环节，事关整个国家和社会的发展，通过相关思政知识点的引入，帮助学生正确处理个人与国家行为、个人与国家价值之间的关系，提高学生的社会责任感和职业自豪感，在执业过程中严守职业道德准则，不损害国家利益，为祖国的繁荣富强贡献自己的专业力量。

◎ 知识目标

（1）了解会计的意义、会计的对象、会计的方法、会计核算的基本前提及原则、会计要素等基本理论。

（2）熟悉会计核算的基本经济业务，掌握会计核算的基本方法，掌握借贷复式记账原理。

（3）掌握会计报表的基本编制方法。

◎ **能力目标**

（1）掌握会计凭证填制、账簿登记、财产清查等基本技能以及资产负债表和利润表的结构及编制方法。

（2）了解账务处理程序的相关内容，初步具有将所学知识与实际相结合，灵活运用所学知识分析问题的能力和技巧。

◎ **素质目标**

（1）理解会计职业道德的核心理念，并能够在实践中自觉遵守。

（2）了解会计职业的性质和责任，具有法治意识。

（3）具有较强的财务创新意识，并能有效地追踪新知识，培养主动学习的良好习惯。

▶ 知识点与育人元素结合的教学设计案例

教学设计案例一（对应的微课视频名称：会计基本假设——会计分期）

◎ **课程知识点**

（1）会计分期的概念。

（2）会计分期的目的。

◎ **思政元素切入**

会计基本假设
—会计分期

会计人员以社会主义核心价值观作为观念准则，突破自身或组织内部狭隘的利益界限，站在追求自由、平等、公正、法治的社会立场上承担社会责任，要坚持客观公正、诚实守信、廉洁自律，不断提高职业操守，使会计诚信内化于心、外化于行，成为会计人员的自觉行动。

◎ **教学方法**

讲授知识点的同时采用案例式、启发式、互动式、思政元素全程融入的多元混合教学模式，以学生为中心，以成果为导向。注重理论与实践结合，知识能力与价值内涵融合，提高学生认识问题、分析问题和解决问题的能力，培养学生做人、做事能力和责任担当。

◎ **教学设计**

1. 案例导入

通过"青岛市恒顺众昇集团股份有限公司财务造假"的案例，强调会计信息在现代社会的重要性和财务造假的严重后果，引导学生树立客观公正、诚实守信、廉洁自律的职业操守。

2. 教学总结

随着市场经济的发展，市场利益主体多元化趋势越来越强，会计作为企业经营管理活动的重要组成部分，承担着客观、公正处理各方利益的责任。在信息化持续向前推进的社会背景之下，从组织内部的员工到决策者，从市场经济的参与者到政府管理部门，对及时、准确的会计信息的依赖也达到了前所未有的程度，这也需要会计人员以社会主义核心价值观为观念准则，突破自身或组织内部狭隘的利益界限，站在追求自由、平等、公正、法治的社会立场上承担社会责任。市场经济的繁荣稳定以及资本市场平稳运行，都离不开会计信息的有序、有效、准确发布。会计人员坚守社会责任，不仅有助于抵制个别人员通过操纵会计信息来获取不当利益，而且有助于促进会计信息与资本市场的同步、协调运行。

教学设计案例二（对应的微课视频名称：固定资产折旧的计提）

◎ **课程知识点**

（1）固定资产折旧性质。
（2）折旧的计算提取方法。
（3）每月计提折旧额的计算方式。

固定资产折旧
的计提

◎ **思政元素切入**

在遵守会计准则和相关法律法规的基础上，会计人员要以国家利益为重，提升自身严谨的工作作风，克服工作中的态度偏差，同时有自主学习和终身学习的意识。通过课程教学，引导学生紧随时代发展步伐，为国家不断提高自身职业能力，培养爱国情怀，以及理解经济政策、经世济民的职业素养。

◎ **教学方法**

通过知识点讲授、视频解析，以及启发式、互动式、思政元素全程融入的多元混合教学模式，引导学生思考会计政策与企业和国家之间的关系，培养其职业自豪感、社会责任感和国家使命感。

◎ 教学设计

1. 案例导入

介绍最新的固定资产加速折旧优惠政策，同时带领学生一起思考平均法计提折旧和加速折旧的区别，以及对制造业企业的影响，理解为何加速折旧对于制造业来说是一种优惠，提高学生运用所学知识进行实际问题分析和解决的能力。

2. 教学小结

会计作为企业经营管理活动的重要一环，需要确认、计量、记录和报告企业的交易和事项。在遵守会计准则和相关法律法规的基础上，会计人员要大胆探索、积极创新职业道德修养的新途径和新渠道。在业务技能方面，会计人员必须形成终身学习和争做复合型人才的意识。现代会计已经走出了传统报账式会计的发展阶段，需要对组织发展多层面、各阶段进行统计和核算，需要与组织内外流通、生产、消费等多领域进行数据协调和汇总，因此需要实时更新专业知识和技能，不断适应会计业务的发展需求，提升专业技能。会计从辅助记账发展到参与经营管理，为企业和社会的发展提供宏观与微观相结合、经济效益与社会效益有机互动的会计资料。通过本课程的学习，使学生感受到国家减税降费的努力和决心，感受国家藏富于企、藏富于民的情怀，培养爱国情怀，以及理解经济政策、经世济民的职业素养。

教学设计案例三（对应的微课视频名称：会计要素——收入的确认和计量）

◎ 课程知识点

（1）企业确认收入的流程。

（2）企业在确认和计量收入时需要遵循的判断依据与流程。

（3）会计营业收入的确定及计量。

会计要素
——收入的
确认和计量

◎ 教学方法

通过案例式、启发式、互动式、思政元素全程融入的多元混合教学模式，引导学生学会在经济事件中挖掘相关专业问题，培养学生利用专业知识解决实际问题的能力，将法治、诚信、公平内化于心，深入理解会计职业道德。

◎ 思政元素切入

会计人员作为市场经济信息的提供者，在核算和监督企业的资金运动时，

应保持应有的谨慎和职业能力，具有全局观念，脚踏实地，以诚信为本、操守为重、坚持准则、不做假账的职业精神，对资本市场法规政策心存敬畏。

◎ **教学设计**

1.案例导入

通过"瑞幸咖啡财务造假"的案例，强调会计人员在确认和计量收入时需要遵循的判断依据与流程，以及作为市场经济信息的提供者，会计人员在核算和监督企业的资金运动时应保持应有的谨慎和职业敏感性。

2.教学总结

层出不穷的财务造假案例时刻警醒着每一个财务人员，财务工作也越来越被社会大众所关注，如何维护社会大众的权益和社会经济秩序的良好有序发展也成为国家层面关注的焦点。党的十八大以来，习近平在国内外多个重要场合强调诚信的重要性，全国政协十二届四次会议也明确提出各类企业都要将守法诚信作为安身立命之本，依法经营、依法治企、依法维权。通过瑞幸咖啡虚增22亿元销售收入的案例分析，培养学生对财经事件的思考和分析能力，引导学生意识到不能因眼前利益违法乱纪，而应当脚踏实地，以诚信为本、操守为重、坚持准则、不做假账的职业精神，对资本市场法规政策心存敬畏。

▶ 特色、创新及育人成效

"会计学原理"是工商管理类、经济类专业的平台课程，是专业必修课，具有较强的专业性。会计信息使用者涉及管理者、投资者、供应商、生产商、政府等相关部门，披露的信息具有至关重要的作用，这就要求财务工作者除了掌握坚实的职业技能外，必须有正确的职业价值观和良好的职业道德素质，因此在课程教学过程中，除了讲述专业知识点外，还通过思政元素的渗透，帮助学生形成良好的职业素养。

本课程以社会主义核心价值观为导向，坚持理论与实践、主导性与主体性相统一，通过案例、视频、分析讨论、小剧场等多种方式调动学生学习的主动性和积极性，发挥教师的主导作用和学生的主体作用，培养学生运用专业知识发现问题、思考问题、分析问题和解决问题的能力，在实践中领悟职业道德的内涵，形成正确的世界观、人生观、价值观，成为有责任感、使命感的财会专业人才。

课程思政教学

设计书

绩效管理

▶ 课程基本情况

- **课程名称**：绩效管理
- **学分/学时**：2学分/34学时
- **适用专业**：工商管理，会计
- **课程类别**：☑核心课程　□非核心课程

▶ 课程简介

　　"绩效管理"是一门面向工商管理专业的人力资源管理方向的核心课程。十多年来，西方国家在绩效管理与评估考核领域发展了许多新技术、新概念、新方法。设置本课程的目的是让学生理解组织绩效、员工绩效的特点和绩效管理的流程。通过课程学习，学生应能结合实际案例，系统地理解、掌握并运用绩效评估指标和方法、绩效管理工具，胜任绩效诊断、绩效管理计划制订、绩效实施、绩效沟通反馈、绩效评估考核、绩效结果提升。

▶ 切入课程思政的课程知识点（不少于3个知识点）

（1）创业股权。

（2）绩效辅导必须消灭的六大负能量。

（3）德云社绩效治理模式分析。

▶ 课程目标

◎ **思政目标（重点描述）**

通过课程教学，引导学生树立正确的价值观、责任感、奉献精神，坚定文化自信。

◎ **知识目标**

通过课程教学，帮助学生理解并掌握绩效管理流程，运用所学知识提高绩效管理效率，实现组织与员工绩效目标。

◎ **能力目标**

通过教学，引导学生掌握管理的基本理论、科学的管理程序和方法，从而提高分析问题与解决问题的能力。

◎ **素质目标**

通过学习和训练，使学生获得良好的专业素养，形成正确的价值观，提升心理素质，以便将来在人力资源岗位上实现更好的自我发展。

▶ 知识点与育人元素结合的教学设计案例

教学设计案例一（对应的微课视频名称：创业股权）

◎ **课程知识点**

创业股权的概念与构成要素。

创业股权

◎ **思政元素融入**

通过创业公司股权配置案例分析，引导学生思考公司团队组建的特征、策略、原则、类型，体会创业人员的艰辛。

◎ **思政教学目标**

通过中外公司组建案例分析，让学生了解公司团队搭建中的基本策略与原则，加强学生对中华优秀传统文化的认同。

◎ **教学设计**

1. 案例导入

（1）对公司团队概念、特征进行梳理。

（2）结合中西方公司组建成功与失败的案例，探讨公司团队搭建的原则和策略，并让学生对不同案例进行讨论和分析。

（3）分析不同团队类型的优劣势。

（4）提出团队管理的技巧与策略。

2. 提炼思政元素

结合中西方团队搭建案例，引导学生思考并讨论以下内容：

（1）公司股权搭建过程中什么最重要？一个成功的团队需要具备哪些基本要素？让学生直观感受公司股权配置过程中信用的重要性。

（2）通过介绍中国古代成功的团队搭建案例，激发学生对中华优秀传统文化的兴趣；

（3）通过梳理分析中西方公司团队的案例，让学生明白团队的成功需要团队每个成员的付出，形成一分耕耘一分收获的价值取向。

3. 知识点与思政元素融合

通过案例分析和引申，让学生正确地认识到团队搭建过程中股权的重要性及股权在绩效管理中的重要性，培养学生的团队意识和敬业精神。

4. 教学总结

通过实际案例分析得出结论，让学生进一步理解：一家成功的公司离不开股权的科学配置。

教学设计案例二（对应的微课视频名称：绩效辅导必须消灭的六大负能量）

◎ **课程知识点**

绩效辅导必须消灭的六大负能量。

绩效辅导必须消灭的六大负能量

◎ **思政元素融入**

通过绩效辅导案例分析，引导学生思考绩效辅导的特征、策略、原则、类型，深刻理解负能量的影响。

◎ **思政教学目标**

通过中外公司组建案例分析，让学生了解绩效辅导的基本策略与原则，加强学生对中华优秀传统文化的认同。

◎ **教学设计**

1. 案例导入

（1）对绩效辅导概念、流程进行梳理。

（2）结合中西方公司组建成功与失败的案例，探讨绩效辅导流程的原则和策略，并让学生对中西方案例进行讨论和分析。

（3）分析不同绩效辅导的优劣势。

（4）提出绩效辅导的技巧与策略。

2. 提炼思政元素

结合中西方绩效辅导案例，引导学生思考并讨论以下内容：

（1）绩效辅导中什么最重要？一个成功的团队会怎样避免负能量？让学生直观感受绩效辅导中信用的重要性。

（2）通过对中国古代成功的绩效辅导案例介绍，激发学生对中国优秀传统文化的兴趣。

（3）通过梳理分析中西方公司团队的案例，让学生明白，团队的成功需要科学的绩效辅导，形成一分耕耘一分收获的价值取向。

3. 知识点与思政元素融合

通过案例分析和引申，让学生正确地认识到绩效辅导过程中正能量辅导的重要性，培养学生的团队意识和敬业精神。

4. 教学总结

通过实际案例分析得出结论，让学生进一步理解：一家成功的公司离不开科学的绩效辅导。

教学设计案例三（对应的微课视频名称：德云社治理模式）

◎ **课程知识点**

合伙人绩效治理模式分析。

◎ **思政元素融入**

以德云社为例，讨论在绩效管理中如何进行科学的治理。

德云社
治理模式

◎ **思政教学目标**

通过案例分析，让学生进一步了解股权分配在绩效管理中的重要性。

◎ **教学设计**

1. 案例导入

一方面，凸显教学案例的时代意义；另一方面，激发学生思考为什么有那么多的公司存在股权分配问题，进一步引发学生对绩效管理中股权分配问题的思考。

2. 案例分析

股权分配中有出资人问题、公司章程问题、退出机制问题、合伙人问题等等。

3. 教学总结

无数的案例证明，股权不牢，地动山摇。股权不牢，再好的项目也没有前途，再好的团队也会失去动力。通过案例分析，使学生深刻体会团队建设的重要性和科学的绩效治理的重要性。

▶ 特色、创新及育人成效

◎ **特色、创新**

绩效管理的理论知识由公司诞生两百年以来在实践中遇到的问题汇集而成，所以本课程是一门交叉、应用和新兴的学科，具有很强的技术性、实践性和艺术性，对有志于创业的学生具有操作指南性意义。借鉴国内外公司绩效管理的优秀成果，密切联系当代中国改革和发展的丰富实践，与社会主义核心价值观以及中国优秀传统文化有机融合，本课程微课设计具有以下特色与创新。

1. 教学组织形式上的创新

（1）以人为本，因材施教。通过典型案例教学、教学互动，让学生意识到绩效管理的重要性。

（2）遵循价值与知识、形式与内容相统一的原则。整合校内外教学资源，拓展实践教学形式，进一步提升教学效果。

2. 教学案例选取上的创新

（1）既有最新的国内外跨国公司的案例，又有中华传统文化的组织案例，能提升拓宽学生的国际视野和对中华传统文化的认同感。

（2）积极挖掘身边教学资源，立足国内案例，培养学生积极思考和应用知识的能力。

（3）结合教师研究方向选择案例，既增强课堂的理论性，又能让科研与教学相结合。

3.思政元素挖掘上的创新

（1）积极挖掘绩效管理中的社会主义核心价值观思想。

（2）对比国内外绩效管理理论优缺点，引导学生坚定道路自信、理论自信、制度自信、文化自信。

（3）以中华优秀传统文化为切入点，弘扬中华文化中的思政因素，将优良的文化因素植入课堂。

4.实训基地建设上的创新

"绩效管理"是一门实践性较强的课程，结合学生实习基地，引入校外导师，提高学生理论联系实际的能力。

5.教学评价体系上的创新

结合教学成果、思政元素、小组讨论、实践成果、案例展示、线上线下互动等方式，形成多维度的综合性教学评价体系。

◎ 育人成效

1.有机地融入思政元素，达到春风化雨、润物无声的育人效果

（1）根据课程特色，创新课程内容设计，突出课程思政元素。

（2）改革教学模式，加强实践教学，促进理论知识和企业实际的衔接与融合，而不是在专业课程中生硬地剥出几节课时讲授思政内容。"思政"与"课程"的关系应当是"如春在花、如盐在水"，将思政元素融入专业知识之中，实现显性教育和隐性教育的有机融合。"春风化雨""润物无声"才是课程思政的可行之道。

2.发挥思政引领作用，形成辐射效应

（1）挖掘课程中的治国理政、中国故事、工匠精神、大国安全、绿色中国等元素，探讨经济法的教学思路和方法。

（2）做好课程思政设计，强化专业课程育人导向。

（3）教师团队充分备课，仔细梳理课程思政元素和所承载的思想政治教育功能。

（4）强化教师育德意识和育德能力，教师是立德树人的主体，直接影响课程思政教育的效果。"传道、授业、解惑"是教师的天职，要求团队每位教师

在传授知识的同时，注重价值观的塑造和引领，引导学生将所学的知识和技能转化为内在的德行和素养，帮助学生解答思想困惑、价值观困惑、情感困惑，激发其为国家学习、为中华民族伟大复兴学习的热情和动力，帮助其在创造社会价值过程中明确自身价值和社会定位。

课程思政教学

设计书

经济法

▶ 课程基本情况

- **课程名称**：经济法
- **学分/学时**：2学分/34学时
- **适用专业**：工商管理
- **课程类别**：□核心课程 ☑非核心课程

▶ 课程简介

经济法是研究经济法及其发展规律的法学学科，是法学体系中的一个独立的部门，是研究调整一定范围内的经济活动的法律规范的总称。经济法律关系是指根据经济法的规定发生的权利和义务关系。课程内容主要分四个部分：一是经济法总论，包括经济法概念、经济法的产生和发展、经济法的地位与体系、经济法律关系、经济法的理念与基本原则；二是市场主体法，包括现代企业法律制度、合伙企业法、个人独资企业法、三资企业法、公司法等；三是市场监管与运行法，包括合同法、担保法、破产法、反垄断法、反不正当竞争法、消费者权益保护法、产品质量法、广告法等；四是宏观调控法，包括税法、财政法、会计审计法、对外贸易法等。

切入课程思政的课程知识点（不少于3个知识点）

（1）诉讼的基本概念。

（2）反垄断法中对资本滥用的法律规定。

（3）消费者权益保护法中对售卖假货的法律规定。

课程目标

◎ 思政目标（重点描述）

（1）提高学生对经济法概念、原理、法律法规的分析和解读能力，以及结合实际案例，运用法律法规进行分析的能力。树立强烈的爱国主义使命感、责任心和法律意识。

（2）通过课程教学，使学生掌握经济法的基本概念、一般理论，了解本学科的理论前沿和发展动态。

（3）帮助学生理解掌握经济活动过程中的法律规范。

◎ 知识目标

（1）通过教学，使学生深入理解经济法的基本知识与理论，初步掌握经济法的基本工作方法，为相关学科专业知识的学习和实际工作服务。

（2）通过教学，使学生能够将经济法基础和专业知识用于分析复杂社会问题并且理解社会现象。

◎ 能力目标

（1）通过教学，帮助学生形成良好的法律素养以及对法律的敬畏之心，提升能力，以便将来在职场上能更好地自我规范与约束。

（2）通过对经济法的学习，帮助学生掌握独立分析，解决实际问题的能力。

◎ 素质目标

使学生在学习过程中形成正确的价值观、责任心、奉献精神。

▶ 知识点与育人元素结合的教学设计案例

教学设计案例一（对应的微课视频名称：如何以美国法律的视角看待孟晚舟事件）

如何以美国法律的视角看待孟晚舟事件

◎ **课程知识点**

诉讼的基本概念。

◎ **思政元素融入**

通过孟晚舟案例分析，引导学生了解并掌握中国法系与英美法系关于诉讼的特征和流程。

◎ **思政教学目标**

通过孟晚舟案例分析，让学生了解诉讼流程，激发学生对国家实力重要性的认同感和民族自豪感。

◎ **教学设计**

1. 案例导入

（1）对诉讼的概念、特征、流程进行梳理。

（2）结合两大法系，探讨延后诉讼的概念，并让学生对不同案例进行讨论和分析。

（3）分析不同法系对诉讼的解释。

（4）指出孟晚舟案例中专业律师团队的重要性。

2. 提炼思政元素

结合孟晚舟案例，引导学生思考并讨论以下内容。

（1）这起案例中什么最重要？一个成功的诉讼案例需要具备哪些基本要素？让学生直观感受到团队的重要性和国家实力的重要性。

（2）通过对孟晚舟案例的分析，激发学生对诉讼流程的学习兴趣，特别是英美法系与中国法系对诉讼流程的规定。

（3）通过梳理分析不同法系的案例，让学生明白团队的成功需要团队每个成员的付出，形成一分耕耘一分收获的价值取向。

3. 知识点与思政元素融合

通过案例分析和引申，让学生能正确地认识到诉讼团队搭建过程中，了解他国法律关于延后诉讼和双重犯罪概念的重要性，培养学生的爱国情怀和敬业精神。

4. 教学总结

通过实际案例分析得出结论，让学生进一步理解：一个成功的诉讼案例离不开国家的强大和团队的共同努力。

教学设计案例二（对应的微课视频名称：阿里巴巴反垄断处罚案例）

◎ **课程知识点**

反垄断法。

◎ **思政元素融入**

以蚂蚁金服暂缓上市为例，讨论反垄断法中对资本滥用的法律规定。

阿里巴巴反垄断处罚案例

◎ **思政教学目标**

通过案例分析，让学生进一步了解公司上市中资本规范的重要性。

◎ **教学设计**

1. 案例导入

引入"阿里巴巴反垄断处罚"和"蚂蚁金服暂缓上市"案例，一方面，凸显教学案例的时代意义；另一方面，激发学生的学习兴趣：为什么有那么多的公司急于上市，进一步引发学生对公司上市中资本杠杆效应的思考。

2. 案例分析

经济法中有出资人问题、公司章程问题、退出机制问题、反垄断法规定等。

3. 知识点与思政元素融合

蚂蚁集团的融资方式是联合贷款，简单来说就是蚂蚁集团与金融机构合作伙伴一起向资金需求者放贷，其金融机构合作伙伴实际放贷资金占 98%，而蚂蚁集团仅占 2%。这种模式违背了 2020 年 11 月 2 日央行和银保监会共同发布的《网络小额贷款业务管理暂行办法（征求意见稿）》（以下简称《办法》），《办法》中提出在单笔联合贷款中，经营网络小额贷款业务的小额贷款公司的出资比例不得低于 30%，该出资比例远远大于蚂蚁集团之前 2% 的出资额度。

4. 教学总结

无数的案例证明，股权不牢，再好的项目也没有前途，再好的团队也会失去动力。无论公司规模有多大，都要敬畏法律。

教学设计案例三（对应的微课视频名称：辛巴燕窝售假事件分析）

◎ **课程知识点**

反不正当竞争法和消费者权益保护法。

辛巴燕窝售
假事件分析

◎ **思政元素融入**

以辛巴售卖假燕窝事件为例，结合消费者权益保护法和反不正当竞争法，探讨消费者权益保护的重要性。

◎ **思政教学目标**

通过辛巴售卖假燕窝事件的案例分析，引导学生正确理解作为弱势方的消费者应当如何维权，作为流量网红应当如何约束自己、如何敬畏法律。

◎ **教学设计**

1. **案例导入**

通过引入辛巴售卖假燕窝事件案例，引导学生思考如何理性消费、消费者如何维权。

2. **案例分析**

消费者权益保护法中对售卖假货的法律规定分析。

3. **思政知识点融入**

通过课堂讨论，告诉学生：诚信是经济法中的帝王规则。

4. **教学总结**

通过案例分析，让学生深刻体会消费者权益保护法与诚信的重要意义。

▶ 特色、创新及育人成效

◎ **特色、创新**

经济法思政课程微课设计具有以下特征与创新。

1. **教学组织形式上的创新**

（1）以人为本，因材施教。通过典型案例教学、教学互动，让学生意识到依法治国的重要性。

（2）遵循价值与知识、形式与内容相统一的原则，整合校内外教学资源，拓展实践教学形式，进一步提升教学效果。

2.教学案例选取上的创新

（1）既有最新的国内外跨国公司的案例又有中华优秀传统文化的组织案例，能提升拓宽学生的国际视野和对中华优秀传统文化的认同感。

（2）积极挖掘身边教学资源，立足国内案例，培养学生积极思考和应用知识的能力。

（3）结合教师研究方向选择案例，既增强课堂的理论性又能让科研与教学结合。

3.思政元素挖掘上的创新

（1）积极挖掘经济法课程中的社会主义核心价值观思想。

（2）对比国内外经济立法的知识点，引导学生坚定道路自信、理论自信、制度自信、文化自信。

（3）以中华优秀传统文化为切入点，弘扬中华文化中的思政因素，将优良的文化因素植入课堂。

4.实训基地上的创新

经济法也是一门实践性较强的课程，结合学生实习基地，引入校外导师，提高学生理论联系实际的能力。

5.教学评价体系上的创新

结合教学成果、思政元素、小组讨论、实践成果、案例展示、线上线下互动等方式，形成多维度的综合性教学评价体系。

◎ 育人成效

1.有机地融入思政元素，达到春风化雨、润物无声的育人效果

（1）根据课程特色，创新课程内容设计，突出课程思政元素。

（2）改革教学模式，加强实践教学，促进理论知识和企业实际的衔接与融合，而不是在专业课程中生硬地剥出几节课时讲授思政内容。"思政"与"课程"的关系应当是"如春在花、如盐化水"，将思政元素融入专业知识之中，实现显性教育和隐性教育的有机融合。"春风化雨""润物无声"才是课程思政的可行之道。

2.发挥思政引领作用，形成辐射效应

（1）挖掘课程中的治国理政、中国故事、工匠精神、大国安全、绿色中国等元素，探讨经济法的教学思路和方法。

（2）做好课程思政设计，强化专业课程育人导向。

（3）教师团队充分备课，仔细梳理课程思政元素和所承载的思想政治教育功能。

（4）强化教师育德意识和育德能力，教师是立德树人的主体，直接影响课程思政教育的效果。"传道、授业、解惑"是教师的天职，要求团队每位教师在传授知识的同时，注重价值观的塑造和引领，引导学生将所学的知识和技能转化为内在的德行和素养，帮助学生解答思想困惑、价值观困惑、情感困惑，激发其为国家学习、为中华民族伟大复兴学习的热情和动力，帮助其在创造社会价值过程中明确自身价值和社会定位。

课程思政教学
设计书
人力资源管理

▶ **课程基本情况**

- **课程名称**：人力资源管理
- **学分/学时**：3学分/51学时
- **适用专业**：工商管理
- **课程类别**：☑核心课程　□非核心课程

▶ **课程简介**

　　人力资源管理是现代管理理论的重要组成部分，是各管理专业的基础。它是一门广泛吸收多学科知识的边缘科学，具有很强的实践性和应用性。"人力资源管理"作为面向管理系学生开设的核心课程，主要围绕人力资源管理概述、工作分析、人力资源规划、员工招聘与选拔、员工培训与职业生涯规划、绩效管理、薪酬管理、劳动关系管理等内容，向学生全面地讲解人力资源管理的基础理论知识、技术与方法，使学生学完这门课程后能够掌握人力资源管理的基本理论和实务操作，树立现代人力资源管理理念，学会用人力资源管理的相关理论分析和解决企业实际问题。

▶ 切入课程思政的课程知识点（不少于3个知识点）

（1）人力资源管理在我国的产生与发展。

（2）人力资源管理的"选、育、用、留"。

（3）人力资源管理之历史典故。

▶ 课程目标

◎ 思政目标（重点描述）

（1）阐述独立于西方学术体系的中华传统文化背景下人力资源管理从古至今的产生与发展，这有助于学生明确我国自古以来就具有成体系的人力资源管理实践知识，进而达到增强学生民族自信心和自豪感的思政目标。

（2）通过从人力资源管理的"选、育、用、留"四个方面嵌入思政内容，让学生明确在人力资源管理实践中加强思政建设的重要性，并引导学生明确中国共产党历来坚持"德才兼备、以德为先"的选人、育人、用人和留人理念的重要性。

（3）我国具有悠久的人力资源管理历史，其中有很多历史典故，能够给人以深刻的启发。中国是智慧的集大成者，有无数令人拍案叫绝的历史典故，本部分精选三例进行介绍，不仅有助于提高学生的学习兴趣，还有助于增强其历史自豪感。

◎ 知识目标

（1）让学生明确人力资源管理在我国的产生与发展情况。

（2）让学生明确人力资源管理过程中引进和管理人才的重要性。

（3）让学生了解我国历史典故中针对人才的"识、引、育、留、去"原则，并获得启发。

◎ 能力目标

（1）加强学生对我国人力资源管理知识体系的认知能力。

（2）增强学生在人力资源管理事件中识别与选用人才的能力。

（3）增强学生以古鉴今的能力。

◎ **素质目标**

（1）帮助学生掌握我国人力资源管理知识体系要求。

（2）提高学生在人力资源管理实践中应用"识、引、育、留、去"原则的专业性。

（3）提高学生人才资源管理实践中识别与选用人才的思政素质。

▶ 知识点与育人元素结合的教学设计案例

教学设计案例一（对应的微课视频名称：人力资源管理在我国的产生与发展）

◎ **课程知识点**

（1）古代人事管理思想。

（2）近代人事管理概况。

（3）新中国成立后的人事管理思想。

人力资源管理
在我国的产生
与发展

◎ **思政元素融入**

（1）通过回顾总结古代经典的人事管理思想，令学生对我的传统文化和相关理论肃然起敬，培育学生的爱国情怀。

（2）通过引导学生学习近代中国的人事管理概况，令学生知晓切勿"闭门造车"，而要"师夷长技以制夷"。面对西方文化背景下的人事管理制度和思想，我们要秉持"取其精华，去其糟粕"的理念，有选择性地吸收采纳。

（3）通过让学生学习新中国成立后的人事管理思想及其理论实践情况，让学生在人事管理思想上与时俱进，萃取时代精华。

◎ **思政教学目标**

通过将人力资源管理在我国的产生与发展划分成三个阶段，实现思政元素与我国人力资源管理知识体系的有效衔接，采用讲授法进行教学。

教学设计案例二（对应的微课视频名称：人力资源管理"选、育、用、留"）

◎ **课程知识点**

（1）选人：就是选择合适的人到合适的岗位，是人力资源管理的首要环节。

（2）育人：就是对组织人力的培养，从"人材"到"人才"再到"人财"。

（3）用人：如何发挥个人的效能为组织所用，是人力资源管理中"用"之所在。

（4）留人：人才的正常流动对企业来说并非一件坏事，然而频繁的人才流失，尤其是重要人才的流失会对组织造成较大的负面影响，留住重要人才对企业至关重要。

人力资源管理
"选、育、
用、留"

◎ **思想元素融入**

在员工关系的处理上，要避免矛盾与冲突，多关心员工，建立畅通的沟通渠道，比如领导开放日、心理咨询室、工会活动等，让员工们及时排解压力和负面情绪，体现人文主义关怀，提高员工满意度。

◎ **思政教学目标**

通过在人力资源管理的"选、育、用、留"四个方面展开介绍思政建设的重要性，实现课程与思政元素的有效衔接，采用讲授法进行教学。

教学设计案例三（对应的微课视频名称：人力资源管理之历史典故）

◎ **课程知识点**

（1）识才——一双筷子放弃了周亚夫。所谓识才，并不是辨认谁是人才谁不是人才这么简单，而是要由小及大、由点及面，从今天的行为推断以后的行为，得出用人策略。周亚夫是汉景帝的重臣，忠心耿耿，常为汉景帝建言献策，在平定七国之乱时，立下了赫赫战功，官至丞相。

人力资源管理
之历史典故

（2）引才——秦昭王五跪得范雎。引才纳贤是国家强盛的根本，而人才，尤其是高才，并不那么容易引得到纳得着。秦昭王雄心勃勃，欲一统天下，在引才纳贤方面展现出非凡的气度。范雎原为一隐士，熟知兵法，颇有远略。

（3）育才——墨子苦心激励耕柱。人才并不是天生一定会为某人做贡献，一定会尽全力做贡献，关键是要适当激励，育才智慧在中国历史上不乏其例。

（4）留才——刘备苦心留住徐庶心。引才难，留才更难。刘备被曹操赶得到处奔波，好不容易安居新野小县，得军师徐庶。这日，曹操派人送来徐母的书信，信中要求徐庶速归曹营。徐庶虽知是曹操用计，但他是孝子，执意要走。

（5）去才——曹操借刀杀祢衡。引才难，用才难，去才更难，去一个世人

皆以为才，而不能为己所用的怪才是难上难。东汉名士祢衡，三国著名的狂士，能言善辩，在当时很有名气。

◎ **思政教学目标**

将我国历史典故融于人力资源管理实践的各个过程，实现课程与思政元素的有效衔接。

▶ 特色、创新及育人成效

本思政课程具有的特色与创新之处在于，将思政要素融于我国独有的历史文化、经典故事中，提高学生对专业知识的学习兴趣，同时加强了学生对中华优秀传统文化的认同与自信。

课程思政教学

设计书

社会调查方法

▶ **课程基本情况**

- **课程名称：**社会调查方法
- **学分/学时：**2学分/34学时
- **适用专业：**全校学生
- **课程类别：**☑核心课程　□非核心课程

▶ **课程简介**

　　"社会调查方法"作为宁波大学全校通识选修核心课程，是一门实践性很强的课程，强调应用性、操作性和实践性，2020年获批浙江省社会实践一流课程。

▶ **切入课程思政的课程知识点（不少于3个知识点）**

　　（1）选题的标准：重要性、创新性、科学性、可行性、合适性。

　　（2）抽样的基本概念、原理和类型。

　　（3）问卷的概念和问卷的结构。

课程目标

◎ **思政目标（重点描述）**

（1）通过教学，使学生形成正确的价值观、责任心、奉献精神，具有团队合作意识和乐观自信的工作心态，形成吃苦耐劳的优良作风。

（2）本课程要求学生在学习过程中完成一项真正的调研任务，通过社会调查实践，激发学生的社会责任感和奉献精神。

◎ **知识目标**

（1）了解社会调研方法的基本概念、基本理论、基本流程和基本方法。

（2）通过教学，使学生掌握关于社会调查方案设计、调查问卷设计、调查数据分析、调查报告撰写等方面的知识。

◎ **能力目标**

（1）通过教学，使学生能够运用社会调查的方法、策略与技巧，结合具体科研或社会热点调研项目进行社会调查，实现理论联系实际、培养社会调查能力的基本目标。

（2）通过教学过程中基于社会调查项目工作过程的任务演练和实施，提高学生的实际应用能力。

（3）通过参与社会调研实践，培养学生社会调查的综合技能。

（4）通过教学，培养学生的动手能力、实践能力，具备独立选择社会调研选题、设计调查方案、进行实地社会调查、分析调查数据的能力，切实提高学生社会调查的能力。

◎ **素质目标**

（1）通过教学，使学生具备创新和探究能力。

（2）本课程要求学生能够以敏锐的视角来选择社会上的热点问题、重要问题进行调查，并且在调查后对调查数据进行整理分析，找出问题原因，并创造性地给出解决问题的策略，有助于提升学生的科学研究素养，提高学生认识和分析社会事实的能力。

▶ 知识点与育人元素结合的教学设计案例

教学设计案例一（对应的微课视频名称：选题的标准）

◎ **课程知识点**

（1）选题的标准。

（2）社会调查的意义和价值。

选题的标准

◎ **思政教学目标**

通过对社会调查选题标准的介绍，引导学生树立民族自豪感、爱国情怀、社会责任、大国责任。

◎ **教学设计**

1. 案例导入

通过"从新冠疫情防控的中外对比中看中国制度优势"的案例，引出选题的五大标准：重要性、创新性、科学性、可行性、合适性。通过深入浅出的理论讲授、案例分析，培养学生的民族自豪感、爱国情怀、社会责任、大国责任。

2. 教学总结

本课程在理论部分讲授中采取启发式、师问生答等教学方法来组织实施；在案例讲授中采取小组互动、案例点评、生讲生评等教学方法来组织实施；在课程教学方法组织实施设计中突出四讲：讲事实、讲道理、讲故事、将期待。

教学设计案例二（对应的微课视频名称：抽样调查概述）

◎ **课程知识点**

（1）抽样的基本概念。

（2）抽样的原理。

（3）抽样的类型。

抽样调查概述

◎ **思政教学目标**

通过将理论观点和方法论元素融入专业授课，培养学生结合理论与实践，科学利用学习工具的能力和辩证思维能力，形成新时代北斗精神。

◎ **教学设计**

1. 案例导入

通过对美国总统大选民意调查抽样科学性的介绍和分析，阐述社会调查的

三个主要内容：基本概念、原理和类型。把理论观点和方法论元素融入专业授课，培养学生结合理论与实践，科学利用学习工具的能力和辩证思维能力。

2. 教学总结

本课程在理论部分讲授中采取启发式、师问生答等教学方法来组织实施；在案例讲授中采取小组互动、案例点评、生讲生评等教学方法来组织实施；在课程教学方法组织实施设计中突出四讲：讲事实、讲道理、讲故事、将期待。

教学设计案例三（对应的微课视频名称：问卷的概念与结构）

◎ **课程知识点**

（1）问卷的概念。

（2）问卷的结构。

◎ **思政教学目标**

问卷的概念
与结构

通过将理论观点和方法论元素融入专业授课，介绍中华优秀传统文化元素，培养学生实事求是的科学探索精神和爱国情怀。

◎ **教学设计**

1. 案例导入

通过"大学生生活费用调查"等案例讲解，把理论观点和方法论元素融入专业授课，引导学生学习专业知识和养成良好品德，教育学生培养实事求是的探索精神及工匠精神。

2. 教学总结

本设计案例课程在理论部分讲授中采取启发式、师问生答等教学方法来组织实施；在案例讲授中采取小组互动、案例点评、生讲生评等教学方法来组织实施；在课程教学方法组织实施设计中突出四讲：讲事实、讲道理、讲故事、讲期待。

▶ 特色、创新及育人成效

◎ **特色、创新**

1. 课程思政设计融入育人元素

在课程设计中充分挖掘思政育人元素，全方位实现思政内容同理论知识的深度融合。

2. 教学方法创新

（1）将学科竞赛嵌入社会调查方法课程中，实现学科竞赛与课堂教学的深度结合，既提高了学生的学习积极性，又提升了社会调查方法课程的高阶性、创新性和挑战度。

（2）结合课程思政，采用多媒体教学方式，通过导入丰富多彩的视频，来激发学生的学习兴趣，让学生积极主动地去探索，从而调动学生学习课程思政的积极性。

3. 理论 + 实践创新

社会调查方法结合课程思政设计思政教学情境，培养学生学习兴趣。教师有意识地在课堂教学中设计思政教学情境，把学生带入情境中，这样容易激发学生的学习兴趣。对学生的学习方式进行一定的评价并培养学生的实践能力。

4. 教学评价体系创新

结合教学成果、思政元素、小组讨论、实践成果、案例展示、线上线下互动等方式，形成多维度的综合性教学评价体系。

◎ 育人成效

1. 专业课程教学润物无声地融入思政元素，培养学生的爱国热情

（1）根据社会调查方法课程特色，创新课程内容设计，突出课程思政元素。

（2）改革教学模式，加强实践教学，促进理论知识和企业实际衔接与融合，而不是在专业课程中生硬地剥出几节课时讲授思政内容。"思政"与"课程"的关系，应当是"如春在花、如盐化水"，将思政元素融入专业知识之中，实现显性教育和隐性教育的有机融合。"春风化雨""润物无声"才是课程思政的可行之道。

2. 发挥课程思政引领作用，培养学生的职业道德和职业素养

"传道、授业、解惑"是教师的天职，在传授知识的同时，社会调查方法课程更注重价值观的塑造和引领，培养学生在社会调查中的责任感、职业道德和职业素质，引导学生将所学的知识和技能转化为内在的德行和素养。

3. 学生社会调查能力获得显著提升，参与学科竞赛获高级别奖项

2018年，经过学校招标和两年的建设，"社会调查方法"课程经过教务处审核，被确定为宁波大学第二批通识核心课程。

自2016年开设课程以来，面向学科竞赛的课堂教学改革就开始启动，并取得了一定改革成效，学生的社会调查实践能力得到了很大的提高，具体表现在

近几年来参加各级、各种学科竞赛和科研项目的人数大大增加，学科竞赛也取得了非常好的成绩，实践能力得到增强，创业人数也在不断增加。

课程思政教学
设计书

审计学

▶ **课程基本情况**

- **课程名称**：审计学
- **学分/学时**：3学分/51学时
- **适用专业**：会计学，财务管理学
- **课程类别**：☑核心课程　□非核心课程

▶ **课程简介**

　　"审计学"是会计学专业主干核心课程，主要介绍审计的性质、种类、目标和方法等一系列理论知识，以及与之相关的实务问题，包括制订审计计划、设计审计程序和完成审计报告。学习本课程应当具备扎实的经济学、管理学、计算机和高等数学等学科的专业知识，所需的预备知识包括会计准则、财务管理、企业管理、成本预算和控制等。通过课程教学，使学生能较系统地掌握"为谁审"、"审什么"以及"怎么审"的基本知识、原理和方法，能熟练运用会计准则，科学搜集和评判审计证据。

切入课程思政的课程知识点（不少于3个知识点）

（1）民生审计内涵及其实践。

（2）审计文化。

（3）审计职业、价值与责任。

课程目标

◎ **思政目标（重点描述）**

（1）培养学生树立正确的审计价值观，明白"为谁审"，结合国家建设和民族复兴的新时代背景，增强学生的家国情怀与文化自信，激发学生的使命感和责任心。

（2）在国家审计方面，立足于"人民中心论"的思想，引导学生树立"审计为民，审计维民"的意识。

（3）在注册会计师方面，引导学生树立遵守职业道德、行为规范的意识，激发学生自发履职尽责的家国情怀，培养自觉维护我国资本市场经济秩序的使命感。

◎ **知识目标**

（1）了解和掌握审计学基本知识，包括审计的基本理论、基本概念、基本方法。

（2）理解审计目标，明确审计内容，掌握审计规范，培育审计职业精神。

（3）理解审计责任内涵，理解审计重要性。

◎ **能力目标**

（1）能够运用风险导向审计的基本知识与工作原理，初步具备在模拟企业环境与制约条件下设计审计程序与运用审计方法的能力。

（2）能够搜集、整理和分析出具审计意见所需要的审计证据，能够对审计证据的充分性、适当性进行正确评判，学会根据所搜集的审计证据出具适当的审计意见。

（3）具备出色的专业胜任能力，具备运用理论发现和解决实际问题的能力。

（4）具备良好的文字和口头表达能力。

◎ **素质目标**

（1）具备基本的专业素养和职业精神，严格遵守审计准则，恪守职业道德准则。

（2）树立强烈的爱国主义使命感与责任心，通过发现和揭露财报重大错报和舞弊来维护社会经济秩序。

（3）促进反腐倡廉，完善公司治理，客观、公正、独立地出具审计意见。

▶ **知识点与育人元素结合的教学设计案例**

教学设计案例一（对应的微课视频名称：民生审计内涵及其实践）

◎ **课程知识点**

（1）民生审计概念。

（2）民生审计实施动因。

（3）民生审计内涵及其分类。

（4）民生审计实践。

民生审计内涵
及其实践

◎ **思政元素融入**

通过引入中国共产党执政兴国的宏伟目标，帮助学生深刻理解党的宗旨就是为民谋利，切实解决老百姓面临的民生问题。在此基础上，启发学生思考审计的底层逻辑和目的，树立"审计为民""审计维民"的价值观。

◎ **思政教学目标**

结合民生审计动因，阐释民生审计就是要紧盯老百姓身边的事情，切实维护老百姓的权益。

◎ **教学设计**

1. 案例导入

先设定问题，通过思考为何要解决民生问题，引入中国共产党全心全意为人民服务的宗旨，明确党的执政目标就是持续解决民生问题，实现中华民族复兴的伟大的中国梦。

2. 提炼思政元素

结合我国当前的民生问题，从民生审计职能出发，引发学生思考并讨论以下问题：

（1）为什么要开展民生审计？

（2）当前我国民生审计的重点领域有哪些？为什么？

（3）如何开展民生审计？

（4）民生审计如何发挥积极作用？

3. 知识点与思政元素融合

通过分析和引导，让学生懂得，只有切实解决民生问题，才能真正实现党的宗旨和执政兴国的宏伟目标。在此前提下，结合民生审计功能、定位和作用，引导学生探讨民生审计的意义，以及如何更好地实现民生审计的目标。

4. 教学总结

先讲为何要解决民生问题，再介绍大师、伟人及国家领导人关于民生问题的阐述，引导学生深入理解党的执政目标就是全心全意为人民服务，解决民生问题。首先，介绍了民生审计的概念；其次，详细阐述了民生审计的动因，印证开展民生审计的意义；再次，介绍了民生分类；最后，以宁波民生审计为例，通过具体案例，说明民生审计开展的全过程。本教学设计案例主要从国家审计视角阐释"为谁审""为何审""如何审"等审计价值观命题，让学生在学习审计学之初，就树立正确的审计价值观和职业精神。

教学设计案例二（对应的微课视频名称：构建正确的审计文化）

◎ **课程知识点**

中国传统文化与审计的相通之处。

◎ **思政元素融入**

中华文明博大精深、源远流长。通过诠释中华优秀传统文化的

构建正确的
审计文化

魅力和深远影响力，激发学生的民族自豪感和爱国主义精神。在此基础上，结合审计功能和定位，引导学生思考如何构建正确的审计文化，以更好地服务审计理论研究和审计实践活动。

◎ **思政教学目标**

在把握中华优秀传统文化精髓的基础上，抽取其中最重要的几个关键词，通过相关案例解读，从精神层面、物质层面和制度层面进行提炼，得到审计文化，深化审计理论，并指导审计实践的开展。学生从中能够领悟出审计文化的内涵，并逐渐学会透过中华优秀传统文化来思考审计。

◎ **教学设计**

1. 案例导入

开篇案例引导，通过丁龙传播中华文化的故事，说明中华优秀传统文化的强大穿透力和深刻影响力，引导学生由此产生民族自豪感，激发出浓厚的学习兴趣，思考如何构建正确的审计文化，以及审计文化如何在审计理论研究和审计实务中进一步发挥积极作用问题。

2. 提炼思政元素

结合中华优秀传统文化，构建审计文化，引发学生思考并讨论以下问题：

（1）什么是中华优秀传统文化？

（2）审计为何要吸纳中华优秀传统文化的精髓？

（3）审计在哪些方面受到中华优秀传统文化的深刻影响？

（4）中华优秀传统文化如何指导审计理论研究和审计实践活动？

3. 知识点与思政元素融合

通过分析、启发，引导学生思考中华优秀传统文化的精髓，借助中华优秀传统文化的内核构建正确的审计文化，以更好地指导审计活动。围绕"审计对象是经济监督活动，而经济管理活动是在人的指挥下开展的，人又受到思想文化的影响"的内在逻辑，学生可以更好地理解审计文化的重要性，积极弘扬正确的审计文化，为国家审计事业做出积极的贡献。

4. 教学总结

本教学设计案例阐释了文化影响人的思想、思想决定人的行为的内在逻辑，使学生从构建审计文化视角，培养专业判断能力，提高专业胜任能力，充分重视审计风险的评估与应对，增强责任感、使命感，当好资本市场的经济卫士，为我国经济高质量发展做出积极的贡献。

教学设计案例三（对应的微课视频名称：审计职业、价值与责任）

◎ **课程知识点**

（1）审计职业。

（2）审计报告的基本类型。

（3）非标审计意见的后果。

（4）审计报告的作用。

（5）审计责任。

审计职业、价值与责任

◎ **思政元素融入**

通过英国南海公司案例，说明需要产生了审计，进而进一步阐释审计职业的崇高地位及其在经济社会生活中的显著作用，引导学生思考审计职业的重要性，以及从事审计职业的历史使命感，激发学生献身审计的理想信念，并迸发出努力学习、增强本领的动力，成为光荣的我国资本市场的经济卫士、我国公共财政资金的守护神以及广大企事业行政单位内部治理的维护者。

◎ **思政教学目标**

在了解审计职业使命的基础上，围绕审计职业的基本特征、重要性以及审计责任等基本问题，引导学生思考审计职业产生和存在的内在逻辑，掌握审计发挥作用的主要途径，以及审计职业需要承担的相应责任，引导学生深入了解审计在国家经济社会生活中的重要地位和作用，深刻认识到审计职业需要坚持的职业操守和职业精神，为将来在审计工作中"行稳致远"打下坚实的思想基础。

◎ **教学设计**

1. 案例导入

通过引入英国南海公司财务舞弊案例，说明责任是注册会计师这一职业产生的重要因素。社会公众对民生审计寄予厚望，而审计相应地具有相当重要的社会地位。通过开篇案例，说明审计因需要而产生，审计职业被赋予重要的社会地位，这就要求审计也要承担与其相应的责任。

2. 提炼思政元素

结合审计职业的职能职责，引发学生思考并讨论以下问题：

（1）审计职业产生的动因是什么？

（2）审计职业在资本市场上具有哪些作用？

（3）审计职业需要承担哪些责任？

3. 知识点与思政元素融合

通过分析、启发，一方面，引导学生思考并认识到审计职业在维护资本市场经济秩序中所发挥的重要作用，从而激发学生从事审计职业的自豪感和历史使命感，并树立努力学习、报效祖国的远大理想目标。另一方面，也能让学生明白，"人间正道是沧桑"，需要严格遵守职业道德规范和职业准则，唯有如此，才能真正发挥资本市场经济卫士的作用。

4. 教学总结

本教学设计案例通过阐释知识点，引导学生理解审计意见的经济后果，能够站在我国资本市场良性发展的基础上，出具客观的、与事实相一致的审计意见，引导资源合理配置，助力经济高质量发展。

▶ 特色、创新及育人成效

（1）结合长期的理论研究、实务经验和教学实践，进行归纳、提炼，深化了学生对审计责任、审计价值观、审计文化、民生审计等重要概念的理解和认识。

（2）目标明确，设计合理，内容充实，表达流畅，思路清晰，说理透彻。

（3）紧扣思政目标，贯彻为党育人、为国育才的宗旨，深刻阐释了"为谁审"、"为何审"以及"如何审"等重要命题。

（4）理论与案例相结合，论述、总结相呼应。

课程思政教学
设计书
市场营销学

▶ 课程基本情况

- 课程名称：市场营销学
- 学分/学时：4学分/68学时
- 适用专业：工商管理，会计，信息管理，国际贸易，金融学，经济学
- 课程类别：☑核心课程　□非核心课程

▶ 课程简介

市场营销学是一门建立在经济科学、行为科学和现代管理学基础上的应用科学，研究对象为以满足消费者需求为中心的企业营销活动过程及其规律性，具有综合性、实践性、全局性的特点。

作为宁波大学国家一流专业工商管理的核心专业课程，"市场营销学"被列为首批课程思政试点立项课程，2020年获评"浙江省线下一流课程"，2021年"基于思政和实践情境下市场营销学课程教学内容优化研究"获评宁波大学教学改革研究重点项目，2021年获评"浙江省课程思政示范课程"。

▶ **切入课程思政的课程知识点（不少于3个知识点）**

（1）宏观营销环境。

（2）产品含义、产品整体概念和产品整体概念策略。

（3）公关的概念、公关客体——公众，以及公关关系营销策划。

▶ **课程目标**

◎ **思政目标（重点描述）**

以"四个意识"导航、"四个自信"强基、"两个维护"铸魂，知识、能力、素质、思政目标四位一体，引导学生树立正确的价值观和民族自信心。

◎ **知识目标**

要求学生理解市场营销的基本概念、基本理论和基本方法，并熟练运用所学营销知识的；深化和提升学生的营销理念和营销管理水平。知识目标在于学懂、学会、能应用。

◎ **能力目标**

要求学生掌握获取市场营销知识和技能的程序与具体做法，做中学、学中做、不断反思。

◎ **素质目标**

要求学生具备责任感、奉献精神、创新精神以及营销实践能力。

▶ **知识点与育人元素结合的教学设计案例**

教学设计案例一（对应的微课视频名称：市场营销环境——人口环境分析）

◎ **课程知识点**

市场营销宏观环境包括五方面内容，即人口环境、经济环境、政治与法律环境、社会文化环境和自然生态环境。本教学设计案例重点讲授市场营销宏观环境中的人口环境。人口环境，是属于企业

市场营销环境
——人口环境
分析

不可控的宏观环境。不可控的宏观环境对企业市场营销的影响是非常大的，对此企业只能根据宏观环境的实际状况与发展趋势，制定并不断地调整营销策略，自觉地利用市场机会，防范可能出现的威胁，扬长避短，确保在竞争中立于不败之地。

◎ **思政元素融入**

本教学设计案例思政育人元素包括：民族自豪感、社会责任、西部扶贫、大国责任、求真务实。

◎ **教学设计**

本教学设计案例主要阐述三方面内容：

（1）人口环境分析动因。

（2）人口环境分析内容和方法。

（3）中国人口发展趋势。

通过理论讲授、案例分析、援疆经历切入与实施路径衔接育人元素，讲授人口环境为什么是最重要的宏观环境，分析中国人口发展趋势。在课程教学实施过程中，人口总量指标借用 2020 年 11 月 1 日第七次人口普查数据；人口的年龄结构借用我国的生育政策，本着实事求是、求真务实的探究精神，放开三孩政策，缓解人口老龄化趋势；借用援疆经历阐述人口的分布结构，介绍人口环境分析方法。衔接育人元素包括：民族自豪感、西部扶贫、民族团结、大国责任、实事求是、求真务实、生育政策等。

◎ **教学总结**

本设计案例在理论讲授中采取启发式、师问生答来组织实施；在案例讲授中采取小组互动、案例点评、生讲生评，结合援疆经历讲授来组织实施；在课程教学方法组织实施设计中突出四讲：讲事实、讲道理、讲故事、讲期待。

教学设计案例二（对应的微课视频名称：产品营销策略——产品整体概念策略）

◎ **课程知识点**

本教学设计案例内容包括：产品含义、产品整体概念以及产品整体概念营销策划。产品是营销组合中最重要也是最基本的要素，企业在制定营销组合策略时，需要先考虑生产什么样的产品来满足目标市场，同时也要重视产品整体概念的发展，认识现有产品，不

产品营销策略——产品整体概念策略

断开发新产品，改进和完善产品的性能。产品策略会直接或间接影响到其他营销组合策略。从这个意义上来说，产品策略是整个营销组合策略的基石。

◎ **思政元素融入**

本教学设计案例思政育人元素包括：工匠精神、产业升级、创新创业。

◎ **教学设计**

本教学设计案例主要阐述三方面内容：

（1）产品含义。

（2）产品整体概念。

（3）产品整体概念营销策划。

通过理论讲授、案例分析、实训基地切入和实施路径衔接育人元素，理论讲授产品含义、产品整体概念。在课程教学实施过程中，讲授的内容有：借用案例分析产品整体概念的三个层次、附加产品内涵；实训基地结合实际企业进行产品整体概念营销策划。衔接育人元素包括：工匠精神、"由中国制造向中国创造转变、由中国速度向中国质量转变、由中国产品向中国品牌转变"、产业升级、创新创业。

◎ **教学总结**

本设计案例在理论讲授中采取启发式、师问生答来组织实施；在案例讲授中采取小组互动、案例点评、生讲生评，结合实训基地具体企业来组织实施；在课程教学方法组织实施设计中突出四讲：讲事实、讲道理、讲故事、讲期待。

教学设计案例三（对应的微课视频名称：促销营销策略——公共关系营销策略）

◎ **课程知识点**

本教学设计案例内容包括公关的概念、公关客体——公众，以及公关关系营销策划三方面内容。促销是促进销售的简称。从市场营销的角度来看，促销是企业通过人员和非人员的方式，沟通企业与消费者之间的信息，提升品牌形象，引发、刺激消费者的购买欲望，产生购买行为的促销活动。

促销营销策略
——公共关系
营销策略

◎ **思政元素融入**

本教学设计案例思政育人元素包括：文化自信、诚信经营、法治意识、浙江故事、崇德向善、"好人有好报"、社会责任担当。

◎ **教学设计**

本教学设计案例主要阐述三方面内容：

（1）公关的概念。

（2）公关客体——公众。

（3）公关关系营销策划。

通过理论讲授、案例分析、实训基地切入和实施路径衔接育人元素，理论讲授公关的概念、公关客体——公众。在课程教学实施过程中，讲授的内容有：借用教师参与过的企业案例分析公关客体——内部公众，反面公关路径通过"春都牌火腿肠"企业案例进行讲解，正面公关路径通过2021年"鸿星尔克"企业案例进行讲解；实训基地结合实际企业进行具体公关关系营销策划。衔接育人元素包括：文化自信、诚信经营、法治意识、浙江故事、崇德向善、"好人有好报"、社会责任担当。

◎ **教学总结**

本设计案例在理论讲授中采取启发式、师问生答来组织实施；在案例讲授中采取小组互动、案例点评、生讲生评，结合实训基地具体企业来组织实施；在课程教学方法组织实施设计中突出四讲：讲事实、讲道理、讲故事、讲期待。

▶ 特色、创新及育人成效

◎ **特色、创新**

1. 课程思政设计融入育人元素

在课程设计中充分挖掘思政育人元素，全方位体现思政内容同理论知识的融合。

2. 教学方法上的创新

市场营销学结合课程思政采用启发式、情感式、案例式配合小组讨论和教学方法，体现了学生的主体地位和教师的主导作用。以学生为中心的授课模式创新，结合课程思政采用多媒体的教学方式，通过丰富多彩的视频导入，来激发了学生的学习兴趣，让学生积极主动地去探索。

3. 理论 + 实践创新

市场营销学结合课程思政设计思政教学情境，培养学生的学习兴趣。教师有意识地在课堂教学中设计思政教学情境，把学生带入情境中，更好地激发了学生的学习兴趣。课后对学生的学习方式进行科学的综合评价，培养学生的实践能力。

4. 引入校外导师，建设实训基地

市场营销学是专创融合课程，结合课程思政和专创融合，建立学生实习基地，提高了学生理论联系实际的能力。

5. 建立援疆课程思政群

结合在新疆理工学院（原新疆大学科技学院阿克苏校区）援疆经历、师带徒协议，共建西行课程思政群。

6. 教学评价体系创新

结合教师教学成果、思政元素、小组讨论、实践成果、案例展示、线上线下互动等方式，形成多维度的综合性教学评价体系。

◎ 育人成效

1. 有机地融入思政元素，达到春风化雨、润物无声的育人效果

（1）根据市场营销学课程特色，创新课程内容设计，突出课程思政元素。

（2）改革教学模式，加强实践教学，促进理论知识和企业实际的有效衔接与融合，而不是在专业课程中生硬地剥出几节课时讲授思政内容。"思政"与"课程"的关系应当是"如春在花、如盐化水"，将思政元素融入专业知识之中，实现显性教育和隐性教育的有机融合。"春风化雨""润物无声"才是课程思政的可行之道。

2. 发挥思政引领作用，形成辐射效应

（1）挖掘市场营销学课程中的治国理政、中国故事、工匠精神、大国安全、绿色中国等元素，探讨市场营销学的教学思路和方法。

（2）做好市场营销学课程思政设计，强化专业课程育人导向。

（3）教师团队充分备课，仔细梳理课程思政元素和所承载的思想政治教育功能。

（4）强化教师育德意识和育德能力，教师是立德树人的主体，直接影响课程思政教育的效果。"传道、授业、解惑"是教师的天职，要求每位教师在传授知识的同时，注重价值观的塑造和引领，引导学生将所学的知识和技能转化为内在的德行和素养，帮助学生解答思想困惑、价值困惑、情感困惑，激发其为国家学习、为中华民族伟大复兴学习的热情和动力，帮助其在创造社会价值过程中明确自身价值和社会定位。

课程思政教学

设计书

数据库系统

▶ 课程基本情况

- **课程名称：** 数据库系统
- **学分/学时：** 5学分/85学时
- **适用专业：** 信息管理与信息系统
- **课程类别：** ☑核心课程　□非核心课程

▶ 课程简介

  "数据库系统"是工商管理类学生的平台课程，是信息管理与信息系统专业的必修课程。本课程针对大量数据管理操作，全面介绍数据库系统的基本概念、基本原理和基本技术。通过教学，帮助学生建立扎实的关系数据库理论基础；结合目前信息系统建设的实际，全面讲授关系数据库标准语言——SQL、关系数据库设计方法，帮助学生掌握数据库开发技术；在学生掌握数据库基本理论的基础上，讲授恢复技术、并发控制技术，以及数据库安全性和完整性控制，帮助学生掌握数据库管理系统；对数据库最新技术的发展，NOSQL、NewSQL、数据库集群等做简略介绍，使学生简单了解目前数据库发展的前沿技术。

▶ 切入课程思政的课程知识点（不少于3个知识点）

（1）数据管理技术的产生和发展。

（2）数据库管理系统及市场主流产品。

（3）数据库的不安全因素与安全控制机制。

▶ 课程目标

◎ 思政目标（重点描述）

（1）通过课程思政的引入，使学生认识数据管理技术在生活中的重大作用，深刻理解科学技术是第一生产力，提升努力学习数据管理知识的积极性。

（2）通过课程思政的引入，使学生了解数据库产品的市场现状，在国产与国外数据库产品的特征与优势对比中，发掘国产数据库产品的优势，增强学生的家国情怀与技术自信，并在了解数据库系统新技术和发展趋势的基础上，及时掌握国家在这一方面的科技战略需求，树立强烈的使命感与责任心。

（3）通过课程思政的引入，使学生充分认识数据库系统在安全性上存在的问题，以及数据库从业中规范操作的重要性，培养遵守职业规范与道德的意识，更加爱岗敬业。

◎ 知识目标

（1）通过教学，使学生了解数据库基本概念、数据管理技术的发展历程、数据库系统的结构和数据模型等内容，深入理解和熟练掌握关系数据模型和关系数据库的规范化理论。

（2）通过教学，使学生了解数据库设计的目标、内容、方法、过程，深入理解和熟练掌握关系数据库设计的具体方法和步骤。

（3）通过教学，使学生了解 SQL 的发展历程和特点，理解 SQL 的语言组成，掌握数据库中 SQL 语言的使用。

（4）通过教学，使学生了解两种数据库编程技术，即存储过程与存储函数。

（5）通过教学，使学生了解四种常用的数据库安全与保护机制，即完整性约束（包括触发器）、访问控制、事务与并发控制、备份与恢复，并且掌握使用 SQL 语句在数据库中实现这些技术的方法。

◎ 能力目标

（1）通过教学，使学生具备在数据库中使用 SQL 语言实现数据定义、数据更新和数据查询三类数据基本操作的能力。

（2）通过教学，使学生具备分析问题并进行数据库设计的能力。

（3）通过教学，使学生具备数据库维护及开发的基础能力。

◎ 素质目标

（1）通过教学，使学生掌握数据管理技术的基础理论知识。

（2）通过教学，使学生掌握数据管理的方法、技术和工具。

（3）通过教学，使学生具备数据库技术的实践能力和技术技能。

（4）通过教学，使学生了解目前数据库发展的前沿技术，能够理论联系实际，具有创新意识。

▶ 知识点与育人元素结合的教学设计案例

教学设计案例一（对应的微课视频名称：数据管理技术的应用之抗击新冠疫情）

◎ 课程知识点

（1）数据管理技术发展至今的新方式、新应用。

（2）数据管理技术的应用场景和重要作用。

数据管理技术
的应用之抗击
新冠疫情

◎ 教学设计

1. 案例导入

从"数据管理技术的产生和发展"这一知识点切入，介绍数据管理技术发展至今形成的新方式、新应用，以当下全球普遍关注和深受影响的新冠疫情为案例，介绍当代数据管理技术在防疫、抗疫工作中的具体应用场景和发挥的重大作用，引导学生认识数据管理技术这一科学技术，深刻理解科技是第一生产力，提升努力学习数据新技术的积极性。

2. 教学总结

通过社会热点案例探讨、短视频播放、小组讨论等多种方式引导学生思考并发现数据技术在日常生活中的应用，加深学生的感受和认知，从而真切体会到科学技术的重要性和学习数据管理知识的意义，培养学生的学习动力，在潜

移默化中引导学生形成正确的价值观，树立坚定的道路自信和民族自豪感。

教学设计案例二（对应的微课视频名称：数据库管理系统全球排名）

◎ **课程知识点**

（1）数据库管理系统。

（2）目前市场上主流的数据库管理系统产品。

（3）国产数据库产品的发展现状，以及其与国外主流产品的差异与竞争优势。

数据库管理系统全球排名

◎ **教学设计**

1. 案例导入

从数据库管理系统及市场主流产品知识点切入，介绍数据库管理系统和目前市场上主流的数据库管理系统产品，介绍业界权威的数据库产品排名，鼓励学生通过该排名了解主流的数据库产品，并通过浏览网站信息、查阅文献、比较分析、小组研讨等方式了解国产数据库产品的发展现状，以及与国外主流产品的差异与竞争优势，激发学生的爱国热情，增强民族自豪感和使命感。

2. 教学总结

通过深入查阅 OceanBase 云数据库相关信息，学生将体会到我国数据库技术上的飞速发展，培养学生的民族自豪感。在与国外主流数据库产品的对比中，引导学生认识到未来我国数据库技术发展任重道远，激发学生致力于数据库技术研发的责任感与使命感。

教学设计案例三（对应的微课视频名称：数据库安全事故之58同城简历数据泄露）

◎ **课程知识点**

（1）数据库系统中突出的安全问题。

（2）数据库操作规范。

数据库安全事故之58同城简历数据泄露

◎ **教学设计**

1. 案例导入

以数据库的不安全因素与安全控制机制为切入点，介绍数据库系统中突出的安全问题。数据库的安全问题时有发生，课程以 58 同城简历数据泄露事故为案例，让学生调查了解该事件原委，分析事故背后的原因，引导学生深入认识

数据库系统的安全性问题和数据库操作规范的重要影响，使学生形成良好的职业素质。

2. 教学总结

通过该案例的介绍和讨论，引导学生形成良好的职业道德和规范意识。

▶ 特色、创新及育人成效

本课程在介绍数据库新技术与发展趋势的同时，结合国家建设和民族复兴的新时代背景，增强学生的家国情怀与文化自信，激发学生的使命感和责任心。

（1）从数据管理技术在新冠疫情工作中的具体应用场景和发挥的重大作用切入，引导学生深刻理解数据管理技术这一具体科学技术是如何体现科技是第一生产力的，提升学生努力学习数据管理知识的积极性。

（2）由数据库管理系统的全球产品排名切入，帮助学生了解最新的数据库技术现状，深入洞察我国在数据库技术上的科技需求，激发学生的爱国热情，增强其助力我国数据库技术进步的民族使命感。

（3）从近年的重大数据库信息泄露事件——58同城简历泄露事件引入，帮使学生深刻认识到数据库从业过程中操作规范的重要性，增强学生的职业道德和规范意识。

課程思政教学

设计书

运筹学

▶ **课程基本情况**

- **课程名称：**运筹学
- **学分/学时：**3学分/51学时
- **适用专业：**信息管理与信息系统学，经济学，工商管理学
- **课程类别：**☑核心课程 □非核心课程

▶ **课程简介**

　　"运筹学"是信息管理与信息系统专业的必修课，也是经济类、管理类本科专业的专业基础课，它与许多专业课程直接相关。运筹学作为一门独立的新兴学科已得到广泛重视，在科学管理、工程技术、社会经济、军事领域等方面起着重要作用，并已产生巨大的经济效益。运筹学主要研究管理与经济等工作中存在的各种可优化问题，探讨解决问题的思路、方法和途径，为决策者的正确决策提供科学依据。教学目标是使学生掌握管理学问题的技术方法，掌握运用定量方法分析实际问题、解决实际问题的初步能力。

▶ 切入课程思政的课程知识点（不少于3个知识点）

（1）影子价格的意义。

（2）指派问题和匈牙利法。

（3）网络最大流问题和标号法。

▶ 课程目标

◎ 思政目标（重点描述）

（1）通过教师引导，将课程内容与育人元素自然衔接，深入挖掘运筹学优化问题中蕴含的哲学思想、人文精神、价值理念、道德规范等，向学生揭示其中蕴含的马克思主义唯物辩证法以及中华优秀传统文化。

（2）加强学生对中国基本国情的了解以及对中国特色社会主义道路科学性的认识，坚定"四个自信"，树立正确的世界观、人生观和价值观，为实现中国梦而努力学习。

（3）培养爱国、敬业、诚信、友善的社会主义现代化接班人。

◎ 知识目标

通过课程教学，使学生掌握运筹学的一些基本理论，包括线性规划、对偶规划、目标规划、整数规划、图与网络规划、动态规划思想等基本知识，并了解这些模型在经济、财务、配送、生产计划等经济管理领域中的应用。

◎ 能力目标

（1）掌握运筹学分支的基本概念及基本原理。

（2）能够将管理中的问题进行建模并使用计算机软件求解。

（3）具有运用定量方法分析实际问题、解决实际问题的初步能力。

◎ 素质目标

理解科学解决问题的思想方法，树立正确的世界观、人生观和价值观。

▶ 知识点与育人元素结合的教学设计案例

教学设计案例一（对应的微课视频名称：影子价格）

◎ 课程知识点

线性规划单纯形法、对偶问题的意义、对偶单纯形法、松弛互补定理的含义、影子价格的经济学含义。

影子价格

◎ 思政元素融入

通过"思政思考"环节将知识点与育人元素自然衔接，深入挖掘影子价格中蕴含的哲学思想、人文精神、价值理念、道德规范，揭示其中蕴含的集体价值和个人价值的关系，引导学生正确看待个人对集体的贡献，向学生说明"只有投身于祖国和集体的事业中去，才能实现个人价值"的道理。

教学设计案例二（对应的微课视频名称：指派问题）

◎ 课程知识点

指派问题的概念、特征，指派问题的解决方法——匈牙利法。

指派问题

◎ 思政元素融入

通过"思政思考"环节将课程内容与育人元素自然衔接，深入挖掘指派问题及其求解方法中蕴含的哲学思想、人文精神、价值理念、道德规范，揭示其中蕴含的中华优秀传统文化、文化胸怀，进一步对思政内容（"礼"）展开论述，引导学生在课堂内外加强传统文化学习，弘扬中华优秀传统文化，不断坚定文化自信。

教学设计案例三（对应的微课视频名称：网络最大流问题）

◎ 课程知识点

网络最大流问题的概念和相关定理，网络最大流问题的解决方法——标号法。

网络最大流
问题

◎ 思政元素融入

通过"思政思考"环节，将课程内容与育人元素自然衔接，深入挖掘网络最大流问题中蕴含的哲学思想，进一步对思政内容展开讨论，引导学生在课堂内外加强唯物辩证法的学习和应用，特别是通过对矛盾论的学习和应用，不断强化问题意识，积极面对和化解进程中遇到的矛盾，坚持马克思主义科学理论指导，增强道路自信、理论自信和制度自信。

▶ 特色、创新及育人成效

（1）将抽象的运筹学问题及其求解方法形象地讲授、展示出来，使学生对每类运筹学问题都有一个形象具体的认识和理解，消除学生对运筹学的抵触心理。

（2）深入挖掘运筹学优化问题中蕴含的哲学思想、人文精神、价值理念、道德规范等，将数字和公式升华，得到指导生活与工作的正确启示。

（3）通过展开论述，向学生揭示运筹学中蕴含的马克思主义唯物辩证法以及中华优秀传统文化；加强学生对中国基本国情的了解以及中国特色社会主义道路科学性的认识，坚定"四个自信"。

（4）培养具有正确世界观、人生观和价值观的，为实现中国梦而努力学习的，爱国、敬业、诚信、友善的社会主义现代化接班人。

课程思政教学
设计书

运营管理

▶ **课程基本情况**

- **课程名称**：运营管理
- **学分/学时**：4学分/68学时
- **适用专业**：工商管理学，会计学，信息管理与信息系统学，财务会计教育学
- **课程类别**：☑核心课程　□非核心课程

▶ **课程简介**

　　生产是人类最基本的活动，是一切社会财富的源泉，运营管理是伴随生产活动出现的，企业运营过程又是各种社会组织投入资源最多的活动，对社会组织的活动效益影响最大。通过本课程的教学，使学生比较全面地掌握制造业和服务业运营系统设计（产生）、运行（计划与控制）、维护与改进（再生）的基本原理和基本方法，掌握对企业运营活动进行计划、组织、控制的具体方法。

▶ 切入课程思政的课程知识点（不少于3个知识点）

（1）新产品开发的背景和重要性、研究与开发的内容与分类。

（2）绿色供应链的概念、管理内容与构建途径。

（3）服务型制造的产品模式、系统开发和组织构建。

▶ 课程目标

◎ 思政目标（重点描述）

本课程思政以"四个意识"导航、"四个自信"强基、"两个维护"铸魂，知识、能力、素质、思政目标四位一体，同时把运营管理课程目标融入课程思政的要求。通过课程教学，培养学生具备基本的科学素养，及时了解企业运营管理过程中国内外企业所采用的新方法和我国制造业转型发展途径，及时掌握国家相关方面的政策，树立强烈的爱国主义使命感与责任心。

◎ 知识目标

（1）通过课程教学，使学生了解运营管理在企业经营中的重要性，把握运营管理与其他职能管理之间的关系。

（2）全面了解运营管理的内容和方法体系。

（3）了解现代企业在运营管理上面临的新挑战。

（4）学会运用运营管理的方法分析和解决实际问题。

◎ 能力目标

通过教学，使学生通过对各种生产与服务过程的观察和分析，不断强化对知识的应用能力和对理论的实践能力，能运用所学的运营管理知识认识企业，解释生产与服务过程中的各种现象，解决企业运营管理中遇到的各种问题。

◎ 素质目标

在教学过程中培育学生的创新意识，以及应用知识和创造知识的能力，能够灵活运用所学知识解决实际问题，引导他们形成正确的价值观和职业素养。

▶ 知识点与育人元素结合的教学设计案例

教学设计案例一（对应的微课视频名称：产品开发和技术选择）

◎ **课程知识点**

技术创新理论与内容、新产品开发的背景与重要性、研究与开发（R&D）的内容与分类等。

*产品开发和
技术选择*

◎ **思政元素融入**

"十四五"规划提出要坚持创新驱动发展，全面塑造发展新优势。2020年中央经济工作会议也指出，要以推动高质量发展为主题，以深化供给侧结构性改革为主线，加快构建国内国际双循环的新发展格局，贯通生产、分配、流通、消费各环节，形成需求牵引供给、供给创造需求的动态平衡。

◎ **教学设计**

1. 案例导入

以宁波天生密封件有限公司的产品创新为主线，描述其新产品开发过程，尤其是如何通过自主创新开发出拥有自主知识产权的产品，突破国内卡脖子技术难题，提升了企业的竞争力。通过本案例的学习和知识讲解，帮助学生理解和掌握科技创新型企业成长及内外部环境对创新选择的影响规律，尤其是在当前百年未有之大变局的背景下，进一步引导学生探讨自主创新模式及掌握核心技术对企业发展的重要性。

2. 知识点与思政元素融合

结合案例企业，分析宁波天生公司产品创新的演进路径；结合案例企业，分析宁波天生公司破茧成蝶的奥秘；结合案例企业，分析宁波天生公司成功经验对其他企业掌握关键核心技术的启发。

3. 教学总结

发展无止境，创新无止境。随着科技的不断进步以及国际竞争的不断加剧，挑战和创新会给企业带来更多的机遇。面对挑战和封锁，通过教学，引导学生坚定发展自信，努力学习专业知识，培育创新精神，积极为中国高端装备业基础件产业的腾飞以及产品创新和发展做出贡献。

教学设计案例二（对应的微课视频名称：供应链管理）

供应链管理

◎　**课程知识点**

绿色供应链的概念与体系构建、环境管理系统与绿色供应链管理的基本内容，绿色供应链构建的基本途径等。

◎　**思政元素融入**

国务院办公厅发布了《关于积极推进供应链创新与应用的指导意见》（国办发〔2017〕84号），强调了供应链创新与应用的重要性；"十四五"规划提出要坚持经济性和安全性相结合，补齐短板、锻造长板，分行业做好供应链战略设计和精准施策，形成具有更强创新力、更高附加值、更安全可靠的产业链供应链。

◎　**教学设计**

1. 案例导入

以浙江省慈溪市海通食品集团有限公司的发展历程为例，从绿色供应链管理的角度出发，重点阐述"公司—农场—农业工人"的标准化生产流程，实现农产品原料生产的安全、安心、优质与稳定，以解决农产品绿色供应链运作中产品安全、产出高效、环境友好三者的协同问题，将供应链管理和消费者的绿色需求结合起来。

2. 知识点与思政元素相结合

结合案例企业，面对传统分散种植中农产品质量控制的问题，分析如何实施基地管理的新模式；结合案例企业，考虑农产品所具有的特征，分析如何保证食品质量可追溯体系的顺利实施；结合案例企业，根据绿色供应链管理体系要求，分析如何建立农产品绿色供应链协同模式。

3. 教学总结

海通公司实施的农产品绿色供应链管理，以及通过实现供应链管理建立质量可追溯体系，对我国农产品加工企业具有较强的引领示范作用，以保证食品质量安全达到"舌尖上的安全"，从而满足人民群众追求美好生活的需求。

教学设计案例三（对应的微课视频名称：服务型制造）

服务型制造

◎　**课程知识点**

服务型制造产品模式、互联网＋驱动的产品服务系统开发、互

联网 + 驱动的服务型制造组织等。

◎ **思政元素融入**

国家发改委发布了《关于推动先进制造业和现代服务业深度融合发展的实施意见》（发改产业〔2019〕1762号），强调了制造业与服务业深度融合发展的重要性；"十四五"规划提出，要促进服务业繁荣发展，推动生产性服务业融合发展，以服务制造业高质量发展为导向，推动生产性服务业向专业化和价值链高端延伸。

◎ **教学设计**

1. 案例导入

以宁波水表（集团）股份有限公司（以下简称宁水集团）在传统水表行业市场萎缩、竞争激烈的环境下，探索向服务型制造转型的过程为案例，帮助学生理清转型动力及转型思路，为传统制造业转型升级成为服务型制造业提供借鉴。

3. 知识点与思政元素相结合

结合案例企业，分析宁水集团向智慧水务转型的必然性；结合案例企业，分析宁水集团向智慧水务转型的路径；结合案例企业，分析宁水集团智慧水务的内涵。

4. 教学总结

宁水集团探索出了从卖"产品"向卖"服务"的战略转型之路，与时偕行，唯变所适。在面对百年未有之大变局的背景下，国家提出国内国际双循环新发展格局，大力促进内循环。宁水集团顺应时势，从需求侧入手加快企业技术创新和产品开发，已走在从传统制造业向服务型制造业转型升级的道路上，有助于早日解决供水业务当前面临的痛点。

▶ 特色、创新及育人成效

◎ **特色、创新**

1. 课程思政设计融入育人元素

在课程设计中充分挖掘思政育人元素，把思政内容同企业运营管理理论知识相融合。通过探究式教学改革，改变以往灌输的教育方式，实施探究式教学改革，将课堂教学内容与学生创新创业实践需要了解的知识和需掌握的内容紧密结合，将专业教育知识与创新创业教育深度融合，把学生进行"双创"活动所需的知识与运营管理的教学内容相融合，提高了学生的知识水平和应用能力。

2. 教学方法创新

采用参与式、启发式、探究式、讨论式教学方法，引导学生主动参与、独立思考，着力培养学生自主学习、钻研问题、探究创新的兴趣，培养科学认知能力，激发创新创业兴趣和思维。以学生为中心，结合课程思政，采用多媒体教学方式，通过丰富多彩的视频导入，激发学生的学习兴趣，让学生积极主动地探索，调动了学生学习课程思政的积极性。

3. 理论 + 实践创新

（1）教师有意识地在课堂教学中设计思政教学情境，把学生带入情境中，激发了学生的学习兴趣。

（2）在进行课堂改革的同时，重视学生能力的培养，吸引部分学生参与教师的科研项目，引导学生参与"互联网 +"大赛、创新创业大赛、经济管理案例大赛、统计调查大赛等比赛，提高学生对企业运营管理知识的应用能力。

（3）通过"请进来走出去"，帮助学生了解企业实际运营过程。通过参加竞赛和创业班学习，变"要我学"为"我要学"，变"知识传授型"为"能力训练型"。对培养学生的创新能力、协作精神、实地社会调研的动手能力等多方面有着重要的推动作用。

（4）通过开展"以赛代创"第二课堂，培养学生的创新创业意识，积累创新创业知识，探索创新创业实践，孵化创新创业项目，循序渐进提升学生的"双创"能力。

4. 引入校外导师，建设实训基地

（1）结合课程思政和专创融合，建立学生实习基地，提高了学生理论联系实际的能力。

（2）通过安排学生参加专题讲座、到企业参观实习，提高了学生的学习主动性与积极性，加深了对创业过程的了解和认识。如让学生参加企业高管及专家开设的讲座，以充实所学的理论知识；结合学生假期中的专业课程实习，让学生深入企业进行实践实训，并编写实习报告，进一步深化所学的理论知识。以协同创新为契机，组织学生深入企业，通过看、听、学来直接感受创新创业过程，熟悉创新创业流程，全面提升创新型人才培养中实践教学的作用。

5. 教学评价体系创新

结合教学成果、思政元素、小组讨论、实践成果、案例展示、线上线下互动等多维度指标，形成综合教学评价体系。

◎ **育人成效**

"运营管理"课程是 2021 年度宁波大学商学院"社会实践一流课程"培育建设项目，是 2021 年宁波大学"专创融合"特色示范课程建设项目，力争早日建成浙江省"社会实践一流课程"。

课程思政教学
设 计 书

战略管理

▶ 课程基本情况

- **课程名称：** 战略管理
- **学分/学时：** 3学分/51学时
- **适用专业：** 工商管理学
- **课程类别：** ☑核心课程　□非核心课程

▶ 课程简介

　　本课程是宁波大学国家一流本科专业工商管理专业的核心专业必修课，也是浙江省线上线下混合式一流本科课程，旨在培养学生了解掌握企业经营战略的理念、思维和战略管理的理论与方法。本课程以"中西融通，关注本土，知行统一，服务本土"为理念，积极引入线上线下混合式教学模式，通过教师自编本土案例、课程实践等路径融入战略管理中的思政元素，彰显"四个自信"，关注战略意识和战略思维，凝聚团队精神，着重于学生的自我体验与感悟，引导学生树立正确的价值观。

▶ 切入课程思政的课程知识点（不少于3个知识点）

（1）理解战略管理过程。

（2）战略制定工具 SWOT 分析实例。

（3）利基战略与平台战略的分析实例。

▶ 课程简介

◎ 思政目标（重点描述）

（1）本课程通过将最新战略管理理论与企业实践相结合，帮助学生理解战略管理内涵，掌握从内外环境入手分析企业竞争优势和核心竞争能力的方法，具备选择适合企业使命的发展战略，提高战略实施与控制效果的能力。

（2）本课程基于战略管理的理论教学与案例教学，积极探索、深入挖掘其中所蕴含的育人元素，引导学生从中国古代的经典军事案例分析中感受传统文化的魅力，坚定文化自信；从宁波本土企业案例分析中，体会战略管理理论在企业实践中的指导作用，坚定理论自信；从乡村振兴、脱贫攻坚等国家战略中感受社会主义制度的优越性，坚定制度自信。

（3）在专业课程知识教学中实现思想引领，促进学生思想认识不断深化，价值观念逐步提升，培养学生求真务实、创新发展、协同合作的责任感和使命感。

◎ 知识目标

（1）了解战略管理知识体系的构建，掌握国内外关于战略管理的经典理论与方法。

（2）熟悉内外环境分析、战略选择、战略实施与控制的分析工具和方法，以及企业国际化经营、收购与兼并、战略联盟等近年来企业战略管理中的热点问题。

◎ 能力目标

（1）培养学生的战略思维、全局意识和综合管理能力。

（2）提高学生对战略管理基本理论的认知能力、战略思辨能力，以及运用战略理论和工具分析和解决企业实际问题的能力。

◎ **素质目标**

（1）通过教学，使学生具备基本的科学素养，逐步形成创造性思维，能够以创新的精神和态度对待管理问题，及时了解战略管理的国内外最新理论和发展趋势。

（2）引导学生深刻理解各行业管理相关的职业规范，增强学生的职业素养。

▶ 知识点与育人元素结合的教学设计案例

教学设计案例一（对应的微课视频名称：《隆中对》的战略思想简析）

◎ **课程知识点**

理解战略管理过程。

《隆中对》的
战略思想简析

◎ **思政元素融入**

（1）以《隆中对》为题材，展现中华传统文化悠久历史，彰显文化自信。

（2）发生在1800年前的隆中对，与西方主流的战略管理思路不谋而合，通过对中国古代伟大管理思想和实践的解读，消除"只有西方才有管理理论"的认识误区，形成理论自信。

（3）面对动态环境时，战略要做到"因时而变，随事而制"，鼓励学生要有求真务实的态度、破冰前行的勇气，以及创新发展的智慧，与社会主义核心价值观相一致。

◎ **教学设计**

1. 案例导入

本次教学主要采取案例教学法、启发式教学法、小组讨论法、线上课程等形式，以学生熟悉的《隆中对》作为案例引出主题，拉近教学内容与学生的距离，让学生观之想学；以高度促宽度，跨知识领域整合知识点，让学生学之能会；以考核验成果，精准呈现学生学习效果，让学生会之能用。

2. 教学总结

通过《隆中对》这一家喻户晓的典型案例，让学生更清晰地了解诸葛亮为刘备所谋划的整体战略构想与西方企业战略管理理论的不谋而合，用现代眼光解读中国传统管理思想，围绕文化自信挖掘中国传统管理智慧。以《隆中对》

中蕴含的悠久文化历史，激发学生对中国传统管理文化的崇尚之心，进而将中国传统管理思想的精髓内化于心，提升学习兴趣，增强民族自豪感，坚定文化自信。

教学设计案例二（对应的微课视频名称：战略制定工具SWOT分析实例）

◎ 课程知识点

战略制定工具 SWOT 分析及实例。

战略制定工具
SWOT分析实例

◎ 思政元素融入

（1）在战略管理理论教学中，引入本土企业风华物业的实践案例，使学生了解浙江企业的新探索、新发现，然后根据学生的分析，总结归纳风华物业在不同战略下的优势与劣势，并对比分析 S 战略和 W 战略，激发学生主动探索的好奇心，提升学习兴趣。

（2）通过分析风华物业在实施 S 战略和 W 战略时的优势与劣势，指出风华物业的 S 战略是在优势下顺势而为，居安思危；W 战略是在劣势下逆水行舟，主动变革，打破现有平衡和安稳局面，从而激发学生主动创新、勇于变革的精神。

◎ 教学设计

1. 案例导入

本课程讲授的 SWOT 分析与实例，采用视频导入法、问题导入法、案例导入法进行暖身，帮助学生产生共鸣，在课程教学过程中，通过分组讨论、平台培训、课上活动等方式，提升学生的学习积极性以及教学效率。另外，线下安排学生对风华物业进行实地调研参观，体验企业的管理过程，提升分析和解决实际问题的能力。

2. 教学总结

通过对本土企业风华物业进行案例开发，形成一手的课堂教学案例，组织学生实地调研参观及实习。从宁波本土企业的案例分析中感受到理论自信，体会具有中国本土特色的战略管理新路径和新思想。

教学设计案例三（对应的微课视频名称：利基战略与平台战略的分析实例）

◎ 课程知识点

利基战略与平台战略的差异与实例。

利基战略与平台
战略的分析实例

◎ **思政元素融入**

（1）以本土非遗农业企业引发公司为案例，激发学生对传统文化的自豪感和经世济民的使命感。

（2）通过引发公司对农业孵化器的建设，引导学生深入了解乡村振兴战略，提升学生对行业和时事的关注力和敏锐感。

（3）引发公司最初的使命是"引领农民发家致富"，而平台战略以非物质文化遗产传承和发扬为价值导向，体现了浙江传统老字号企业的转型方向、浙江企业的创新精神等，帮助学生形成勇于创新的创业精神。

◎ **教学设计**

1.案例导入

本课程以本土非遗农业企业引发公司为案例，组织全班学生提出自己的观点和战略抉择，并用文字记录在黑板上，然后根据具体的讨论问题逐一进行深入讨论，注重发挥学生的主观能动性、积极性和创造性。课后结合案例学习情况，组织学生到企业实地参观调研，加深对企业的认知和理解，并形成案例分析报告。

2.教学总结

通过对非遗农业企业案例的了解，帮助学生了解利基战略和平台战略管理模式的内涵与区别，并分析在乡村振兴战略的帮扶下，企业是如何进行战略抉择的，引导学生思考国家方针政策给企业带来的机遇，学生坚定对中国特色社会主义制度的制度自信。

▶ 特色、创新及育人成效

◎ **特色、创新**

（1）结合课程教学需要，对"四个自信"进行思政元素挖掘。在教学过程中，以古代经典军事案例、省级非物质文化遗产企业等为切入点，弘扬中华传统文化中的思政元素，将优良的文化元素植入课堂，润物细无声地开展思想道德教育，推动思政教育在高校铸魂育人，展现文化自信；以习近平新时代中国特色社会主义思想为指引，分析其对企业战略环境的影响，挖掘其中的战略制定逻辑，凸显制度自信；适时将最新的案例引入课堂，积极关注"一带一路"倡议、乡村振兴战略等国家方针政策，提高学生的政治素养，彰显制度自信。

（2）以培养适应产业需求的人才为己任，以本土案例教学为特色。在教学过程中，案例教学约占课堂教学的三分之一，且多采用宁波本土企业真实事件作为教学案例；教师团队具有丰富的案例研究经验，案例教学成果丰硕，已形成《战略管理：双语案例教材》，两篇案例入选浙江省优秀研究生教学案例，多篇案例入选全国百优案例。

（3）开展"线上＋线下""课内＋课外"双结合的课程组织形式。依托浙江省线上线下混合式一流课程建设基础，依托微信移动端＋超星管理端，通过发布课程资料、作业等方式对课外知识进行补充和科学管理；组织学生到企业实地参观调研，将理论学习和实践运用有机结合起来，激励学生形成经世致用、为本土产业服务的职业情怀；建有多个人才协同培养基地，为教师、学生实地调研搜集案例数据提供便利，通过校企合作实习实践基地建设，加强学生、课堂、教师与企业的互动。

◎ **育人成效**

（1）强调过程管理，学生参与感强，学习体验好。

平时成绩与期末成绩的比例由 3 ∶ 7 升级为 5 ∶ 5，更注重学生的课堂表现和互动参与，并不断细化、量化平时成绩的考核标准。期末考核则更强调理论和应用的结合，在闭卷考试的设计中，案例所占比重超过总分值的 50%。

（2）多样化手段培养理论与实践结合型人才。

帮助学生进行课内外自主学习和思考，引导学生进行本土企业的调研与实践，并通过线上知识的补充，增强其自主学习和思考的能力，实现从学科目标到专业目标再到课程目标的高度一致与深化，帮助学生成为具有战略思维的综合型、学术型以及应用型人才。结合所学知识，课程团队多次组织学生参加浙江省经济管理案例大赛，并获得二等奖；依托渠成集团、风华物业等人才协同培养基地，许多学生进驻企业实习，表现不俗，获得"优秀实习生"称号。

（3）不断打磨，教学相长，实现师生共同进步。

课程团队目前主要有 5 位教师，其中 1 位教授、1 位副教授，还有 3 位博士讲师。在教学过程中，结合学生反馈，教师团队会定期开展教学研讨会，修改教学设计，以反思促实践，形成最终的教学闭环。本课程目前已建成浙江省线上线下混合式一流课程，建设了 2 个线上教学平台，录制了约 400 分钟的教学视频，建立了 3 个人才协同培养基地，其中 1 个是商学院优秀人才基地。

课程思政教学

设计书

中级财务会计 1

▶ 课程基本情况

- **课程名称**：中级财务会计1
- **学分/学时**：3学分/51学时
- **适用专业**：会计学
- **课程类别**：☑核心课程　□非核心课程

▶ 课程简介

　　"中级财务会计1"与"中级财务会计2"构成一个整体，是会计学专业必修的专业基础课程。这两门课程详细介绍了财务会计的基本理论、基本方法，既是对会计学原理中基本原理的具体运用，又是进一步学习高级财务会计的前提和基础，起着承上启下的重要作用。本课程首先介绍财务会计的基本假设和确认计量基础，随后在回顾六大会计要素的基础上，对货币资金、存货、金融资产、长期股权投资、固定资产等资产要素的会计账务处理方法展开介绍，使学生掌握报表列报等基本技能。

▶ 切入课程思政的课程知识点（不少于3个知识点）

（1）财务会计信息的质量要求：可靠性和相关性。

（2）财务会计信息的质量要求：重要性和谨慎性。

（3）中国的会计准则框架。

▶ 课程目标

◎ 思政目标（重点描述）

（1）介绍我国会计学科的成就以及会计学解决中国问题的成果，激发学生的爱国情怀以及助力国家现代化建设的强烈使命感和责任心。

（2）结合会计的发展介绍我国经济发展的历程和背景，使学生了解我国这些年的改革富强之路，理解经济与会计之间的互相影响，树立应用会计学专业知识为企业发展、国家富强服务的信心。

（3）根据"经济越发展，会计越重要"的基本原则，倡导学生用会计学专业知识为国家富强添砖加瓦，促进企业健康发展以及经济稳健前行；用言传身教来示范民主、文明、和谐，鼓励学生集思广益，各抒己见，同时把握基本的思想规范建设。

（4）把会计职业教育结合在课程教学中，使学生充分掌握会计规范体系和会计职业道德，把"不做假账"作为核心的会计诚信教育内容。

（5）结合相关会计理论知识点和实际案例，使学生深入理解自由与责任的关系，深入理解会计原则中的公平公正，理解会计实践中法治的重要性。

（6）把党的初心和使命，落实到每个学生的初心和使命上，青年一代的努力前行奋进，是实现我党使命的基本前提之一。在课程中结合会计基础理论的原则，梳理个人的初心和使命，最终形成不断前行的决心。

◎ 知识目标

（1）通过课程教学，使学生了解基本的财务会计理论体系，对会计的基本理论知识有一定的理解和认识。

（2）通过课程教学，使学生掌握各项资产的基本经济业务的会计处理程序和方法，熟悉各项资产在财务会计报告中的列报要求。

◎ 能力目标

（1）通过课程教学，学生能够结合教学案例来了解企业的业务流程，熟悉企业经济业务并掌握对经济业务的会计处理，加深对会计核算理论的认识。

（2）通过课程教学，使学生在熟悉账务处理程序相关内容的基础上，初步具有灵活运用所学知识分析问题、解决问题的能力和技巧。

◎ 素质目标

（1）通过课程教学，使学生理解会计职业道德的核心理念，并能够在实践中自觉遵守

（2）通过课程教学，使学生具备出色的会计专业能力，能独立完成所负责的与会计相关的工作。

（3）通过课程教学，使学生具有较强的财务创新意识，并能有效地追踪新知识，培养主动学习的良好习惯。

▶ 知识点与育人元素结合的教学设计案例

教学设计案例一（对应的微课视频名称：财务会计信息的质量要求：可靠性和相关性）

◎ 课程知识点

（1）会计信息质量之可靠性。

（2）会计信息质量之相关性。

（3）可靠性和相关性的矛盾冲突。

财务会计信息的
质量要求：可靠
性和相关性

◎ 思政元素融入

财务会计信息的质量要求其实和生活中的很多道理都是相通的，要结合我们的生活实际来进行教学。以学生考研过程中的相关案例，引导学生进一步理解可靠性和相关性及其两者的矛盾冲突。

◎ 思政教学目标

通过实际生活中贴合学生的案例分析，让学生从枯燥的理论概念中走出来，结合自己的感受深入理解可靠性和相关性的概念，以及在两者产生矛盾冲突时，如何平衡两者关系来保证财务会计的信息质量。

◎ **教学设计**

1. 案例导入

学生在考研过程中，面临着如何安排学习时间、如何选择目标院校、如何平衡考研与考公及求职等事项、如何面对考研结果等问题。本课程以这些问题为抓手，引出可靠性和相关性的概念，引导学生深入思考这些问题。

2. 提炼思政元素

结合案例内容展开分析，引发学生思考并讨论以下内容：

（1）在解决这些考研过程中的问题时，可靠性起到怎么样的作用？

（2）在解决这些考研过程中的问题时，相关性起到怎么样的作用？

（3）当可靠性和相关性产生矛盾冲突时，如何协调两者关系以达到最佳结果？

3. 知识点与思政元素融合

通过案例分析和引申，让学生明白，历史成本计量具有较高的可靠性，但是相关性却比较低。而现行成本通常较难获得，而且往往因为主观性较高，易被利益相关者操纵，从而导致可验证性以及可靠性较差。所以在财务会计的具体操作上，我们往往通过一些方法来提高相关性，来弥补只考虑可靠性带来的不足。

4. 教学总结

先分别介绍可靠性和相关性的具体知识点内容，并且分别通过相应举例来帮助学生理解这两个会计信息质量要求的含义。接着点明这两个信息质量特征却往往会产生矛盾冲突，以资产的计价一直存在历史成本与现行成本之争为例使可靠性和相关性之间抽象的矛盾冲突得以具象化。最后结合学生考研过程中的可靠性和相关性的理解，进一步深入掌握这两个会计信息质量要求的具体内容。

教学设计案例二（对应的微课视频名称：财务会计信息的质量要求——重要性和谨慎性）

◎ **课程知识点**

（1）会计信息质量之重要性。

（2）会计信息质量之谨慎性。

（3）违背重要性原则和滥用谨慎性原则可能导致的严重后果。

财务会计信息的质量要求——重要性和谨慎性

◎ **思政元素融入**

企业不能漫无边际、任意使用或歪曲使用谨慎性原则，否则将会影响会计确认、计量的客观性，造成会计秩序的混乱。通过康美药业的案例这个 A 股史上规模最大的财务造假舞弊案，从中看到重要性原则的违背以及谨慎性原则的滥用。

◎ **思政教学目标**

结合知识点引导学生了解企业如何利用计提资产减值，来清洗以前年度虚构业绩形成的不实资产，初步了解上市公司这种造假伎俩，是五大"会计骗术"之一。后续结合小组任务，在课后引导学生继续通过对康美药业财务造假舞弊案例的分析，初步了解谨慎性原则被滥用的过程和导致的后果，同时也看到审计机构作为"经济警察"的重要性以及法律法规的必要性。

◎ **教学设计**

1. 案例导入

2018 年 5 月 29 日，康美药业以每股 27.99 元的历史最高价，创下了 1390 亿元的历史最高市值。然后，辉煌过后总是暗淡。2018 年 10 月 16 日，一篇质疑康美财务造假的研究报告《康美药业盘中跌停，疑似财务问题自爆：现金可疑，人参更可疑》在网络公开发表，轰动一时的康美药业造假大案正式被引爆，此后该股连续三天封于跌停板。

2018 年 10 月 16 日当天晚上，证监会紧急成立康美药业核查小组；次日，核查小组迅速进驻康美药业，调取相关的财务凭证，展开对康美药业的财务调查。2019 年 5 月 21 日，康美药业由于财务造假，开始被实行其他特别处理，股票简称变动为"ST康美"。2019 年 8 月 16 日晚，康美药业发布的关于收到中国证券监督管理委员会《行政处罚及市场禁入事先告知书》的通知称，公司在 2016 年、2017 年年报和 2018 年半年报、年报中，总计虚增货币资金 886.8 亿元，累计虚增营业收入 291.28 亿元，累计虚增营业利润 41 亿元。

2020 年 5 月 14 日，中国证监会发布公告称，依法对康美药业违法违规案做出行政处罚及市场禁入决定。同时，证监会已将康美药业及相关人员涉嫌犯罪行为移送司法机关。2021 年 4 月 22 日，鉴于康美药业不能清偿到期债务，且已资不抵债，广东省揭东农商行依法申请对康美药业进行破产重整。2021 年 4 月 29 日，由于 2020 年末公司净资产为负，根据上交所相关规则，康美药业股票实施退市风险警示，简称变动为"*ST康美"。2021 年 6 月 4 日，广东省揭阳中高级人民法院裁定受理康美药业破产重整案。2021 年 11 月 17 日，广东省佛山市中级人民法院对康美药业原董事长、总经理马兴田等 12 人操纵证券市场案公开宣判。

2. 提炼思政元素

结合案例内容展开分析，引发学生思考并讨论以下内容：

（1）康美药业应用了哪些财务造假手段？

（2）康美药业的财务造假违背了哪些会计信息质量要求？

（3）这个案例中重要性和谨慎性原则的违背和滥用带来的后果是什么？

3. 知识点与思政元素融合

计提存货跌价准备是会计准则基于谨慎性原则，为充分反映存货资产质量而规定的会计政策，计提存货跌价准备对应的资产减值损失会反映在当年的利润表中，对当年的利润造成不利影响。公司的存货会计政策是具有稳定性和连续性的，在市场没有明显变化的情况下，计提存货跌价准备应当是有规律的，然而康美药业的存货跌价准备却在 2020 年出现大幅计提的情形。

康美药业 2020 年度合计计提的资产减值准备高达 230.06 亿元，其中按账面成本高于可变现净值的存货计提的存货跌价准备高达 204.83 亿元，占全年计提的资产减值准备的 89.03%，占 2020 年净亏损的 86.79%。2019 年末和 2020 年末，库存商品账面余额分别为 246.76 亿元和 230.99 亿元，累计计提的存货跌价准备分别为 4.67 亿元和 208.97 亿元，存货跌价准备比率竟然从 2019 年的 1.89% 飙升至 2020 年的 90.47%。这种情况引发了公众质疑：2019 年 4 月 30 日调增了 2017 年末的 183.43 亿元中药材是否假账真做？ 2020 年计提巨额的存货跌价准备是否有"洗大澡"之嫌？

4. 教学总结

先分别介绍重要性原则和谨慎性原则的具体内容，并通过相应举例来帮助学生理解这两个会计信息质量要求的含义。重要性原则在会计报告中有很多的应用，比如会计报表附注的披露。在中级财务会计的学习内容中，多项资产的内容中都有和资产减值有关的会计核算，比如存货的期末计量采用成本与可变现净值孰低法，就是非常典型的谨慎性原则的应用。最后结合康美药业财务造假案例，引导学生深入理解重要性原则和谨慎性原则的概念，以及重要性原则的违背和谨慎性原则的滥用将会导致的严重后果。

教学设计案例三（对应的微课视频名称：树立正确的会计准则框架）

◎ **课程知识点**

（1）财务会计的特征。

（2）中国企业会计准则体系。

（3）会计准则对实务处理的规范意义。

树立正确的
会计准则框架

◎ **思政元素融入**

通过对我国财政部会计司所颁布的《企业会计准则》的介绍，让学生理解中国会计准则在国际会计趋同方面做出的积极努力，引导学生理解其对维护我国资本市场公正、公开、公平的重要意义，引导学生树立不偏不倚的公平立场，增强学生的爱国热情、自豪感与使命感。

◎ **思政教学目标**

通过对财务会计特征、中国企业会计准则体系框架的学习，让学生理解基本准则的作用和地位，理解"十二五"和"十三五"时期中国会计准则制度建设取得的显著成绩，正确认识会计准则框架，提高超然独立能力。

◎ **教学设计**

1. 案例导入

通过财务会计特征的教学，介绍财务会计以公认会计原则和制度为指导思想。以此为切入点，阐述中国会计准则在国际会计趋同方面做出的积极努力，明确会计发展过程中的成就，引导学生深刻把握其背后的动力。

2. 提炼思政元素

结合公认会计原则展开分析，引发学生思考并讨论以下内容：

（1）中国在会计发展史上取得了哪些成就？为什么能取得这些成就？

（2）在市场经济中，最具活力的市场是资本证券市场。它的活力从何而来？

（3）中国企业会计准则体系有何意义？

3. 知识点与思政元素融合

通过分析和引申，让学生认识资本市场的活力主要依靠每家上市公司按法律、法规等的规定向市场披露公司报告，如实反映其财务状况、经营成果和现金流量。离开上市公司的财务报告，市场将缺乏最重要的信息来源，无法引导资本有序、合理流动，投资人的正当利益将失去保护，社会资源也不可能得到优化配置。高质量的企业财务报告需要由高质量的企业会计准则来规范。

4.教学总结

通过对企业会计准则体系框架的分析，让学生明白中国的制度优势是促进我国会计发展的有利条件。2006 年 2 月，财政部发布的企业会计准则体系，标志着中国会计准则在国际会计趋同方面迈进了一大步。我国使用《企业会计准则——基本准则》取代国际会计准则理事会的概念框架。基本准则不是站在企业会计准则体系之外，而是在该体系之中，并处于统驭地位，它不仅是法规，而且是比具体准则更重要、更基本的规范，这种制度安排，更符合中国国情。企业会计准则体系既立足于中国国情，又努力与国际会计惯例趋同，不论是在基本准则和具体准则方面，都取得了显著成绩。

▶ 特色、创新及育人成效

（1）通过理论结合案例的思政教学方法，让学生更好地理解和接受相对枯燥的会计概念和术语。通过小组任务，提高学生对本课程的兴趣、理论结合实践的能力，以及将所学知识用于案例设计的能力，同时不设置限制的小组任务可以提高学生的创新能力和合作能力。引导学生初步理解会计对企业、对经济的作用，同时看到会计核算在具体实践中的应用。

（2）通过对舞弊案例的分析，使学生初步了解会计的"艺术性"被滥用的过程，看到会计的"艺术性"被滥用的后果，深刻理解"经济警察"的重要性和法律法规的必要性。

（3）引导学生在了解自己优劣势的基础上，寻找自己的"初心"和"使命"，更加清楚自身在大学四年的学习目标。通过结合各种时事新闻，把会计的理念与现实事件联系起来，在学习专业知识的同时，逐渐建立自己的世界观和价值观。

课程思政教学

设计书

中级财务会计 2

▷ 课程基本情况

- 课程名称：中级财务会计2
- 学分/学时：3学分/51学时
- 适用专业：会计学
- 课程类别：☑核心课程 　□非核心课程

▷ 课程简介

　　"中级财务会计1"与"中级财务会计2"构成一个整体，是会计学专业必修的专业基础课程。这两门课程详细介绍了财务会计的基本理论、基本方法，既是对会计学原理中基本原理的具体运用，又是进一步学习高级财务会计的前提和基础，起着承上启下的重要作用。本课程在"中级财务会计1"的基础上，继续展开对无形资产、投资性房地产、资产减值、负债、所有者权益、费用、收入和利润等会计要素的会计账务处理方法的介绍，使学生完整掌握财务报告的内容。

▶ 切入课程思政的课程知识点（不少于3个知识点）

（1）应付债券的含义和种类。

（2）财务报告的概念、内容、作用和批露方式。

（3）《会计法》及其修订。

▶ 课程目标

◎ 思政目标（重点描述）

（1）介绍我国会计学科的成就以及会计学解决中国问题的成果，激发学生的爱国情怀以及助力国家现代化建设的强烈使命感和责任心。

（2）根据"经济越发展，会计越重要"的基本原则，倡导学生用会计学专业知识为国家富强添砖加瓦，促进企业健康发展以及经济稳健前行；用言传身教来示范民主、文明、和谐，鼓励学生集思广益，各抒己见，同时把握基本的思想规范建设。

（3）把会计职业教育结合在课程教学中，使学生充分掌握会计规范体系和会计职业道德，"不做假账"作为核心的会计诚信教育内容。

（4）通过小组任务，让学生查找会计舞弊案例，了解其舞弊的方式及最终的处理结果，初步了解会计的"艺术性"被滥用的过程，看到会计的"艺术性"被滥用的后果，深刻理解"经济警察"的重要性和法律法规的必要性。

◎ 知识目标

（1）通过课程教学，使学生掌握资产中投资性房地产的基本经济业务的会计处理程序和方法，熟悉资产减值的具体计量方法。

（2）通过课程教学，使学生掌握负债、所有者权益、收入、费用、利润等基本经济业务的会计处理程序和方法。

（3）通过课程教学，使学生掌握六大要素在财务会计报告中的具体列报方法和要求。

◎ 能力目标

（1）通过课程教学，使学生结合教学案例来认识了解企业的业务流程，熟悉企业经济业务并掌握对经济业务的会计处理，加深对会计核算理论的认识。

（2）通过课程教学，使学生在熟悉账务处理程序相关内容的基础上，初步具有灵活运用所学知识分析问题、解决问题的能力和技巧。

◎ **素质目标**

（1）通过课程教学，使学生理解会计职业道德的核心理念，并能够在实践中自觉遵守。

（2）通过课程教学，使学生具备出色的会计专业能力，能独立完成所负责的与会计相关的工作。

（3）通过课程教学，使学生具有较强的财务创新意识，并能有效地追踪新知识，培养主动学习的良好习惯。

▶ 知识点与育人元素结合的教学设计案例

教学设计案例一（对应的微课视频名称：应付债券）

◎ **课程知识点**

（1）企业债券的定义、种类。

（2）企业债券的初始入账价值。

（3）企业债券的发行和利率。

应付债券

◎ **思政元素融入**

引入债券违约的案例，告诫学生作为个体投资者在进行投资决策之前，树立正确的风险意识和采取必要的防范措施是十分必要的。

◎ **思政教学目标**

通过对世界各国 GDP 动态增长图的学习，理解中国经济发展的速度与效率之间的平衡关系，理解面对经验和成就，坚持中国特色社会主义道路这一"自信"的依据，以及面对积弊和变局不断"自新"的挑战。

◎ **教学设计**

1. 案例导入

通过引入泰和集团多只债券违约的案例，介绍何为企业债券及其发行和利率。

2. 提炼思政元素

结合案例内容展开分析，引发学生思考并讨论以下问题：

（1）泰和集团为什么发行债券？评级情况如何？

（2）泰和集团的债权融资用在了什么地方？为什么？

（3）债券违约的主要原因是什么？内部情况和外部环境变化对泰和集团的影响如何？

3. 知识点与思政元素融合

通过案例分析和引申，让学生明白，这些到期债券的违约对泰和集团带来了巨大的负面影响，基本关闭了其日后在债券市场进行再融资的大门。债市风险又传导至股票市场，导致公司股票市值下降，股票市场和债券市场的共振效应被进一步放大，引发股市债市的跨市场风险联动。泰和集团通过股票市场进行再融资也变得愈发困难。

通过案例分析，联系校园内经常发生的电信诈骗事件，教育学生牢牢树立风险意识，加强品德修养，不要贪小便宜吃大亏。

4. 教学总结

在介绍应付债券的核算内容及分类的基础上，通过学习泰和集团债券违约案例，分析了企业债券违约带来的影响和后果。希望课后学生能进一步地思考债券风险防范的问题，从现在培养投资的风险意识。

教学设计案例二（对应的微课视频名称：财务报告）

◎ **课程知识点**

（1）财务报告的概念。

（2）财务报告的内容。

（3）财务报告的作用。

（4）财务报告的披露方式。

财务报告

◎ **思政元素融入**

在介绍财务报告的概念、内容、作用、披露方式的基础上，引入保千里财务报告舞弊的案例。近年来上市公司财务舞弊、财务报告造假的行为频频发生，屡禁不止。2020 年 3 月 1 日，新《证券法》正式实施，明确提出要加大舞弊成本，提高退市效率，以确保资本市场健康发展。

◎ **思政教学目标**

引导学生思考财务舞弊的内涵和实质及其恶劣影响，树立正确的价值观，激发他们的职业道德感。

◎ **教学设计**

1. 案例导入

通过引入保千里因财务舞弊退市的案例，介绍财务报告的内容、作用和披露方式。

2. 提炼思政元素

结合案例内容展开分析，引发学生思考并讨论以下内容：

（1）应该增强管理者道德教育和法律意识，这是防范财务舞弊的第一道防线。

（2）作为未来的企业管理者，要从现在做起，时刻谨记财经法规和财务人的职业道德，把诚信作为安身立命之本，严格依法办事。

（3）不做假账、防止财务舞弊也是社会主义核心价值观"诚信"的具体体现。

3. 知识点与思政元素融合

通过案例分析和引申，引导和教育学生，作为未来的财务人员、管理人员，必须加强道德和法律意识。财务及管理人员的道德及法律教育是防范财务舞弊的第一道防线。

4. 教学总结

在介绍财务报告的概念、内容、作用、披露方式的基础上，通过学习保千里财务舞弊最终导致退市的案例，梳理了上市公司常见的财务舞弊手段，讨论了防止舞弊发生的对策，引导学生树立廉洁正直的职业道德和社会主义诚信价值观。

教学设计案例三（对应的微课视频名称：《会计法》及其修订意义）

◎ **课程知识点**

（1）《会计法》的发展进程。

（2）《会计法》第一次和第二次修订。

（3）我国现行的会计法规体系。

《会计法》及
其修订意义

◎ **思政元素融入**

从《会计法》发展进程和修订意义出发，深刻理解会计的性质和地位，引导学生树立"坚守诚信为本"的意识，将道义和美德内化于心，建立正确的价值观。

◎ **思政教学目标**

通过《会计法》发展进程和修订意义的解析，让学生理解《会计法》在规范会计行为、提高会计信息质量、维护市场经济秩序、推进法治社会建设等方面的重要作用；理解我国的会计法规体系呈宝塔形，处于塔尖的是《会计法》；正确认识《会计法》是制定其他会计法规、制度的依据，也是指导会计工作的最高准则；引导学生理解《会计法》所建立的适合中国国情和独具特色的会计立法模式，坚信中国发展之路。

◎ **教学设计**

1. 案例导入

首先，讲述《会计法》的发展历程；其次，对第一次修订和第二次修订的背景、内容、意义等进行深度解析和诠释，探讨《会计法》对我国的会计理论研究与会计教育事业发展所产生的影响；最后，梳理和评析我国现行的会计法规体系。通过以上内容的介绍，引导学生梳理总结《会计法》在适应性修正与修订中的立法创新之处。

2. 提炼思政元素

结合《会计法》的修订，引发学生思考并讨论以下问题：

（1）《会计法》修订的基本思路是什么？

（2）《会计法》在实施中所体现出来的历史贡献与成就有哪些？

（3）《会计法》对会计违法违规行为的处罚力度如何？法律震慑力如何？

3. 知识点与思政元素融合

通过分析和引申，让学生认识《会计法》修订意义的同时，了解会计的性质和地位，理解《会计法》的重要作用和重要地位。《会计法》已成为我国会计发展中的历史丰碑，它的立法创新特色在世界会计法律制度建设史上独树一帜，在会计立法典籍中占有重要地位。

4. 教学总结

本教学设计案例通过阐述知识点，引领学生理解会计法规规范，提高专业胜任能力，严守诚信操守底线，维护市场经济秩序，助力经济高质量发展。

▶ 特色、创新及育人成效

（1）通过理论结合案例的思政教学方法，让学生更好地理解和接受相对枯燥的会计概念和术语。通过小组任务，提高学生对本课程的兴趣、理论结合实践的能力，以及将所学知识用于案例设计的能力，同时不设限制的小组任务可以提高学生的创新能力和合作能力。引导学生初步理解会计对企业、对经济的作用，同时看到会计核算在具体实践中的应用。

（2）通过对舞弊案例的分析，使学生初步了解会计的"艺术性"被滥用的过程，看到会计的"艺术性"被滥用的后果，深刻理解"经济警察"的重要性和法律法规的必要性。

（3）引导学生在了解自己优劣势的基础上，寻找自己的"初心"和"使命"，更加清楚自身在大学四年的学习目标。通过结合各种时事新闻，把会计的理念与现实事件联系起来，在学习专业知识的同时，逐渐建立自己的世界观和价值观。

課程思政教学

设计书

组织行为学

▶ **课程基本情况**

- **课程名称**：组织行为学
- **学分/学时**：3学分/51学时
- **适用专业**：工商管理
- **课程类别**：☑核心课程　□非核心课程

▶ **课程简介**

　　"组织行为学"是宁波大学国家一流本科专业工商管理专业的核心专业必修课，旨在帮助学生系统建立分析组织情境中员工行为的框架。本课程以"中西融通，关注本土，知行统一，服务本土"为理念，积极采用线上线下混合式教学模式，通过教师讲授、案例研讨等教学手段，引入课程思政元素，彰显"四个自信"，注重培养学生对中国企业文化及改革开放创新成就的认识与理解，着重发掘学生的自我体验与感悟，引导学生树立正确的世界观、人生观和价值观。

▶ 切入课程思政的课程知识点（不少于3个知识点）

（1）中国传统文化对企业文化建设的影响。

（2）"大众创业，万众创新"背景下的创新成果。

（3）中国本土领导力的发展及实例。

▶ 课程目标

◎ 思政目标（重点描述）

（1）基于组织行为学的理论与案例教学，积极探索、深入挖掘其中所蕴含的育人元素，引导学生从中华传统文化积极影响企业文化构建的过程中，感受文化自信。

（2）引导学生从中国改革开放以来所取得的创新成就案例分析中，体会"大众创业，万众创新"的制度自信。

（3）引导学生从宁波本土企业家发挥本土领导力助力企业成功的案例中，提炼领导力的内涵和中国特色，激发民族自豪感和使命感。

（4）在学生的专业课程知识教育教学中实现思想引领，促进学生思想认识不断深化，价值观念逐步提升，培养学生求真务实、创新发展、协同合作的责任感和使命感。

◎ 知识目标

（1）通过课程教学，引导学生了解组织行为学知识体系的构建机制，掌握国内外关于组织行为学的经典理论与方法。

（2）熟悉企业文化的内涵和构建过程，创新机制的设计和实现，领导力的内容、风格和结构等理论知识要点。

◎ 能力目标

（1）培养学生对组织中个体、团队的行为建立理论框架的能力，以及利用理论知识对实践中的管理行为和现象进行分析的能力。

（2）培养学生的创新和领导管理能力、理论结合实践的能力，提高学生对组织行为和领导力基本理论的认知能力、批判性分析能力，以及运用组织行为理论框架分析和解决企业实际问题的能力。

◎ **素质目标**

（1）通过课程教学，使学生具备基本的科学素养，逐步形成创造性思维，能够以创新的精神看待管理问题。

（2）通过课程教学，使学生及时了解组织行为学的国内外最新理论和发展趋势，深入理解中国管理现状，加强学生的爱国情感，增强学生的使命感和责任感。

▶ **知识点与育人元素结合的教学设计案例**

教学设计案例一（对应的微课视频名称：中国传统文化对企业文化建设的影响）

中国传统文化
对企业文化建
设的影响

◎ **课程知识点**

企业文化的建设过程。

◎ **教学准备**

在课前根据教学需要，甄选线上线下资源，事先完成教学资源的准备，课前发布查找中国商业传统文化案例的通知，并让学生查阅中国历史上的商业传统文化故事及其发生的历史背景，提炼其中可以对当代企业文化建设产生影响的元素。

◎ **思政元素融入**

（1）以胡平《企业文化》中对中国传统文化的肯定，引发学生对中国传统文化历史的思考。

（2）以海尔公司的企业文化为例，通过强调西方杜邦公司等优秀企业对海尔公司企业文化的学习，体现中国企业文化的优势，增强学生对中国传统文化和历史的自信。

◎ **教学方法**

本次教学主要采取案例教学法、启发式教学法、小组讨论法、线上课程等形式，以学生熟悉的历史文化故事作为案例引入主题，拉近理论与学生的距离，让学生观之想学；以高度促宽度，跨知识领域整合知识点，让学生学之能会；以考核验成果，精准呈现学生学习效果，让学生会之能用。

◎ **教学总结**

用现代眼光解读中国传统管理思想，围绕文化自信挖掘中国传统文化和当代企业管理之间的联系。以历史典籍中能体现商业价值观念的故事，激发学生对中国传统文化的崇尚之心，进而将中国传统管理思想的精髓内化于心，产生对课程学习的自信心和民族自豪感，加深文化自信。

教学设计案例二（对应的微课视频名称："大众创业，万众创新"背景下的创新成果及实例）

◎ **课程知识点**

企业创新机制和创新绩效。

◎ **教学准备**

"大众创业，万众创新"背景下的创新成果及实例

首先，在超星平台中导入相关教学视频，通知学生课前预习观看，引导学生思考关于创新机制体制的问题；其次，要求学生提前检索相关案例，总结近几年中国企业在世界范围内所取得的优秀创新成果，了解背后的创新故事。

◎ **思政元素融入**

（1）通过搜集整理中国企业优秀创新成果，使学生对当前的企业创新实践有更深的了解。

（2）结合"大众创业，万众创新"的时代背景，在更为宏观的环境下引导学生分析创新体系所带来的创新优势，增强学生的制度自信。

◎ **教学方法**

本课程先采用视频导入法、问题导入法、案例导入法进行暖身，帮助学生产生共鸣，在课程教学过程中，通过分组讨论、平台培训、课上活动等方式，提高学生的学习积极性及教学效率。

◎ **教学总结**

通过引导学生主动检索整理中国企业创新案例，形成一手的课堂教学案例，引导学生结合知识要点对这些案例进行分析，从而让学生形成理论自信，体会中国本土的创新路径和机制机理。

教学设计案例三（对应的微课视频名称：中国本土领导力研究）

◎ **课程知识点**

中国本土领导力。

◎ **教学准备**

提前一周发放案例资料，让学生仔细阅读案例正文，并分小组进行预备讨论，组织学生围绕五个问题展开讨论和思考：什么是领导力、领导力结构和领导力风格？常见的领导力风格有哪些？哪些领导力更有效？在什么样的情境下，领导力更有效？中国本土领导力有什么优势？

◎ **思政元素融入**

（1）以本土优秀企业家为案例，激发学生的民族自豪感和经世济民的使命感。

（2）通过对比分析中西方领导力的有效性和相应情境，引导学生思考中国本土领导力在中国文化背景下的适用性，增强学生的文化自信。

（3）案例企业家所表现出的仁慈型领导和德行型领导是在中国本土诞生的优秀领导力，在中国企业情境下具有有效性，根植于中国悠久的历史文化和深厚的哲学基础之上。

◎ **教学方法**

本课程按照启发思考题的顺序组织学生提出自己的观点，并用文字记录在黑板上，然后根据具体的问题逐一进行深入讨论，注重发挥学生的主观能动性、积极性和创造性。课后结合案例，要求学生进一步提炼相关知识点与实践之间的融合元素。

◎ **教学总结**

通过引入宁波本土优秀企业家案例，帮助学生了解中西方领导力在内涵和结构上的区别，并分析中国优秀企业家在面临中国独特的企业情境以及相应的现实问题时，是如何采用独特的本土领导力去应对和解决的。

▶ 特色、创新及育人成效

本课程以"四个自信"为指引，紧扣学科和专业的发展方向与战略定位，通过线上线下混合教学模式，让学生在组织行为学理论与案例的学习中感受文化自信、理论自信和制度自信等，力求实现从学科目标到专业目标再到课程目标的高度一致。

◎ 特色、创新

（1）结合课程教学需要，对"四个自信"进行思政元素挖掘。第一，在组织行为学教学过程中，以传统文化对中国企业文化建设的影响等为切入点，弘扬中华传统文化中的思政元素，将优良的文化元素植入课堂，润物细无声地开展思想道德教育，推动思政教育在高校铸魂育人，展现文化自信。第二，分析我国"大众创业，万众创新"背景下企业的最新创新成果，凸显制度自信。

（2）以培养实践型人才为己任，以案例教学为特色。在教学过程中，案例教学约占课堂教学的三分之一，且多采用组织行为学课程团队教师自编的宁波本土企业真实事件或全国案例中心库百优案例开展教学，教师团队具有丰富的案例研究经验，案例教学成果丰硕。

（3）开展"线上 + 线下""课内 + 课外"双结合的课程组织形式。第一，依托微信移动端 + 超星管理端，发布课程资料、作业等，对课外知识进行补充和科学管理。第二，注重引导学生在学习过程中结合本土企业实践，将理论学习和实践运用有机结合起来，激励学生形成经世致用、为本土产业服务的情怀。

◎ 育人成效

本课程在思政教学目标设计上将组织行为学的思政元素融入日常教学，引导学生发现、思考问题，注重学生的自我体验和感悟，引导学生树立正确的价值观。

（1）强调过程管理，学生参与感强，学习体验好。平时成绩与期末成绩的考核比重由 4 ：6 升级为 5 ：5，更注重学生的课堂表现和互动参与，并不断细化、量化平时成绩的考核标准。期末考核则更强调理论和应用的结合，在闭卷考试的设计中，案例所占比重超过总分值的 50%。

（2）"线上 + 线下""课内 + 课外"多样化手段培养理论与实践结合型人才。通过课内外自主学习和思考，引导学生关注本土企业的成长和发展，并通过线上知识的补充，增强其自主学习和思考的能力，实现从学科目标到专业目标再到课程目标的高度一致与深化，有利于培养具有"四个自信"的综合型、学术型及应用型人才。结合专业知识，课程团队多次组织学生参加浙江省经济管理案例大赛，并获得二等奖。

（3）不断打磨，教学相长，实现师生共同进步。在教学过程中，课程团队结合学生反馈，教师团队会定期开展教学研讨会，修改教学设计，以反思促实践，形成最终的教学闭环。本课程目前建设了线上教学平台1个，录制了相关教学视频约400分钟。